James Dobson

Anti-Frust-Buch
für Eltern
von willigen und eigenwilligen Kindern

James Dobson

Anti-Frust-Buch für Eltern von willigen und eigenwilligen Kindern

Editions Trobisch

Die Originalausgabe erschien unter dem Titel
PARENTING ISN'T FOR COWARDS
im Verlag Word Inc., USA

ISBN 3-87827-025-9

Postfach 2048, 7640 Kehl/Rhein
Umschlag: Holler Design
Übersetzung: Anna-Maria Rohm
Satz und Druck: St.-Johannis-Druckerei, Lahr 27237/1991

Inhaltsverzeichnis

1

Die Herausforderung

Haben Sie es auch schon festgestellt? In den letzten Jahren, so hat man den Eindruck, ist es noch schwieriger geworden, gute Eltern zu sein. Es war natürlich nie so ganz einfach. Erstens kommen Kinder ohne Gebrauchsanleitung auf die Welt, und man muß sie alleine in Betrieb nehmen. Dazu sind sie auch noch verwirrend komplex, und es gibt keine Faustregeln, die in jedem Fall anwendbar sind. Die Methoden, die bei dem einen Kind großartig funktionieren, können bei einem anderen verblüffenderweise versagen.

Viele Eltern verstehen diesen frustrierenden Aspekt der Kindererziehung nicht, weil sie selbst keine Erfahrungen damit gemacht haben. Ohne größere Eigenleistung ist es ihnen gelungen, unproblematische Kinder zu haben. Meine Frau und ich kennen so eine Familie. Sie wurden mit den drei überaus vollkommensten Kindern gesegnet, die man finden kann. Alle drei hatten glatte Einsen in der Schule, hielten ihre Zimmer stets sauber, waren musikalisch und sportlich begabt, legten beim Essen die Hand auf den Tisch, waren höflich mit Erwachsenen . . . und brauchten nicht eimal Zahnspangen! Es war beinahe schockierend zu sehen, wie gut sie sich machten.

Wie nicht anders zu erwarten, sprachen unsere Freunde das Verdienst für die Erfolge ihrer Kinder ausschließlich sich selbst zu. Und sie neigten dazu, einem unaufgefordert zu empfehlen, wie man die eigenen erziehen sollte. Übersteigerte Selbstsicherheit brach ihnen aus allen Poren.

Aber dann passierte etwas Interessantes. Der Herr, der einen Sinn für Humor haben muß, verpackte einen kleinen Wirbelsturm als Geschenk und schickte ihn als Überraschungspaket zum vierzigsten Geburtstag der Mutter. In dieser Familie herrscht seitdem das Chaos. Ihr kleiner Nachzügler ist hart gesotten und hat es faustdick hinter den Ohren. Er liebt es, mit seinen Eltern zu streiten, und weiß jetzt schon alles besser als sie. Fragen Sie ihn nur . . . Er sagt es Ihnen. Seltsamerweise haben seine Eltern kurz nach seiner Geburt aufgehört, anderen Ratschläge zur Erziehung zu geben. Ihre Aufgabe wurde plötzlich anstrengender!

Wenn ich heute an diese Eltern denke, erinnert mich das an die Abbildung einer elegant gekleideten Dame, die vornehm eine Tasse Kaffee hält. Ihr kleiner Finger ist geziert seitwärts abgespreizt, und ihr Gesichtsausdruck zeigt absolute Selbstsicherheit. Allerdings weiß diese Frau noch nicht, daß ihr Unterrock ein gutes Stück zu sehen ist. Die Bildunterschrift lautet: »Selbstsicher sind Sie, bis Sie die Situation vollständig überblicken«. Tatsächlich!

Mehr als ein starrköpfiges Kind hat das Selbstvertrauen seiner Eltern aufgerieben. Das macht ihm einen Riesenspaß. Wenn Sie nur gehorsame Kinder erzogen haben, die jedesmal lächelten und davoneilten, um Ihre Wünsche auszuführen, nehmen Sie sich in acht. Es könnte sein, daß Sie die Situation noch nicht vollständig überblicken. Und der Herr könnte auch Ihnen ein Überraschungspaket schicken. Einer Sache bin ich mir sicher: wenn Sie einige Kinder bekommen, werden Sie früher oder später entdecken, daß beim Menschen gar nichts einfach ist . . . in keinem Alter.

Aus der Post, die ich von Eltern erhalte, ersehe ich, daß viele mit ihrer Verantwortung zu Hause ringen Um zu erfahren, warum das so ist, bat ich 1.000 Mütter und Väter, die Frustrationen zu beschreiben, die sie bei der Kindererziehung erlebten. Ihre Antworten waren hochinteressant. Einige sprachen von klebrigen Telefonen, nassen Toilettensitzen und verknoteten Schnürbändern. Andere erzählten die spaßigsten Geschichten.

Ich werde nie die Mutter vergessen, die wegen ihres Kleinkindes mehrere Wochen nicht aus dem Hause gehen konnte. Sie machte dann eines Tages einen verzweifelten Versuch, aus dem Haus zu kommen, und entschloß sich, ihren Sohn in einen Film mit den Muppets mitzunehmen . . . seinen ersten. Im Kino gab es ein kleines technisches Problem. Das Kind wog nicht genug, um den Klappsitz unten zu halten. Sie konnte nichts weiter tun, als diesen unruhigen, wimmelnden Kleinen während des ganzen Films auf ihrem Schoß zu halten.

Das war ein Fehler. Im Laufe der nächsten Stunde verloren sie die Kontrolle über ein großes Cola und eine Riesenpackung gebuttertes Popcorn! Diese klebrige Mixtur ergoß sich über das Kind auf den Schoß der Mutter. Sie entschloß sich, sitzen zu bleiben, weil der Film ohnehin fast zu Ende war. Leider ahnte sie nicht, daß sie und ihr Sohn miteinander verleimt worden waren. Nach dem Film erhoben sie sich, und der Wickelrock der Mutter ging auf. Er klebte am Po ihres Kindes und wurde hinter ihm den Gang hinaufgeschleift! Sie stand da, hielt ihren Unterrock fest und dankte Gott, daß sie sich die Zeit genommen hatte, einen anzuziehen!

Können Sie sich diese Mutter vorstellen, wie sie verzweifelt das Kind bittet, ihren Rock in Reichweite zurückzuschleppen? Elternschaft kann einen manchmal in peinliche Situationen bringen. Sie scheint dazu bestimmt zu sein, uns wütend zu machen. Sagen Sie mir, warum ein Kind sich nie im Bad übergeben muß? Niemals! Das zu tun würde ein großes ungeschriebenes Gesetz im Universum verletzen. Noch schwerer zu verstehen ist es, warum es beim Anblick eines einfach köstlichen Frühstücks mit Müsli, frischen Brötchen und Orangensaft heftig würgt . . . und dann hingeht und das Wasser vom Hund trinkt. Ich habe keine Ahnung, was ein Kind dazu bewegt. Ich weiß nur, daß es seine Eltern wahnsinnig macht!

Offensichtlich teilten die Eltern, die bei unserer Umfrage »Enttäuschungen bei der Kindererziehung« mitgemacht hatten, nicht nur ihre lustigen Erfahrungen. Sie gaben auch einige überraschende und beunruhigende Antworten. Statt daß sie, wie man es hätte erwarten können, ihre Kinder kritisierten, zielte die häufigste Antwort auf ihre eigene Unzulänglichkeit als Mütter und Väter! Typische Antworten machen die großen Selbstzweifel, die heute bei Eltern so häufig sind, anschaulich:

- »Ich weiß nicht, wie mit den Problemen von Kindern umzugehen ist«
- »Ich kann den Kindern kein Gefühl von Sicherheit und Geliebtwerden vermitteln«
- »Ich habe das Vertrauen in meine Fähigkeit zur Elternschaft verloren«
- »Ich habe meine Pflicht gegenüber meinen Kindern nicht getan«
- »Ich bin nicht das Beispiel, das ich sein sollte«
- »Ich sehe meine eigenen schlechten Gewohnheiten und Charakterzüge bei meinen Kindern«
- »Unfähigkeit, mich meinen Kindern mitzuteilen«
- »Ich kann nicht mit Schuld umgehen, wenn es scheint, daß ich meinen Söhnen nicht gerecht geworden bin«
- »Ich bekomme vieles nicht in den Griff«
- »Es ist zu spät, umzukehren und es richtig zu machen«
- »Ich werde durch die Verantwortung für all das überfordert«.

Ist es nicht unglaublich, wie unsicher wir bei der Aufgabe, Kinder zu erziehen, geworden sind?

Eltern zu sein ist doch keine neue Technologie. Seit Adam und Eva das Paradies beehrten, haben 77 Milliarden Menschen auf dieser Erde gelebt, und doch sind wir noch immer unsicher bei der Kindererziehung. Dies ist ein Zeichen der Zeit.

Ich bin ziemlich sicher, daß Eltern in vergangenen Jahrzehnten weniger Energie in punkto Kindererziehung aufgewendet haben. Sie hatten andere Sorgen. Ich erinnere mich, wie ich mich mit meinem Vater einige Jahre vor seinem Tod über dieses Thema unterhielt. Unsere Kinder waren damals klein und mich drückte die schwere Verantwortung, sie richtig zu erziehen.

Ich fragte meinen Vater: »Erinnerst du dich daran, daß du dir Sorgen um mich gemacht hast, als ich ein Kind war? Hast du über all das nachgedacht, was schiefgehen könnte, als ich in der Pubertät war? Wie hast du diesen Druck empfunden, den man mit Vaterschaft verbindet?«

Vater wurde bei diesen Fragen verlegen. Er lächelte verschämt und sagte: »Ehrlich Junge, ich habe darüber nie wirklich nachgedacht.«

Wie erklären wir diesen Mangel an Besorgnis? Liebte er mich etwa nicht, oder war er mir gegenüber gleichgültig? Nein. Er betete für mich bis zu dem Tag, an dem er starb. Und wie ich schon bei vielen Gelegenheiten gesagt habe, war er mir ein großartiger Vater. Im Gegenteil, seine Antwort spiegelt die Zeit wider, in der ich aufwuchs. Die Menschen sorgten sich wegen der Weltwirtschaftskrise, die gerade zu Ende ging, und des Krieges und später wegen des kalten Krieges mit Rußland. Sie verbrauchten nicht ihre ganze Energie, um die Hände über ihren Kindern zu ringen . . . wenigstens nicht, bevor es ein ernstes Problem gab.

Und warum nicht? Weil es damals leichter war, Kinder zu erziehen. Ich ging während der »Happy Days« der fünfziger Jahre auf die Schule, und ich habe nie gesehen oder auch nur davon gehört, daß jemand Drogen nahm. Es passierte, nehme ich an, war aber sicherlich keine Bedrohung für mich. Einige der anderen Schüler betranken sich gerne mal, aber Alkohol war in meinem sozialen Umfeld kein großes Problem. Andere waren am Sex interessiert, aber die Mädchen, die so etwas machten, wurden wegen ihres lockeren Lebenswandels nicht geachtet. Jungfräulichkeit war noch in Mode, für Jungen und Mädchen. Es kam auch vor, daß ein Mädchen schwanger wurde, doch es verließ schnell die Schule. Homosexuelle waren sehr unheimliche und seltsame Leute. Ich hörte, daß es einige gab, aber ich kannte keine persönlich. Die meisten meiner Freunde respektierten ihre Eltern, gingen sonntags in den Gottesdienst, lernten fleißig genug, um durchzukommen, und führten ein ziemlich ordentliches Leben. Es gab natürlich Ausnahmen, aber das war die Regel. Es ist kein Wunder, daß meine Eltern sich auf andere Ängste konzentrierten.

Es ist auch kein Wunder, daß Eltern heutzutage besorgter sind. Ihre Kinder gehen durch das Tal der Schatten! Drogen, Sex, Alkohol, Rebellion und eine von der Norm abweichende Lebensweise sind allgegenwärtig. Diese Gefahren waren mir nie so deutlich wie heute.

Ich schreibe dieses Buch in London, wo mir meine Familie für einige Monate Gesellschaft leistet. In dieser schönen, historischen Stadt sind einige der bemitleidenswertesten jungen Leute zu Hause, die ich je gesehen habe. Auf den Straßen sind Rocker, Punks und Drogensüchtige auf der Suche nach irgend etwas. Wer weiß wonach? Mädchen mit grünem oder orangem Haar gehen mit merkwürdig aussehenden Freunden vorbei. Ich denke wenigstens, daß es Jungen sind. Sie tragen Ohrringe und haben blaue Irokesenfrisuren, die senkrecht in die Luft ragen. Während man sie bestaunt, ertönt ein schepperndes Geräusch von hinten. Die Hare Krishnas kommen. Sie tanzen mit ihren rasierten Köpfen und mönchsähnlichen Gewändern vorbei. Homosexuelle stolzieren Arm in Arm vorüber, und Prostituierte bieten ihre Dienste an. Ich stehe da und denke, *Was haben wir mit unseren Kindern geschehen lassen?*

Dasselbe gilt auch für andere Länder. Es ist manchmal erschütternd zu sehen, was mit einem Wertsystem passiert ist, das seinen Zweck für uns so gut erfüllte. Als meine Tochter achtzehn war, nahm ich an einer Musikveranstaltung ihrer Schule teil. Vor mir saß eine von Danaes Freundinnen. Während der Pause unterhielten wir uns über ihre Zukunftspläne, und sie erzählte mir, daß sie sich an der Universität von Kalifornien in Berkeley einschreiben wollte. Sie war gerade von einem Besuch der Universität zurück und erwähnte nebenbei, daß sie an dem Wohnheim, in das sie ziehen würde, etwas störte. Sie hatte erfahren, daß Männer und Frauen zusammen wohnten und dieselben Waschräume benutzten.[1] Was diese junge Dame störte, war nur der fehlende Vorhang an der Duschkabine!

Dies ist die Welt, in der unsere Kinder aufwachsen. Natürlich gibt es Gemeinden, in denen traditionelle Werte geachtet werden. Millionen von Kindern wollen immer noch das tun, was richtig ist. Aber es gibt gefährliche Verlockungen, und Eltern wissen das. Einige leben in der Angst, daß der »Drache der Pubertät« ihre Söhne und Töchter verschlingt, bevor sie ihr Leben überhaupt richtig begonnen haben. Diese Furcht kann die Freude an Kindern verschwinden lassen.

Es gibt einen weiteren Grund für die Krise des Selbstvertrauens, die viele Eltern heute durchleben. Ganz besonders Mütter befinden sich in einer unlösbaren Verstrickung. Man gibt ihnen die Schuld an allem, was mit Kindern schiefgehen kann. Sogar wenn ihre Liebe und ihr Einsatz schier grenzenlos sind, beschuldigen Experten sie, schwerwiegende Fehler bei der Sauberkeits- und Gehorsamserziehung zu machen. Sie sind entweder zu besitzergreifend oder geben zu wenig Nestwärme.

Ein Psychiater schrieb sogar ein ganzes Buch über die Gefahren jeglicher Art von religiöser Erziehung. Deshalb ist es egal, wie sorgfältig »Mami« an ihre Erziehungsaufgaben herangeht, sie scheint dazu bestimmt, angeklagt zu werden, daß sie ihre Kinder verdreht und verdirbt.

Mütter wurden nicht nur von Experten für Dinge, die außerhalb ihrer Kontrolle liegen, verantwortlich gemacht, sie waren nur zu bereit, sich selbst anzuklagen. Betrachten wir die Liste mit den Zitaten aus der Elternumfrage. Achtzig Prozent der Antworten stammten von Frauen, und ihre häufigste Aussage war: »Ich bin als Mutter eine Versagerin!« Was für ein Unsinn. Frauen wurde beigebracht, sich in dieser Weise selbst zu beschuldigen, und es wird Zeit, dies richtigzustellen.

Ich glaube nicht, daß es so beschwerlich sein sollte, Kinder zu haben und zu erziehen. Natürlich ist diese Aufgabe anspruchsvoll, aber die Eltern des zwanzigsten Jahrhunderts haben sich selbst unnötige Schuld, Angst und Selbstzweifel auferlegt. Das ist nicht nach Gottes Plan. In der Bibel wird deutlich, daß das Erziehen von Kindern als wunderbarer Segen Gottes betrachtet wurde – eine willkommene und freudige Erfahrung. Auch heute bleibt es eines der größten Privilegien im Leben, ein Kind in diese Welt zu setzen . . . ein verletzliches kleines menschliches Wesen, das in allem, was es braucht, auf uns angewiesen ist. Welche großartige Gelegenheit bietet sich, diesen Kleinen beizubringen, Gott und ihren Nächsten zu lieben. Es gibt keine höhere Berufung als diese!

Das Buch, das Sie lesen, soll ein Loblied auf die Elternschaft sein. Wir haben genug von Unterwürfigkeit und Selbstbezichtigungen. Was wir jetzt brauchen, ist eine doppelte Portion Vertrauen in unsere Fähigkeit, unsere Kinder richtig zu erziehen. Außerdem müssen wir speziell die Frustrationen näher betrachten, die verhindern, daß wir uns an unseren Kindern freuen. Zu diesem Zweck handeln die folgenden Kapitel vom Meinungskonflikt zwischen den Generationen, den Schwierigkeiten in der Pubertät, elterlichem Sich-ausgebrannt-Fühlen und seinen Ursachen und anderen Streßfaktoren, die uns verunsichern und depressiv machen. Ich glaube, der Leser wird erkennen, daß es einen befriedigerenden Weg gibt, Kinder zu erziehen. Und es gibt keinen besseren Zeitpunkt als jetzt, um ihn einzuschlagen. Unsere Söhne und Töchter sind so schnell erwachsen, und diese gemeinsamen Tage zu Hause werden bald nichts mehr als eine ferne Erinnerung sein. Lassen Sie uns das Beste aus jedem Augenblick machen.

2

Die Wilden und die Ruhigen

Damals im Wilden Westen ritt ein Cowboy durch ein Tal und stieß unvermittelt auf einen Indianer, der regungslos auf dem Weg lag. Sein rechtes Ohr war auf den Boden gepreßt, und er murmelte tiefernst zu sich selbst. »Uhmmm, sagte er. Postkutsche! Drei Leute drin. Zwei Männer, eine Frau. Vier Pferde. Drei grau gescheckt, eins schwarz. Postkutsche fährt nach Westen. Uhmmmmm«. Der Cowboy war erstaunt und sagte: »Das ist unglaublich! Du kannst das alles einfach durch Horchen an der Erde herausfinden?« Der Indianer antwortete: »Nein! Postkutsche fuhr über mich vor dreißig Minuten!«

Als ich diese Geschichte zum ersten Mal hörte, mußte ich an die Mütter denken, die ein oder mehrere lebhafte Vorschulkinder betreuen. Wenn Sie eine von ihnen sind, haben Sie nicht auch schon Momente wie dieser Indianer erlebt, wo Sie flach auf dem Boden lagen und zu sich selbst murmelten: »Uhmmmm. Drei Kinder. Schmutzige Hände. Nasse Windeln. Matsch an den Schuhen. Toben durchs Haus. Machen mich wahnsinnig! Hilfe!?«

Sollten Sie sich in dieser Lage befinden, fassen Sie Mut. Sie sind nicht alleine! Millionen Eltern, von gestern und heute, können sich mit den besonderen Streßmomenten, die Sie gerade erleben, identifizieren. Ein Kind im Alter zwischen achtzehn und sechsunddreißig Monaten ist die reine Freude, aber es kann einen auch völlig verrückt machen. Es ist neugierig, ungeduldig, anspruchsvoll, knuddelig, unschuldig und gefährlich zugleich. Ich finde es faszinierend zuzusehen, wie es durch seinen Tag rennt, nach Gelegenheiten sucht, Dinge zu zerquetschen, sie wegzuspülen, kaputtzumachen, zu verschütten, von ihnen herunterzufallen, abartige Sachen zu essen – und sich etwas einfallen zu lassen, was seine Eltern völlig durcheinanderbringt. Irgend jemand hat das bestens ausgedrückt: Gott erschuf Adam aus dem Staub der Erde, aber als das erste Kleinkind kam, fügte er noch Elektrizität hinzu!

Jugendliche sind ebenfalls interessant, und wir werden sie in späteren Kapiteln genauestens betrachten. Aber Kleinkinder sind eine ganz besondere Spezies. Bill Cosby[2] sagte, er könnte die Welt erobern, wenn es ihm irgendwie gelänge, etwa 200 aggressive Zweijährige zu mobilisieren. Das würde mich keinesfalls überraschen. Seine Armee sollte unbedingt ein energiegeladenes Kerlchen namens Frankie rekrutieren, das zu Freunden von uns gehört.

Der kleine Frankie ist ein klassischer Fall. Neulich zog er einen Stuhl zum Fenster und stellte ihn vorsichtig hinter die Gardinen. Er stand dort und starrte aus dem Fenster auf die Welt, als seine Mutter nach ihm sehen wollte. Sie erspähte seine Beine, die unter den Gardinen heraussahen, und schob sich leise hinter ihn. Dann hörte sie, wie er finster zu sich selbst redete. Er sagte: »Ich muß hier einfach raus!«

Ich könnte ein Buch mit solchen Aussprüchen aus dem Munde von Kindern im Vorschulalter füllen. Sie sind mit die entzückendsten kleinen Leute auf der ganzen Erde. Um aber auf unsere These zurückzukommen, sie bringen (so wie alle Kinder) eine besondere Art von Streß in das Leben ihrer Eltern. Die Humoristin Erma Brombeck[3] sagte in einem ihrer Bücher, daß sie von ihren Kindern vom Augenblick ihrer Geburt an frustriert war. Sie erinnerte sich daran, *wie* sie drei Kinder bekam, aber nicht *weshalb*. Sie entschied, daß sie eventuell ein außer Kontrolle geratenes Langzeitprojekt seien. Manche Eltern betrachten die überwältigende Verantwortung der Kindererziehung weniger humorvoll. Wie im vorangegangenen Kapitel angedeutet, scheint es heutzutage eine wachsende Zahl von Ehemännern und -frauen zu geben, die als Eltern nicht besonders gut zurechtkommen. Sie sind am Ende und wissen nicht weiter. Die Briefe, die sie mir schicken, sind voll von Selbstvorwürfen, Schuld und Wut. Viele scheinen unter einer Art von körperlicher Erschöpfung zu leiden, die sie verwirrt und depressiv macht.

Oben auf der Liste von Ärgernissen, die sie unausgeglichen machen und aus der Fassung bringen, ist die Neigung mancher Kinder auszuprobieren, wie weit sie gehen können, Autorität in Frage zu stellen, sie herauszufordern, und sich ihr unverhohlen zu widersetzen. Diese widerspenstigen Kinder können an einem einzigen Nachmittag mehr Streß verbreiten, als ihre Mütter in einer ganzen Woche vertragen. Ich habe sie in einem früheren Buch mit dem Titel *«Das eigenwillige Kind«* (Editions Trobisch) beschrieben, aber sie faszinieren mich noch immer. Seit fünfzehn Jahren beobachte ich, was sie tun, und frage mich, was in ihnen vorgeht. Ich habe Erwachsene interviewt, die selbst trotzige Teenager gewesen sind, und sie gefragt, was sie während ihrer Zeit der Auflehnung dachten. Sogar sie selbst verstehen sich nicht völlig. Ich beschloß dem weiter nachzugehen.

Für die Leser, die nie ein eigenwilliges Kind erlebt haben, werde ich es beschreiben. Bei seiner Geburt sieht es seinen braveren Geschwistern täuschend ähnlich. Es wiegt sieben Pfund und ist völlig von denen abhängig, die es versorgen. Tatsächlich würde es ohne ihre Zuwendung nicht länger als einen oder zwei Tage überleben. Kleine Ärmchen und Beinchen baumeln ziellos in alle vier Himmelsrichtungen. Was für ein Bild von Verletzlichkeit und Unschuld!

Betrachtet man diesen Anfang, ist es nicht erstaunlich, was in zwanzig kurzen Monaten passiert? Der Junior wiegt dann fünfundzwanzig Pfund und ist ganz wild nach Aktivität. Würden Sie glauben, daß dieses Kind, das vor zwei Jahren noch nicht einmal sein Fläschchen halten konnte, jetzt die Frechheit besitzt, seinem einhundert Kilo schweren Vater ins Gesicht zu sehen und ihm zu sagen: »Laß mich in Frieden«. Welche Dreistigkeit! Offensichtlich gibt es tief in seiner Seele etwas, was sich nach Kontrolle sehnt. Es wird den Rest seines Lebens damit verbringen, sich diese Kontrolle zu erarbeiten.

In den frühen siebziger Jahren hatte ich das Privileg, neben so einem Rabauken zu wohnen. Er war zu der Zeit drei Jahre alt und hatte seine Mutter bereits zur Verzweiflung getrieben und sie ratlos gemacht. Der Machtkampf war vorbei. Er hatte ihn gewonnen. Seine aufsässige Ausdrucksweise nicht nur seiner Mutter, sondern jedem gegenüber, den er traf, war in der Nachbarschaft berühmt berüchtigt. Eines Tages sah meine Frau, wie er auf seinem Dreirad die Auffahrt hinunter auf die Straße fuhr, was seine Mutter sehr beängstigte. Wir wohnten in einer Kurve, und die Autos fuhren mit hoher Geschwindigkeit um diese Biegung. Mutti raste aus dem Haus und holte ihren Sohn ein, als er die Straße hinabstrampelte. Sie nahm seinen Lenker, um kehrtzumachen, und er bekam einen Wutanfall.

»Nimm deine dreckigen Finger von meinem Dreirad!« brüllte er. Seine Augen waren vor Wut zusammengekniffen. Während Shirley fassungslos zusah, tat diese Frau, was ihr befohlen wurde. Das Leben ihres Kindes war in Gefahr, und trotzdem hatte diese Mutter nicht den Mut zur Konfrontation. Der Junge fuhr weiter auf der Straße, und sie konnte nur dastehen und zusehen.

Wie war es möglich, daß ein winzig kleiner Kerl von drei Jahren seine dreißigjährige Mutter auf diese Weise einschüchtern konnte? Nun, jedem Beobachter war völlig klar, daß sie nicht wußte, wie sie mit ihm fertig werden sollte. Außerdem war er einfach härter als sie – und beide wußten das. Diese sanftmütige Frau hatte ein Kind mit eisernem Willen geboren, das sie zur Verzweiflung trieb, und Sie können sicher sein, daß ihre physischen und emotionalen Reserven durch seine Mätzchen ständig weiter erschöpft wurden.

Vergleichen Sie das brave Gegenteil vom anderen Ende des Kontinuums mit diesem eigenwilligen Jungen. Das nachgiebige, willige Kind geht von einem ganz anderen Ausgangspunkt auf Menschen zu. Es möchte ihnen gefallen, weil es ihre Zustimmung braucht. Ein Wort des Mißfallens oder auch nur das kleinste Stirnrunzeln seiner Eltern kann es verstören. Es ist ein »Liebhaber«, kein Kämpfer.

Vor einigen Jahren sprach ich mit der Mutter eines dieser willigen Kinder. Sie war besorgt wegen der Schwierigkeiten, die ihr Sohn im Kindergarten hatte. Er wurde regelmäßig von den aggressiveren Kindern herumgeschubst, seinem Wesen lag es aber völlig fern, sich zu wehren. Deshalb war er jeden Nachmittag, wenn seine Mutter ihn abholen kam, von den anderen Jungen verhauen und geärgert worden. Sogar die Mädchen machten bei diesem Spaß mit.

»Du mußt dich wehren! sagte seine Mutter immer wieder. Die anderen Kinder werden dich solange schlagen, bis du sie dazu bringst aufzuhören!«

Jeden Tag drängte sie ihren kleinen »Liebhaber«, sich zu behaupten, aber das widersprach seiner Natur. Schließlich war seine Frustration so groß, daß er anfing, dem Rat seiner Mutter zu folgen. Als sie eines Morgens auf dem Weg zur Schule waren, sagte er: »Mutti, wenn sie mich heute wieder ärgern, werde ich . . . werde ich sie verhauen . . . ein bißchen.«

Wie verhaut man einen Gegner ein bißchen? Ich weiß es nicht, aber diesem sanftmütigen Kind war es klar. Es wollte nicht mehr Gewalt anwenden, als zum Überleben unbedingt nötig war. Warum? Weil es ein friedfertiges Wesen hatte. Seine Eltern hatten es ihm nicht anerzogen. *Er besaß es einfach.*

Wie die meisten Mütter wissen, sind diese sanftmütigen Kinder und ihre eigenwilligen Geschwister so verschieden, daß sie fast von verschiedenen Planeten stammen könnten. Der eine kuschelt sich in ihre Arme, und der andere tritt sie in den Bauch. Der eine ist ein Schatz, und der andere geht wie brodelnde Lava durchs Leben. Einer befolgt Anordnungen, und der andere gibt sie. Ganz offensichtlich marschieren sie zu völlig verschiedenem Trommelschlag.

Ich möchte klarstellen, daß das sanftmütige, willige Kind nicht unbedingt weinerlich oder rückgratlos ist. Diese Tatsache ist sehr wichtig für unser Verständnis seiner Natur und der Art, in der es sich von seinen eigenwilligen Geschwistern unterscheidet. Diese Unterscheidung ist *keine* Sache des Selbstvertrauens, der Bereitschaft Risiken einzugehen, einer strahlenden Persönlichkeit oder anderer wünschenswerter Eigenschaften. Vielmehr ist die Willensstärke als solche Ausgangspunkt der Betrachtung – die Neigung mancher Kinder, sich jeder Autorität zu widersetzen und ihren Weg selbst zu bestimmen, im Vergleich mit denen, die sich bereitwillig leiten lassen. Ich gehe von der Annahme aus, daß diese Temperamente bereits vor der Geburt festgelegt sind und nicht erst entwickelt oder ermutigt werden müssen. Sie treten früh genug in Erscheinung. Nicht jeder stimmt dem zu. Viele Psychologen und Psychiater der Vergangenheit würden dieser Auffassung vehement widersprochen haben. Sigmund Freud, der Vater der Psychoanalyse, und J. B. Watson, der Schöpfer des Behaviorismus, glaubten, daß ein Neugeborenes als »unbeschriebenes Blatt« auf die Welt käme, das die Umwelt später füllen würde. Für sie hatte ein Neugeborenes keine angeborenen Persönlichkeitsmerkmale. Alles, was aus ihm einmal werden würde, gut oder böse, wäre eine Folge der Erfahrungen, die die Umwelt liefern würde. Es könnte keine unabhängigen Entscheidungen treffen, weil es keine wirklich freie Wahl hätte . . . es wäre unfähig, über seine Lebensumstände nachzudenken und rational darauf zu reagieren. Watson lehnte sogar die Existenz eines Verstandes ab und betrachtete das Gehirn als eine einfache Schaltzentrale, die automatisch auf äußere Reize reagierte. Deshalb wurde sein Gedankengebäude auch »um den Verstand gebrachte Psychologie« genannt.

Watson brüstete sich in den zwanziger Jahren damit, daß er jedes Kleinkind so konditionieren könne, daß es »jede Art von Spezialist . . . Arzt, Anwalt, Künstler, Kaufmann, Leiter und, ja, sogar Bettler und Dieb« werden würde. Er dachte, Kinder wären ganz einfach »Rohmaterial«, das Eltern »ihrem Geschmack nach« formen könnten.

Diese Denkweise nennt sich *Determinismus* und wird für uns bei späteren Erörterungen noch von Bedeutung sein. Ich hörte diesen Begriff zum ersten Mal während meines Studiums. Damals habe ich ihn nicht akzeptiert, und ich halte ihn heute noch nicht für richtig. Als christlicher Psychologe habe ich von Menschen erdachte Theorien immer durch den Filter der Bibel betrachtet, und der Determinismus bleibt darin hängen. Wenn diese Theorie zuträfe, könnten wir Gott nicht ehren und ihm unsere freiwillige Liebe zum Ausdruck bringen, indem wir ihm dienen. Wir wären bloße Marionetten, die auf Außenreize reagierten.

Heute wird immer deutlicher, wie weit diese klassischen Psychologen in ihrer Interpretation menschlichen Verhaltens vom Ziel entfernt waren. Es gibt keinen Zweifel, daß die Umgebung, wie sie sagten, außerordentlichen Einfluß auf die Ausprägung unserer Persönlichkeit hat, aber sie haben unsere Fähigkeit zu denken, zu wählen und je nach unserem Temperament zu handeln nicht erkannt. Wir sind denkende menschliche Wesen, die ihre Erfahrungen und äußere Einflüsse überwinden können. Außerdem gleicht bei der Geburt, von eineiigen Zwillingen abgesehen, keiner von uns dem anderen. Und wie dumm war es, etwas anderes zu denken. Wenn Gott jedes Sandkorn und jede Schneeflocke anders als jeden anderen auf der Erde macht, wie einfältig war es dann zu glauben, daß er kleine menschliche Roboter als Massenprodukte herstellen würde. Wir sind schließlich nach *seinem* Bilde erschaffen.

Ein Klumpen Gewebe? Ein unbeschriebenes Blatt? Etwas Protoplasma? Kaum! Individuelle Verschiedenheiten im Temperament lassen sich bei der Geburt oder kurz danach feststellen. In einer bemerkenswerten Bibelstelle finden wir sogar Hinweise auf so ein eigenwilliges Temperament, bevor das Kind geboren war. 1. Mose 16,11 berichtet von einem eindrucksvollen Gespräch zwischen einem Engel des Herrn und Abrahams schwangerer Magd, Hagar. »Du bist jetzt guter Hoffnung und wirst Mutter eines Sohnes werden, den du Ismael nennen sollst; denn der Herr hat auf deinen Notschrei gehört. Der wird ein Mensch wie ein Wildesel sein: seine Hand gegen alle und die Hand aller gegen ihn, und allen seinen Brüdern wird er trotzig gegenüberstehen.«[4]

Klingt das nach jemandem, den Sie kennen? Ich habe im Leben ganz sicher schon einige Wildesel getroffen. In einem anderen Beispiel aus dem 1. Buch Mose wird uns von der vorgeburtlichen Entwicklung der Zwillinge Jacob und Esau berichtet. Einer war trotzig und schwierig, der andere dagegen so etwas wie ein Muttersöhnchen.

Sie waren schon Feinde, bevor sie geboren wurden, und hielten an diesem Konflikt für den größten Teil ihres Lebens fest (vgl. 1. Mose 25, 22–27). Später sagte Gott in einem der rätselhaftesten und beunruhigendsten Abschnitte der Bibel: »Jakob habe ich geliebt, Esau aber habe ich gehaßt« (Röm. 9, 13). Offensichtlich nahm Gott eine trotzige Natur in Esau wahr, bevor er geboren war, und wußte, daß sie dem Geist Gottes nicht aufgeschlossen sein würde.[5]

Verhaltensforscher beobachten und dokumentieren jetzt die feinsinnig erklärenden Einsichten, die in der Bibel seit Tausenden von Jahren zu finden sind. Eines der ehrgeizigsten Unternehmen, das die Temperamente von Säuglingen untersucht, läuft seit mehr als drei Jahrzehnten. Es ist als die New Yorker Langzeitstudie bekannt. Über die Ergebnisse dieser Untersuchung, die die Psychiater Stella Chess und Alexander Thomas leiten, wird in ihrem Buch für Eltern mit dem Titel *Know your Child* (Kennen Sie Ihr Kind) berichtet.

Zu meiner Freude haben Chess und Thomas herausgefunden, daß Säuglinge sich nicht nur vom Moment der Geburt an voneinander unterscheiden, sondern auch, daß diese Unterschiede während der Kindheit tendenziell erhalten bleiben. Noch interessanter ist, daß sie drei weitgefaßte Kategorien oder Muster von Temperamenten beobachteten, in die sich die Mehrheit der Kinder einordnen läßt. Die erste nannten sie »das schwierige Kind«, das durch negative Reaktionen auf Menschen, extreme Gefühlsschwankungen, unregelmäßigen Schlaf- und Essensrhythmus, häufiges Weinen und heftige Wutanfälle bei Frustrationen charakterisiert wird. Klingt das bekannt?

Das zweite Verhaltensmuster wurde »das problemlose Kind« benannt, das einen positiven Zugang zu Menschen, eine friedliche Anpassung an neue Situationen, einen regelmäßigen Schlaf- und Essensrhythmus und die Bereitschaft, sich an die Spielregeln zu halten, aufweist. Die Autoren schlossen: »Ein solches Kind ist gewöhnlich seinen Eltern, seinen Lehrern eine wahre Freude.« Da kann ich nur zustimmen.

Die dritte Kategorie wurde mit »langsam-warmwerdend« oder »schüchtern« betitelt. Diese Kinder reagieren negativ auf neue Situationen, und sie passen sich nur langsam an. Allerdings ist dies bei ihnen weniger ausgeprägt als bei den schwierigen Kindern, und sie haben gewöhnlich einen regelmäßigen Schlaf- und Essensrhythmus. Wenn sie aufgeregt oder frustriert werden, ziehen sie sich typischerweise aus der Situation zurück und reagieren zurückhaltend, anstatt vor Wut und Auflehnung zu explodieren.

Natürlich läßt sich nicht jedes Kind in diese Kategorien einordnen, aber auf etwa 65 % treffen sie zu. Chess und Thomas betonen außerdem, daß Säuglinge bei der Geburt vollkommen menschlich sind, da sie sich ihren Eltern sofort mitteilen können und fähig sind, von ihrer Umgebung zu lernen. Ich bezweifle, daß dieser Faktor für die meisten Eltern überraschend kommt, da sie sowieso nie an die »unbeschriebenes Blatt«-Theorie geglaubt haben. Fragen Sie die Mutter, die einige Kinder großgezogen hat. Sie wird Ihnen sagen, daß jedes ihrer Kinder eine andere Persönlichkeit . . . ein anderes »Gefühl« ausstrahlte, als sie es zum ersten Mal in den Armen hielt. Recht hat sie.

Es sollte nicht schwer zu verstehen sein, warum mich die Ergebnisse aus der Langzeitstudie derart begeistern. Sie bestätigen meine eigenen Beobachtungen, nicht nur bezüglich der wunderbaren Vielschichtigkeit des Menschen, sondern auch im Bezug auf die Kategorien der Temperamente, die Chess und Thomas bestimmt haben. Grundlegende Fragen sind allerdings noch zu beantworten.

Was wissen wir wirklich von diesen eigenwilligen und willigen Kindern? Wie dauerhaft sind ihre Persönlichkeitszüge, wenn sie älter werden? Wie wird die Pubertät für sie verlaufen? Mit welchen Gefühlen widmen sich die Eltern ihrer Erziehung? Hat das eigenwillige Kind einen Vorteil gegenüber dem willigen Kind im Hinblick auf Sozial-, Lern- oder allgemeine Erfolge als junger Erwachsener? Diese Fragen sind meines Wissens bisher noch nie beantwortet worden, da wir erst kürzlich zugegeben haben, daß unterschiedliche Temperamente existieren. Gerade dieser Mangel an Informationen hat mich dazu veranlaßt, eine eigene Untersuchung zu diesem Thema durchzuführen.

Ursprünglich wurde ein für die Eltern gedachter Fragebogen entwikkelt. Mit ihren Angaben stellten die Eltern umfangreiche Informationen bezüglich ihrer eigenen Temperamente und der ihrer Kinder zur Verfügung. Sie wurden insbesondere aufgefordert, jedes Familienmitglied anhand einer fünf-Punkte-Skala wie folgt zu bewerten:

(1) besonders willig;
(2) ziemlich willig;
(3) durchschnittlich;
(4) ziemlich eigenwillig;
(5) besonders eigenwillig.

Es wurde kein Versuch unternommen, diese Kategorien näher auszuführen, da mein Interesse nur Kindern mit Extremwerten (Kategorien 1 und 5) galt. Die übrigen Angaben wurden nicht berücksichtigt und nur im Hinblick auf ihre demographischen Informationen ausgewertet.

Ich stellte danach Fragen über die Kinder und welche Gefühle ihre Eltern bei der Erziehung hatten. Mehr als 35.000 Familien nahmen an der Umfrage teil, und die Daten wurden am Rechenzentrum der Universität von Südkalifornien ausgewertet. Mein Freund Dr. Malcolm Williamson, dessen Spezialgebiete das Meßwesen und die Statistik sind, half mir bei der Analyse. Mit der Datenverarbeitung erzeugten wir einen Berg von Informationen, die fünf Bücher füllen könnten; wir wollen uns hier aber auf die wichtigsten beschränken. Ich muß sagen, daß dies eine faszinierende Reise in die menschliche Natur gewesen ist, und möchte den Familien meine Dankbarkeit ausdrücken, die ihre Erfahrungen mit mir geteilt haben.

Wir werden diese Erkenntnisse in den nächsten zwei Kapiteln erörtern.

3

Was Eltern über ihre Kinder sagten

Also, die ganze Klasse herhören. Ich teile jetzt die Klassenarbeit aus. Wir werden schnell sehen, wie gut Sie die Unterschiede zwischen besonders eigenwilligen und besonders willigen Kindern verstanden haben. Schließen Sie bitte Ihre Bücher, und räumen Sie alles bis auf die Bleistifte von Ihren Tischen. Schreiben Sie nicht von Ihren Nachbarn ab. Wir werden die richtigen Antworten besprechen, nachdem Sie die Arbeit abgegeben haben. Noch Fragen? Gut. Ach ja, wenn Sie die Arbeit verhauen, müssen Sie für die nächsten sechs Wochen neun eigenwillige Kleinkinder auf einmal hüten! Sie dürfen anfangen.

Welche Antwort ist richtig?

1. Wenn ein Kind unterwegs ist, wäre es interessant zu wissen, ob es einfach oder schwer zu erziehen sein wird. Ausgehend von unseren Daten, können wir folgende Mutmaßungen anstellen:

Welches Verhältnis besteht zwischen besonders eigenwilligen und besonders willigen Kindern?

(1) Es gibt ungefähr doppelt soviele besonders willige Kinder.
(2) Es gibt fast dreimal mehr eigenwillige Kinder.
(3) Das Verhältnis ist ungefähr gleich.
(4) Es gibt etwa zweimal mehr eigenwillige Kinder.

2. Ist es schwieriger, Jungen oder Mädchen zu erziehen?
Die Antwort könnte teilweise vom jeweiligen Temperament abhängen. Wenn wir nur eigenwillige Kinder berücksichtigen, wie ist das Verhältnis von Jungen zu Mädchen?

(1) Jungen sind ungefähr zu 5 Prozentpunkten schwerer zu erziehen.
(2) Mädchen sind ungefähr zu 9 Prozentpunkten schwerer zu erziehen.

(3) Jungen sind ungefähr zu 31 Prozentpunkten schwerer zu erziehen.
(4) Es gibt keine geschlechtsspezifischen Unterschiede.

3. Betrachten wir nun einfach zu erziehende Kinder. Welches Verhältnis besteht zwischen diesen Jungen und Mädchen?
(1) Jungen übertreffen Mädchen etwa um 10 Prozentpunkte.
(2) Mädchen übertreffen Jungen um etwa 6 Prozentpunkte.
(3) Jungen übertreffen Mädchen um etwa 19 Prozentpunkte.
(4) Es gibt keine geschlechtsspezifischen Unterschiede.

4. Wählen Sie die zutreffende Aussage:
(1) Erstgeborene Kinder sind besonders eigenwillig.
(2) Zweitgeborene Kinder sind besonders eigenwillig.
(3) Drittgeborene Kinder sind besonders eigenwillig.
(4) Es gibt keine starke Tendenz einer Orientierung der Temperamente an der Reihenfolge der Geburt.

5. Wählen Sie die zutreffende Aussage:
(1) Weniger als 10% der besonders eigenwilligen Kinder sind von Geburt an bis zum Alter von drei Monaten zu erkennen.
(2) Etwa ein Drittel der besonders eigenwilligen Kinder sind vor dem Alter von drei Monaten zu erkennen.
(3) Die große Mehrheit der besonders eigenwilligen Kinder ist von Geburt an bis zum Alter von drei Monaten zu erkennen.
(4) Nur einige wenige der besonders eigenwilligen Kinder sind bis zum Kleinkindalter zu erkennen, dann werden 98% »auffällig«.

6. Wird das Temperament eines Kindes von den Eltern vererbt?
(1) Die Daten legen dies nahe.
(2) Die Daten legen dies nicht nahe.

7. Wie prägt sich die trotzige Natur von besonders eigenwilligen Kindern aus, wenn sie älter werden?
(1) Einige wenige sind bis zur Mitte der Pubertät trotzig, wo ein Spitzenwert von 30 % erreicht wird.
(2) Nach einem Spitzenwert von 20 % an Trotz bei Kleinkindern . . . ist er bis zur frühen Pubertät besonders gering.
(3) Etwa 40 % sind als Kleinkinder trotzig, der Prozentsatz steigt in jeder Altersgruppe und erreicht seinen Spitzenwert von 74 % in der Pubertät.

(4) Die Rebellion bleibt mehr oder weniger verborgen bis zur frühen Pubertät, wo dann eine »Explosion« stattfindet, die einen Spitzenwert von 63 % im Alter von 15 Jahren erreicht.

8. Der nächste Punkt bezieht sich auf eines der wichtigsten Ergebnisse unserer Studie. Es stellt sich die Frage, was von willigen Kindern – diesen problemlosen, fröhlichen, kooperativen Kindern – zu erwarten ist, wenn sie die Pubertät und das junge Erwachsenenalter erreichen. Lehnen sie sich auf? Wenn ja, zu welchem Prozentsatz? Geben Sie zunächst bitte an, welcher Prozentsatz dieser Kinder Ihrer Meinung nach in der Pubertät oder als junger Erwachsener *heftig* rebellieren wird.

(1) 3 Prozent
(2) 26 Prozent
(3) 52 Prozent
(4) 76 Prozent
(5) 89 Prozent

9. Welcher Prozentsatz der besonders willigen Kinder wird während der Pubertät oder als junger Erwachsener schließlich *in leichter Form* rebellieren?

(1) 14 Prozent
(2) 33 Prozent
(3) 41 Prozent
(4) 79 Prozent
(5) 91 Prozent

10. Welches Kind ist während der Pubertät bei den schulischen Leistungen überlegen?

(1) Das besonders eigenwillige Kind.
(2) Das besonders willige Kind.
(3) Keines von beiden; es besteht kein wesentlicher Unterschied.

11. Welches Kind entwickelt sich für gewöhnlich während der Pubertät in sozialer Hinsicht am besten?

(1) Das besonders eigenwillige Kind.
(2) Das besonders willige Kind.
(3) Keines von beiden; es besteht kein wesentlicher Unterschied.

12. Ein Charakteristikum des willigen Kindes ist die Leichtigkeit, mit der seine Eltern es beeinflussen und formen können. Das Kind reagiert besonders gut auf ihre Führung. Wie reagiert es bei der gegebenen

Formbarkeit auf Gruppenzwänge? Oder anders gefragt, welches Kind (das eigenwillige oder das willige) ist in der Pubertät eher von der »Meinung der Gruppe« abhängig?

(1) Das besonders eigenwillige Kind.
(2) Das besonders willige Kind.
(3) Keines von beiden; es besteht kein wesentlicher Unterschied.

13. Bei welchem von beiden ist das Selbstwertgefühl während der Pubertät höher?

(1) Beim besonders eigenwilligen Kind.
(2) Beim besonders willigen Kind.
(3) Bei keinem von beiden; es besteht kein wesentlicher Unterschied.

14. Die Eltern wurden gebeten anzugeben, wie erfolgreich ihre Söhne und Töchter als Erwachsene waren. Welche Gruppe war Ihrer Meinung nach am erfolgreichsten?

(1) Die besonders eigenwilligen Kinder.
(2) Die besonders willigen Kinder.
(3) Zwischen beiden besteht kein wesentlicher Unterschied.

So, damit ist unser kleines Quiz beendet. Ich hoffe, Sie sind nicht zu enttäuscht, wenn Sie daneben getippt haben. Ehrlich gesagt bin ich nicht sicher, ob ich, ohne die Ergebnisse unserer Studie gesehen zu haben, bestanden hätte. Bei den Eltern solcher der Autorität besonders offen oder feindselig gegenüberstehender Kinder besteht offensichtlich ein weitverbreitetes Mißverständnis. Ich habe nämlich das Quiz vielen Gruppen junger Eltern vorgelegt, bevor ich dieses Buch geschrieben habe. Sie waren dabei auch nicht besonders gut. Ein für sie typisches Ergebnis waren 4 bis 6 richtige Antworten. Ein Mann beantwortete 12 der 14 Fragen richtig und wurde zum »Supervater des Jahres« ernannt. Auf die Frage, wieso er so viel über besonders eigenwillige und willige Kinder wisse, antwortete er: »Ich habe eines von jeder Sorte erzogen!«

Ich werde nun von jeder Frage des Tests eine vereinfachte Version wiederholen und die richtige Antwort sowie zusätzliche Informationen dazu geben.

Frage 1: Welches Verhältnis besteht zwischen besonders eigenwilligen und besonders willigen Kindern?

Antwort: (4) Es gibt etwa zweimal mehr eigenwillige Kinder. Die Verteilung der 37.372 Kinder war folgendermaßen:

TABELLE 1

	besonders willig	recht willig	durch-schnittlich	recht eigen-willig	besonders eigen-willig	gesamt
Zahl der Fälle	4340	10821	9331	4981	7899	37372
Prozent-satz in der Kategorie	11,6 %	29,0 %	25,0 %	13,3 %	21,1 %	100,0 %

Eigentlich ist das wirkliche Verhältnis von besonders eigenwilligen zu besonders willigen Kindern eher 3 zu 1 als 2 zu 1. Weshalb? Weil viele der 4340 Kinder in der oben genannten Kategorie »besonders willig« Säuglinge und Kleinkinder waren, die noch nicht als eigenwillig zu erkennen waren. Ihre Eltern stuften sie als willig ein, werden vielleicht aber noch eine Überraschung erleben. Wenn diese Kinder unter 30 Monaten aus der Analyse herausgenommen werden, waren 74 Prozent der erfaßten Kinder besonders eigenwillig und 24 Prozent besonders willig.

Frage 2: Welches Verhältnis besteht zwischen Jungen und Mädchen in der Kategorie der besonders eigenwilligen Kinder?

Antwort: (1) Jungen sind zu etwa 5 Prozent schwerer zu erziehen . . . 52,5 zu 47,5.

Frage 3: Welches Verhältnis besteht zwischen Jungen und Mädchen in der Kategorie der besonders willigen Kinder?

Antwort: (2) Mädchen sind zu etwa 6 Prozent einfacher zu erziehen . . . 53 zu 47.

Frage 4: Wählen Sie die zutreffende Aussage (im Hinblick auf Reihenfolge der Geburt und Temperament).

Antwort: (4) Es gibt keine starke Tendenz einer Orientierung der Temperamente an der Reihenfolge der Geburt.

Es besteht ein leichter Trend, daß erstgeborene Kinder willig und zweitgeborene eigenwillig werden. Unserer Ansicht nach sind diese Eigenschaften allerdings *angeboren* und werden von einem Umweltfaktor wie der Reihenfolge der Geburt nicht wesentlich beeinflußt.

Frage 5: Wählen Sie die zutreffende Aussage (im Hinblick auf das Alter, in dem ein eigenwilliges Kind zu erkennen ist).

Antwort: (2) Etwa ein Drittel (36 Prozent) der besonders eigenwilligen Kinder sind von Geburt an zu erkennen.

Im Alter von einem Jahr sind es 66 Prozent und mit drei Jahren 92 Prozent. Gehorsame Kinder lassen sich früher erkennen: 43 Prozent zwischen der Geburt und drei Monaten, 74 Prozent bis zum ersten Lebensjahr und 93 Prozent bis zum dritten Geburtstag.

Frage 6: Wird das Temperament eines Kindes von den Eltern vererbt?

Antwort: (1) Ja. Die Daten legen dies nahe.

Auch wenn es viele Ausnahmen gibt, scheint doch die Tendenz zu bestehen, daß die Temperamente der Eltern sich in ihren Kindern ebenfalls ausprägen. Vielleicht haben Umweltfaktoren unsere Ergebnisse in diesem Fall mit beeinflußt, aber ich bin der Ansicht, daß die Genetik die dominierende Rolle gespielt hat. Eine vererbte Komponente scheint zu existieren, auch wenn sie nicht immer in Erscheinung tritt. Es ist zum Beispiel nicht ungewöhnlich, drei oder vier leicht erziehbare Kinder, gefolgt von einem eigenwilligen Kind, in die Welt zu setzen.

Frage 7: Wie prägt sich die trotzige Natur von besonders eigenwilligen Kindern aus, wenn sie älter werden?

Antwort: (3) Etwa 40 Prozent sind als Kleinkinder trotzig, der Prozentsatz steigt in jeder Altersgruppe und erreicht seinen Spitzenwert von 74 Prozent in der Pubertät.

Die Daten zeigen deutlich, daß der Prozentsatz der Auflehnung bei eigenwilligen Kindern im Kleinkindalter recht früh beginnt und bis ins Erwachsenenalter nicht abnimmt. Zwischen Kleinkindalter und Pubertät ist keine wesentliche Verringerung zu verzeichnen. Dies ist eine wichtige, wenn auch recht unangenehme, Information für Eltern, die die Verhaltensmuster ihrer eigenwilligen Kinder voraussagen möchten. Um diese Einsicht zu erleichtern, habe ich die Daten graphisch dargestellt. Die Kurven zeigen *ausschließlich* den Prozentsatz der *eigenwilligen Kinder,* die in jeder Altersstufe trotzig sind (obere Linie), und die derjenigen, die sich entschließen zu gehorchen (untere Linie). Beachten Sie, daß die Zahlen wegen der nicht erfaßten Kinder, die sich weder auflehnen noch besonders kooperieren, zusammen nicht 100 Prozent ergeben.

TABELLE 2

Trotz und Gehorsam bei eigenwilligen Kindern

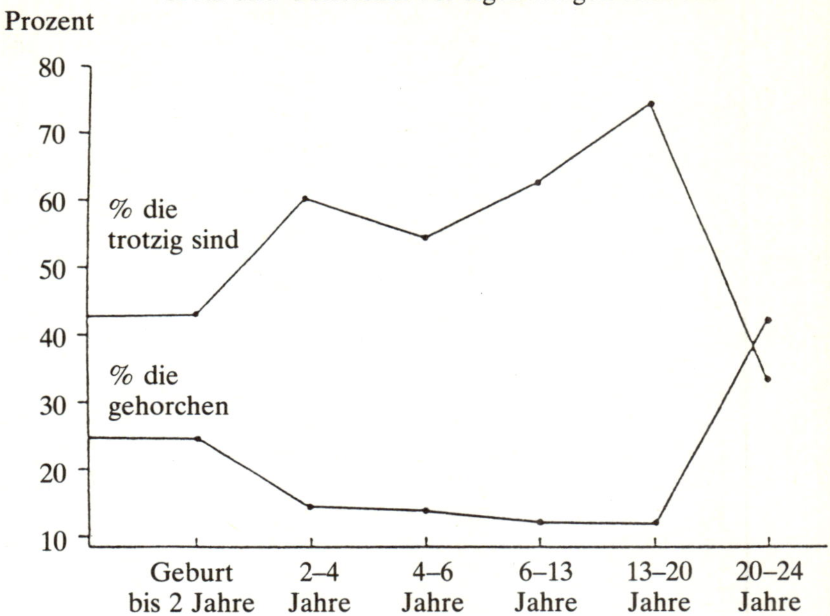

Ich hoffe, daß diese Informationen die Eltern eigenwilliger Kinder nicht entmutigen werden. Es ist richtig, daß ein wesentlicher Prozentsatz sich jederzeit in Auflehnung befinden wird (40 bis 74 Prozent), während der Prozentsatz derer, die gehorchen zwischen 23 und 11 Prozent bei den Jugendlichen liegt. Andererseits macht es Mut zu sehen, wie schnell die Rebellion bei den jungen Erwachsenen abnimmt; er fällt abrupt von 74 auf 36 Prozent. Tatsächlich überkreuzen sich die Linien an diesem Punkt, wenn mehr eigenwillige Kinder gehorchen als sich auflehnen. Die Kämpfe sind für etwa ein Drittel der Kinder noch nicht vorbei, aber das meiste Pulver ist verschossen. Bald werden sie wieder zur menschlichen Rasse zurückkehren. Ich werde gleich noch ein paar gute Nachrichten verkünden.

Wir kommen jetzt zu einer höchst überraschenden Entdeckung aus der Studie. Sie beantwortet die Fragen 8 und 9.

Frage 8: Welcher Prozentsatz der besonders willigen Kinder wird während der Pubertät oder als junger Erwachsener schließlich *heftig* rebellieren?

Antwort: (1) Nur 3 Prozent!

Frage 9: Welcher Prozentsatz der besonders willigen Kinder wird während der Pubertät oder als junger Erwachsener schließlich *in leichter Form* rebellieren?

Antwort: (1) Nur 14 Prozent!

Im Gegensatz zur allgemein verbreiteten Ansicht ist heftige Auflehnung beim willigen Kind recht selten. Nur ein kleiner Prozentsatz (14 Prozent) lehnte sich überhaupt merklich gegen die Eltern auf. Für diese 14 Prozent, die die Grenzen der Autorität in Frage stellten, war es eine

TABELLE 3

Trotz und Gehorsam bei willigen Kindern

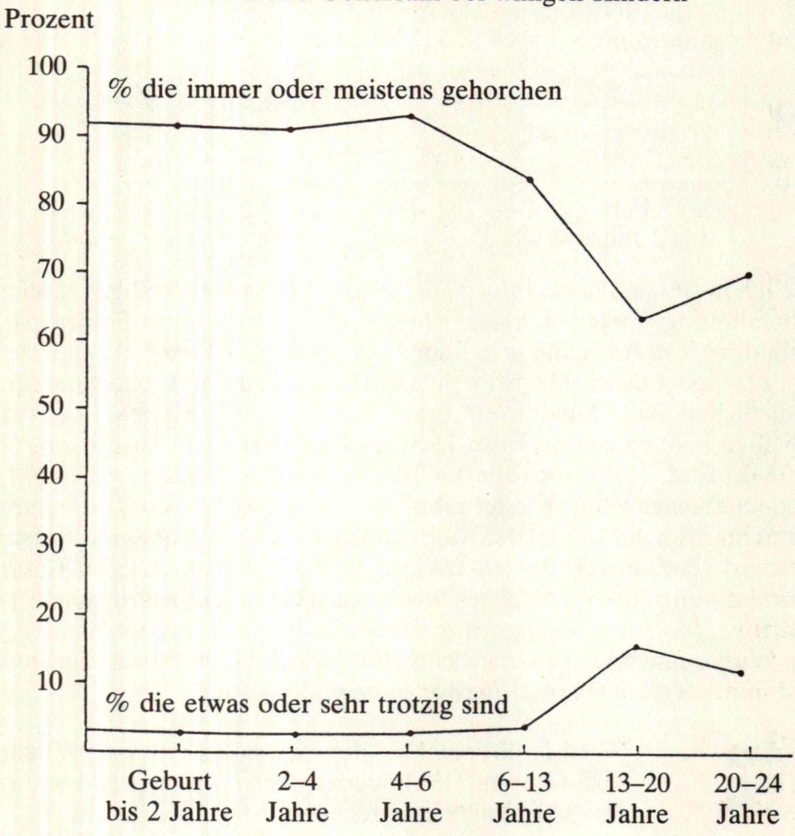

kurze Übergangsphase während der Pubertät. Die Zahl fällt auf 8 Prozent bei den jungen Erwachsenen.

Die Ergebnisse für die *willigen* Kinder sind in Tabelle 3 aufgetragen, die der für eigenwillige Kinder recht ähnlich ist. Sie ist ein Beleg für eine bemerkenswerte Art von familiärem Miteinander und Harmonie.

Ist es nicht erstaunlich, daß die große Mehrheit dieser gehorsamen Kinder (91 Prozent) im Trotzalter keine Schwierigkeiten machen und danach bis zum Knick der Kurve während der Pubertät kooperativ bleiben? Auch als Jugendliche lehnen sich nur 17 Prozent auf (diese Zahl schließt sowohl geringfügige als auch heftige Rebellion ein).

Schließlich müssen wir dieses Phänomen noch aus einem anderen Blickwinkel betrachten, damit wir (1) lernen, wie stabil die Neigung zur Auflehnung gemessen am Alter ist, und (2) in welchem Alter der höchste Prozentsatz an Rebellion zu erwarten ist. Dazu baten wir Eltern, ihre eigenwilligen (obere Linie) und willigen Kinder (untere Linie) für verschiedene Altersstufen vom Kleinkind bis zum Erwachsenen einzustufen (Tabelle 4, Seite 30).

Die Kinder, die während jeder dieser Altersstufen besonders aufsässig waren, interessierten uns besonders. Hier sind die Ergebnisse. (Beachten Sie auch hier, daß die Zahlen nur für die *besonders* trotzigen gelten und daher niedriger als die zuvor angegebenen sind).

Nach diesen Zahlen tritt *heftige* Auflehnung selbst beim besonders eigenwilligen Kind relativ selten vor dem vierzehnten Lebensjahr auf. Der Wert schnellt dann in der Pubertät auf 26 Prozent hoch, bevor er beim jungen Erwachsenen wieder abflaut. Im Gegensatz dazu erleben 97 Prozent der willigen Kinder überhaupt keine Phase heftiger Rebellion.

Frage 10: Welches Kind ist während der Pubertät bei den schulischen Leistungen eher überlegen?
Antwort: (2) Das besonders willige Kind.

Sehr eigenwillige Teenager hatten in den letzten beiden Klassen der High-School[6] mehr als dreimal häufiger Vieren und Fünfen als willige (19 % zu 5 %). Umgekehrt hatten zweimal soviele willige Jugendliche Einsen (45 % zu 25 %). Von allen besonders willigen Teenagern waren 79 Prozent Einser- und Zweierschüler, im Vergleich zu 53 Prozent bei den eigenwilligen Kindern. Das gleiche Phänomen ließ sich für die Klassen 6, 9 und in milderer Form am College[7] beobachten.

Frage 11: Welches Kind entwickelt sich für gewöhnlich während der Pubertät in sozialer Hinsicht am besten?
Antwort: (2) Das besonders willige Kind.

TABELLE 4

Prozentsatz der eigenwilligen und willigen Kinder, die in verschiedenen Altersstufen sehr trotzig sind

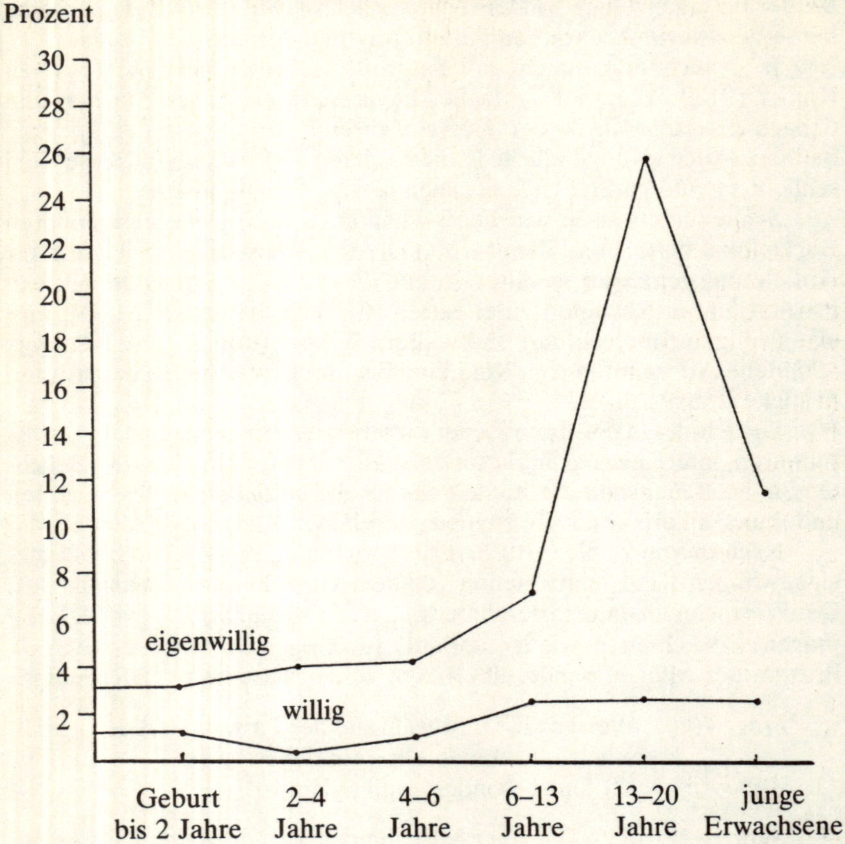

Wiederum besteht ein bemerkenswerter Unterschied zwischen den beiden Kategorien von Kindern, der mit großem Abstand zugunsten des willigen Kindes ausfällt. Als Jugendliche hatten, nach den Angaben der Eltern, 35 Prozent der willigen Kinder »keine sozialen Probleme«, verglichen mit lediglich 15 Prozent der eigenwilligen. Ebenso hatten 5 Prozent der willigen »viele soziale Probleme«, verglichen mit 16 Prozent bei den eigenwilligen. Nur 2 Prozent der willigen wurden »allgemein abgelehnt«, aber bei 9 Prozent der eigenwilligen war dies der Fall. Auch bei den jüngeren Kindern ließ sich ein ähnlicher Trend beobachten.

Es scheint, daß Kinder, die die Autorität ihrer Eltern in Frage stellen und zu Hause kleine Aufstände anzetteln, auch mit größerer Wahrscheinlichkeit ihren Altersgenossen gegenüber ausfallend werden. Allerdings sollten wir betonen, daß die Mehrheit der eigenwilligen Kinder keine gravierenden sozialen Probleme hat.

Frage 12: Welches Kind ist während der Pubertät eher von Gruppenzwängen abhängig . . . , d.h. welches wird von der »Gruppenmeinung« und Gruppenzwängen leichter beeinflußt?

Antwort: (1) Das besonders eigenwillige Kind.

Die willigen Teenager erwiesen sich als bedeutend weniger abhängig von Gruppenzwängen als die eigenwilligen. Ich hatte angenommen, daß diese Kinder, die von ihren Eltern so leicht beeinflußt und geformt werden konnten, auch anfälliger für Gruppenzwänge sein würden. Schließlich ist der Wunsch, anderen zu gefallen, eines ihrer besonderen Merkmale. Warum sollte dieses Gefühl nicht auch für Freunde und Bekannte gelten? Ich habe mich dazu sogar wie folgt in meiner ersten Filmreihe *«Focus on the Family«* (Familie im Brennpunkt) geäußert: »Ich spreche nicht abwertend über das eigenwillige Kind. Ich denke nicht in den Kategorien »gutes Kind gegen böses Kind«. Ich denke, daß das ungehorsame Kind mehr Möglichkeiten für die Entwicklung seines Charakters, von Fähigkeiten und Führungseigenschaften hat. Ja, es ist schwieriger zu erziehen.

Aber vielleicht bewirken die Charakterzüge, die ein Kleinkind mit dem Fuß aufstampfen und nein zu Ihnen sagen lassen, daß es dreizehn Jahre später nein zu seiner Clique sagt, wenn sie ihm Drogen anbietet. Wir müssen seinen Willen formen und ihm die Fähigkeit vermitteln, die eigenen Impulse zu steuern.

Ich hatte unrecht. Zwischen den beiden Gruppen von Jugendlichen gab es *enorme* Unterschiede in der Abhängigkeit von der Gruppe. Ungefähr 58 Prozent der eigenwilligen Teenager wurden von ihren Eltern als außerordentlich von Altersgenossen beeinflußbar beschrieben. Im Vergleich dazu waren es bei den willigen Jugendlichen nur 24 Prozent. Da die Abhängigkeit von der Gruppenmeinung ein heimtückischer Faktor im Zusammenhang mit Drogenmißbrauch, Alkoholismus und häufigem Partnerwechsel ist, müssen wir diesen Charakterzug der eigenwilligen Jugendlichen besonders ernst nehmen.

Frage 13: Bei welchem von beiden ist das Selbstwertgefühl während der Pubertät höher?

Antwort: (2) Beim besonders willigen Kind.

Es ist kaum möglich, die Wichtigkeit dieser Erkenntnis zugunsten des willigen Kindes überzubewerten. *Mit viel größerer* Wahrscheinlichkeit als seine eigenwilligen Geschwister ist es mit sich selbst zufrieden. Nur 19 Prozent der Jugendlichen in dieser Kategorie mochten sich selbst entweder nicht leiden (17 Prozent) oder hatten extreme Haßgefühle (2 Prozent). Bei den besonders eigenwilligen Jugendlichen dagegen mochten sich 35 Prozent nicht, und 8 Prozent (insgesamt 43 Prozent) hatten extreme Haßgefühle gegen sich selbst. Diese Unterschiede waren ebenfalls am positiven Ende der Skala zu beobachten, wenn auch in weniger dramatischer Ausprägung. Es zeichnet sich allmählich ab, daß das willige Kind mit sich und seinen Eltern viel mehr im Einklang lebt.

Warum neigen eigenwillige Kinder eher dazu ihren Selbstwert anzuzweifeln. Das ist schwer zu beantworten, man kann nur feststellen, daß sie in allen Lebensbereichen unsicherer sind. Wir wissen, daß die geringe Selbstachtung mit der außerordentlichen Abhängigkeit von der Gruppe, den schulischen und sozialen Problemen sowie der oben beschriebenen Aufsässigkeit zusammenhängt. Das Selbstwertgefühl ist der Kern jeder Persönlichkeit. Wenn es zusammenbricht, gerät auch alles andere ins Wanken.

Frage 14: Die Eltern wurden gebeten anzugeben, wie erfolgreich ihre Söhne und Töchter als Erwachsene waren. Welche Gruppe war Ihrer Meinung nach am erfolgreichsten: die eigenwilligen oder die willigen?

Antwort: (2) Die besonders willigen.

Das Muster war wieder das gleiche . . . 69 Prozent der willigen Kinder, hier als junge Erwachsene, wurden von ihren Eltern als erfolgreich oder sehr erfolgreich eingestuft. Nur 56 Prozent der eigenwilligen wurde dieses Lob zuteil. Auch wenn man die Häufigkeit des Versagens betrachtet, sind die willigen die Gewinner: 11 Prozent gegenüber 22 Prozent.

Die meisten Eltern, denen ich meine Ergebnisse mitgeteilt habe, waren darüber erstaunt. Sie erwarteten, daß eigenwillige Kinder gerade in dieser Kategorie an der Spitze wären. Ihre Aggressivität hätte gängigen Ansichten zufolge einen schnelleren Anfang bewirken sollen. Bei genauerer Untersuchung stellt sich allerdings heraus, daß die willigen jungen Männer und Frauen als Berufsanfänger mehr Erfolg haben, weil sie sich an die Spielregeln halten. Sie finden heraus, was der Chef will, und richten sich exakt danach. Außerdem scheinen sie weniger persönliche Schwierigkeiten in dieser nachpubertären Phase zu haben. Dadurch haben sie mehr Zeit, mit dem Leben an sich fertig zu werden.

Diese Ergebnisse kämen für Bill Haughton, einen erfolgreichen Grundstücksmakler und ehemaligen Marinesoldaten nicht überraschend. Er war in der Industrie dreißig Jahre lang im Vertrieb beschäftigt gewesen, wo er als der erste Angestellte angefangen hatte, und verkaufte die Firma mit 450 Angestellten an 40 Industriestandorten im Jahre 1980. Bill und ich sind Freunde geworden, und ich habe ihn einmal gefragt, wie er neue Angestellte auswählte. Seine Antwort war überraschend. Er sagte, daß er als erstes von einem jungen Mann, der sich um eine Stelle bewarb, wissen wollte, was für ein Verhältnis er zu seinem Vater habe. War es gespannt, stellte er ihn nicht ein.

Bill erläuterte seine Überlegungen: »Wenn ein Junge gelernt hat, die Autorität seines Vaters zu akzeptieren, stehen die Chancen gut, daß er die Führungsrolle seiner Arbeitgeber später genauso akzeptieren wird. Wenn er aber früher trotzig war, hätte er auch in meinem Betrieb Schwierigkeiten gemacht.« Dann fragte ich Bill, wie er Frauen überprüfte. Wieder war seine Ansicht einzigartig, wenn auch umstritten. Er sagte: » Frauen kann man zunächst schwerer einschätzen. Man kann nichts genaues sagen, bis sie an die Arbeit gehen. Leider können sie hinterhältiger sein als Männer. Wenn ich merke, daß ich so eine Unruhestifterin eingestellt habe, eine die immer dabei ist, sich in der Hackordnung ganz nach oben zu arbeiten, weiß ich, daß ich einen Fehler gemacht habe. Sie wird das Betriebsklima dauernd belasten. Sie muß gehen, oder in meinem Betrieb wird Chaos herrschen! Bill Haughtons Einstellungsphilosophie ist eine praktische Anwendung der in unserer Studie bestätigten Ergebnisse. Sie erklärt vielleicht, weshalb die eigenwilligen Männer oder Frauen im Beruf für gewöhnlich langsamer Tritt fassen als die willigeren. Die Chefs und Vorgesetzten wünschen sich Angestellte, die sich nach Anordnungen richten und Auseinandersetzungen mit Kollegen vermeiden. Übrigens, in einer Studie über Menschen, die entlassen wurden, haben weniger als 20 Prozent ihren Arbeitsplatz aufgrund von fehlendem technischem Wissen oder Geschick verloren. Mehr als 80 Prozent wurden wegen ihrer Unfähigkeit, mit *anderen Menschen* auszukommen, entlassen. Das ist ihre Achillesferse, auch wenn sie sich für eine bestimmte Arbeit eignen. Deshalb haben die willigen jungen Männer und Frauen in den Anfangsstellungen einen deutlichen Vorteil. Genau das haben wir herausgefunden.

Lassen Sie mich darüber spekulieren, wie sich dieses Bild mit der Zeit verändern könnte. Da sich unsere Untersuchung auf Personen von 24

Jahren und jünger beschränkte, habe ich mich gefragt, was mit denen passiert, die 40 Jahre oder älter sind. Meine Annahme ist, daß die eigenwilligen schließlich als Unternehmer und Führungskräfte in Erscheinung treten werden. Ihr Verlangen nach Unabhängigkeit und ihr aggressives Temperament könnten sie dazu veranlassen, ihre willigeren Gegenstücke letztendlich zu übertreffen.

Mein Freund Dr. Malcolm Williamson, den ich schon erwähnte, hat die Charakterzüge tausender Erwachsener aus der arbeitenden Bevölkerung erhoben. Seine Forschungsergebnisse zeigen, daß die Präsidenten eines Unternehmens charakteristischer Weise dominant (eigenwillig), aggressiv, selbstsicher, schnell entschlossen und in hohem Maße unabhängig sind. Demgegenüber, so seine Feststellung, gibt es einen hohen Prozentsatz von Vizepräsidenten und Angestellten im mittleren Management, die »Diener« sind. Sie vertreten die Firmenpolitik sehr gut. Sie sind loyale, hingebungsvolle Perfektionisten, die nichts falsch machen wollen. Ja, zuvorkommend und willig sind sie auch.

Ich denke, daß diese Ergebnisse in unserer Untersuchung bestätigt worden wären, wenn wir den Zeitrahmen um zwei Jahrzehnte erweitert hätten. Vielleicht werden wir dies eines Tages tun.

Schlußbemerkung

Jetzt, nachdem ich die Eltern der besonders eigenwilligen Kinder völlig deprimiert habe, lassen Sie mich zwei zusammenfassende Anmerkungen machen und einige ermutigende Gedanken äußern.

Erstens, es gibt noch ein Ergebnis aus unserer Untersuchung, das allen Eltern, die heute noch kämpfen, Hoffnung machen sollte. Es betrifft die Rückkehr zu elterlichen Werten, die die meisten Kinder vollziehen, wenn sie erwachsen werden. Auf der Tabelle unten sind die Aussagen von 853 Eltern aufgetragen.

Wie man ablesen kann, sind sogar bei den *absolut eigenwilligen und trotzigen* Kindern 53 Prozent schließlich unumwunden zu den Wertmaßstäben ihrer Eltern zurückgekehrt. Kombiniert man diese Zahl mit der derjenigen, die »ungefähr« die elterlichen Ansichten akzeptieren, bedeutet dies, daß 85 Prozent dieser dickköpfigen, unabhängigen Individuen sich nach der Pubertät schließlich dem elterlichen Standpunkt annähern. Nur 15 Prozent sind so eigensinnig, daß sie alles das, wofür ihre Familie steht, zurückweisen, und ich wette, daß es in den meisten dieser Fälle noch andere Probleme und Gründe für schmerzliche Erinnerungen gab.

Dies bedeutet effektiv, daß diese eigenwilligen Kinder bockig sind,

TABELLE 5

Akzeptanz oder Ablehnung elterlicher Wertvorstellungen

	akzeptierten elterliche Wertvorstellungen	lehnten elterliche Wertvorstellungen ab	akzeptierten elterliche Wertvorstellungen zum Teil
Besonders willige Kinder, jetzt erwachsen	79 %	5 %	15 %
Besonders eigenwillige Kinder, jetzt erwachsen	53 %	15 %	32 %
gesamt	60 %	12 %	32 %

keine Ruhe geben und sich, solange sie zu Hause wohnen, beklagen, aber daß sie sich als junge Erwachsene besinnen und das tun, was ihre Eltern sich am meisten gewünscht haben. Denken Sie daran, daß wir eine Kategorie von Kindern hatten, die wir mit »ziemlich eigenwillig« benannt haben und die in keiner dieser Analysen berücksichtigt wurde. Es ist fast sicher, daß der Prozentsatz dieser weniger feindseligen Kinder, die die elterlichen Werte akzeptieren, höher als der oben genannte liegt. Außerdem ist es in diesem Zusammenhang beruhigend zu wissen, daß sogar die *aufsässigsten* Kinder, die als Jugendliche entsetzlich trotzig waren, sich den elterlichen Werten meistens wieder zuwenden, wenn nicht ganz, so doch zumindest teilweise. Wenn wir sie dann im Alter von 36 statt mit 24 Jahren beurteilen könnten, würden noch weniger von ihnen sich immer noch in Opposition zu den elterlichen Wertvorstellungen befinden.

Zweitens empfehle ich den Eltern von eigenwilligen Kindern, sich bei der Aufgabe, sie zu erziehen, nicht »betrogen« oder deprimiert zu fühlen. Jedes menschliche Wesen kommt mit einem reichhaltigen Sortiment an Schwächen auf die Welt, auch das willige Kind. Natürlich ist es schwieriger, ein eigenwilliges kleines Kerlchen zu erziehen, aber Sie können es schaffen! Durch Gebet und Flehen zu Gott können Sie ihm zum Einklang mit sich selbst als junger Erwachsener verhelfen. Außerdem bin ich der Meinung, daß Sie die Chancen, Ihre Wertvorstellungen weiterzugeben, verbessern können, wenn Sie sich an einige langerprobte Prinzipien halten, die wir noch erörtern werden. Also bleiben Sie dran! Nichts wirklich Wichtiges im Leben bekommt man einfach so geschenkt, außer der Erlösung durch Jesus Christus.

Lassen Sie uns nun in Kapitel 4 die Reaktionen der Eltern auf eigenwillige und willige Kinder betrachten. Sie könnten Ihr eigenes Bild in der folgenden Erörterung wiederfinden.

4

Was Eltern über sich selbst sagten

Aus dem ersten Kapitel erinnern Sie sich sicher noch an die Eltern, die uns berichtet hatten, daß sie von ihrer Verantwortung bei der Erziehung *äußerst* frustriert waren. Mehr als 30 Prozent derer, die auf unsere Umfrage antworteten, sagten im Endeffekt: »Als Mutter, bzw. Vater, bin ich ein(e) Versager(in)!« und »Ich werde mit meinen Kindern einfach nicht fertig.« Wer sind aber nun diese Eltern, die daheim solche Verzweiflung empfanden? Ich denke, daß wir jetzt zu dieser und zu anderen wichtigen Fragen erhellende Antworten haben.

Die 35.000 Eltern, die an unserer Studie teilnahmen, gaben uns nicht nur wertvolle Informationen über ihre eigenwilligen und willigen Kinder (s. Kapitel 3), sondern haben auch ihre eigenen Empfindungen und Einstellungen bei deren Erziehung beschrieben. Ihre Antworten waren in vielerlei Hinsicht überraschend. Lassen Sie uns einige der relevanteren Ergebnisse, die zum Teil sehr beunruhigend sind, betrachten.

In einer unserer Fragen wurden die Eltern gebeten, den Grad von Streß, der durch die Temperamente ihrer Kinder verursacht wurde, zu bestimmen. Wir haben das Material nach den Antworten von Eltern mit besonders eigenwilligen und besonders willigen Kindern auseinandersortiert. Dies sind unsere Ergebnisse.

Was für aufregende Informationen diese Statistik (Tabelle 6) doch liefert. Wenn wir die beiden positiven Kategorien (absolute Freude und meistens erfreulich) betrachten, können wir sehen, daß 95 Prozent der Eltern mit besonders willigen Kindern sich bei deren Erziehung gut fühlten, im Vergleich zu nur 11 Prozent bei den Eltern besonders eigenwilliger Kinder. Auf der Negativseite haben 1 Prozent der Eltern williger Kinder ihre Aufgabe mit »meistens schwierig« oder »unerfreulich« beurteilt, im Vergleich zu 72 Prozent derer, die eigenwillige Kinder erziehen. Offensichtlich haben wir den Großteil der frustrierten Eltern schon mit diesem einen Punkt auf unserem Fragebogen identifiziert.

Ein weiterer Punkt sollte dazu dienen, die Reaktionen der Eltern auf

TABELLE 6

Reaktion der Eltern auf eigenwillige und willige Kinder

	absolute Freude	meistens erfreulich	durchschnittlich	meistens schwierig	unerfreulich
Eltern besonders williger Kinder	44 %	51 %	4 %	1 %	0 %
Eltern besonders eigenwilliger Kinder	1 %	10 %	17 %	55 %	17 %

Kinder mit friedlicher oder schwieriger Natur genauer zu untersuchen. Wir baten um folgende Information: »Wählen Sie den Satz, der ganz allgemein die Gefühle, die Sie bei der Erziehung Ihrer besonders eigenwilligen oder besonders willigen Kinder haben, beschreibt.« Die vier zur Auswahl stehenden Aussagen waren:

1. »Es ist ein Kampf gewesen, der mich oft niedergeschlagen, erschöpft und von Schuldgefühlen geplagt zurückgelassen hat.«
2. »Es war schwierig, aber auch spannend und lohnend.«
3. »Es war eine sehr positive Erfahrung.«

Die Eltern von eigenwilligen Kindern hatten diese vierte Wahlmöglichkeit:

4. »Er/sie war in den ersten Jahren schwierig, aber die Pubertät war dann weniger stürmisch und schwierig.«

Die Eltern von willigen Kindern hatten diese vierte Wahlmöglichkeit:

4. »Er/sie war in den ersten Jahren eine wahre Freude, aber die Pubertät war für beide Generationen mit sehr viel Anspannung verbunden.«

Nachdem wir die Antworten von 4711 Eltern erhalten hatten, unterteilten wir diese in acht Untergruppen, um die Eltern, die am verzweifeltsten waren, herauszufinden. Wir untersuchten, wie sowohl eigenwillige als auch willige Mütter und Väter mit ihren eigenwilligen und willigen Kindern umgingen. Die Ergebnisse sind in Abbildung 7 aufgetragen (siehe Seite 39).

TABELLE 7

Wechselwirkung Elternteil/Kind nach den Temperamenten beider Generationen

Elternteil/Kind Temperamente	1 mühsam	2 schwierig	Negativer Faktor (1 & 2 zusammen)	3 positiv	4 unterschiedlich
Besonders nachgiebige Mütter mit besonders willigen Kindern	3 %	11 %	14 %	71 %	15 %
Besonders nachgiebige Mütter mit besonders eigenwilligen Kindern	43 %	44 %	87 %	6 %	7 %
Eigenwillige Mütter mit willigen Kindern	5 %	13 %	18 %	64 %	18 %
Eigenwillige Mütter mit eigenwilligen Kindern	34 %	56 %	90 %	6 %	4 %
Besonders nachgiebige Väter mit besonders willigen Kindern	3 %	14 %	17 %	71 %	12 %
Besonders nachgiebige Väter mit besonders eigenwilligen Kindern	41 %	50 %	91 %	4 %	5 %
Besonders eigenwillige Väter mit besonders willigen Kindern	6 %	12 %	18 %	65 %	17 %
Besonders eigenwillige Väter mit besonders eigenwilligen Kindern	39 %	51 %	90 %	6 %	4 %

Zahl der befragten Eltern:		
	Besonders nachgiebige Mütter	890
	Besonders nachgiebige Väter	710
	Besonders eigenwillige Mütter	1 684
	Besonders eigenwillige Väter	1 427
	Gesamt	4 711

Schon eine flüchtige Untersuchung dieser Antworten macht deutlich, daß eigenwillige Kinder nicht nur bei ihren Müttern, was wir erwartet hatten, sondern auch bei ihren Vätern eine Quelle großer Enttäuschung waren. Lynn Caine sagte in ihrem Buch *What Did I Do Wrong* (Was habe ich falsch gemacht) über Männer: ». . . die Väter schienen weder an der Schuld noch an den Schuldzuweisungen beteiligt zu sein . . . Sie fühlten sich nicht gehaßt oder unfähig oder für sie verantwortlich. Das war Frauensache . . . ich habe selten einen schuldbewußten Vater getroffen . . . Vielleicht ist unsere Schuld ein weiblicher Zustand, eine Schwäche des Geschlechts, die natürliche Gutmütigkeit der Nährenden.«

Nach unseren Ergebnissen hat Lynn Caine unrecht. Väter *ringen mit sich,* wenn ihre Kinder rebellieren. Diese Tatsache läßt sich belegen, wenn man die ersten beiden Spalten zu einer Art »negativem Faktor« zusammenzählt, der in der mittleren Spalte eingetragen ist. Dieser Gesamtprozentsatz zeigt nicht nur, daß eigenwillige Kinder auf Mütter und Väter gleichermaßen wirken, sondern auch für eigenwillige und willige Eltern in etwa die gleiche Intensität von Streß verursachen. Die niedrigste positive Bewertung (4 Prozent) trat bei besonders nachgiebigen Vätern auf, die besonders eigenwillige Kinder erzogen. Kurz gesagt hat die Spannung, die sie verursachen, Einfluß auf jeden Erwachsenen, der mit diesen kleinen Rabauken zu tun hat! Darauf werden wir gleich noch einmal zurückkommen.

Lassen Sie uns unsere Aufmerksamkeit jetzt von dem, was Eltern *fühlen,* auf das richten, was sie *tun,* damit ihre Kinder *gehorchen.* Auch an dieser Stelle gab es aufregende Ergebnisse. Unser primäres Interesse galt dem Umgang mit besonders eigenwilligen im Vergleich zu besonders willigen Kindern. Wir baten diejenigen, die den Fragebogen ausfüllten, anzugeben, welcher Elternteil in verschiedenen Altersstufen das beste Verhältnis zu den Kindern hatte. Tabelle 8 (s. nächste Seite) gibt nur die Antworten von Eltern besonders eigenwilliger Kinder wieder.

Aus dieser und einigen anderen Analysen geht hervor, daß Mütter von eigenwilligen Kindern besonders empfindlich auf deren Trotz reagieren. Wie bereits erwähnt, haben auch Väter mit ihnen Schwierigkeiten und fühlen sich deshalb schuldig. Trotzdem scheinen Männer in zunehmendem Maße bereit zu sein, einen größeren Teil der Verantwortung für die Kindererziehung zu übernehmen. Die Mütter sind für die jüngeren Kinder allein verantwortlich, sie versorgen 78 Prozent der eigenwilligen Kleinkinder. Danach nimmt der Prozentsatz während der Pubertät mit jeder Altersstufe ab. Die Väter hatten ein um einige Prozentpunkte besseres Verhältnis zu den 13- bis 20-jährigen Kindern. Bei den jungen Erwachsenen kehrt sich dieses Verhältnis zugunsten der Mütter wieder um. Wir nehmen an, daß dieser Wechsel der Erziehungsverantwortung von Frauen zu Männern deshalb stattfindet, weil die Mütter die Konfrontation scheuen und mit den Machtkämpfen dieser härter gesottenen Söhne und Töchter weniger gut umgehen können.

TABELLE 8

Wer kommt am besten mit eigenwilligen Kindern zurecht?

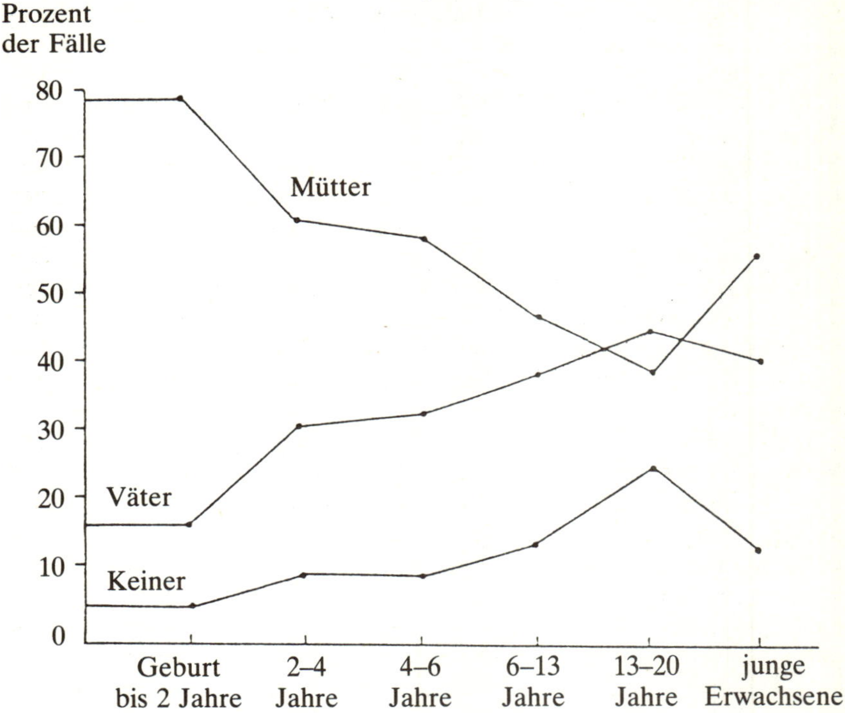

Die unterste Linie in Abbildung 8 ist in diesem Zusammenhang von größerer Bedeutung, sie gibt den Prozentsatz der Kinder an, zu denen *kein* Elternteil ein gutes Verhältnis hatte. Der Spitzenwert von 24 Prozent der Fälle während der Pubertätsphase deutet auf Ärger hin! Ein Viertel aller dickköpfigen Kinder kommt weder mit der Mutter *noch* mit dem Vater aus, und 14 Prozent gehen als junge Erwachsene immer noch eigene Wege. So wie ihre Eltern, brauchen auch die Kinder dringend den richtigen Einfluß von außen.

Wurden die Antworten auf die Frage: »Wer kommt mit dem Kind besser zurecht?« nach den Geschlechtern unterteilt, zeigte sich, daß Väter für eigenwillige Söhne eine noch größere Verantwortung haben als für Töchter. Überraschenderweise waren Mädchen während der Pubertät allerdings genauso rebellisch wie Jungen.

Lassen Sie uns nun im Vergleich dazu die Antworten von Eltern mit besonders willigen Kindern betrachten. Es ergibt sich ein völlig anderes Bild.

TABELLE 9

Wer kommt am besten mit willigen Kindern zurecht?

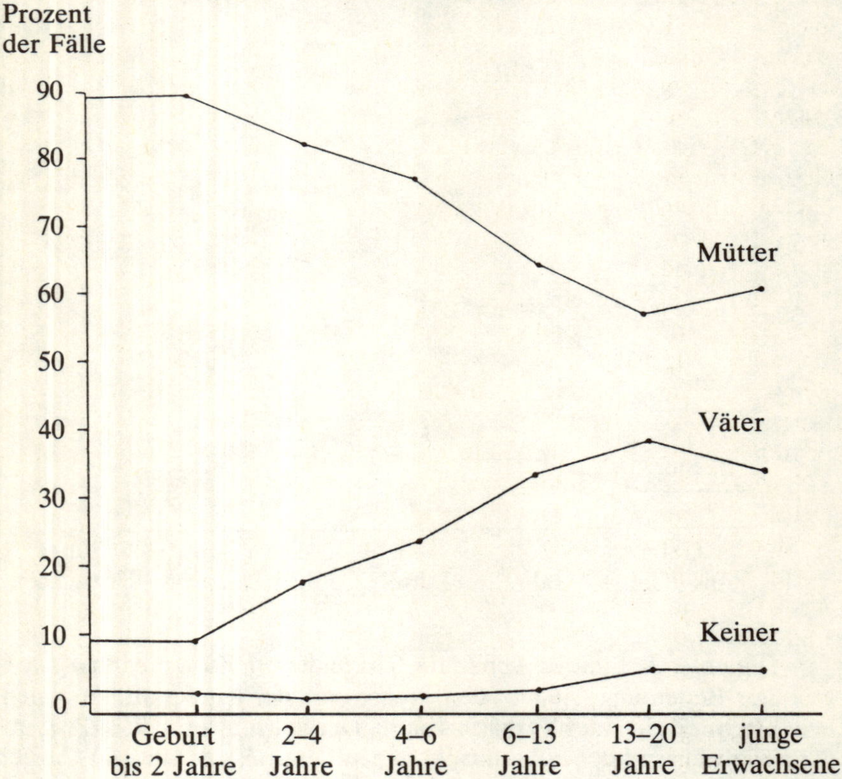

Man braucht keinen Statistiker, um diese Daten zu interpretieren. Ganz offensichtlich lieben Mütter willige Kinder. Väter mögen sie auch, aber die Mutter hat während der gesamten Kindheit die Zügel in der Hand. Beachten Sie den geringen Prozentsatz der willigen Kinder, die sich beiden Eltern entfremdet fühlten (maximal 5 Prozent während der Pubertät).

Als die Mutter einer eigenwilligen Sippe diese Daten zum ersten Mal sah, fragte sie mich matt: »Wo kriege ich ein paar von diesen willigen Kindern her?!« Ich weiß es nicht, aber die Chancen stehen gut, daß *ihre* Eltern das auch gern gewußt hätten.

Vom Anfang an war ich bei dieser Studie besonders am Verhältnis von Müttern zu ihren Töchtern interessiert. Viele Psychologen haben dieses sogenannte »Ding« beschrieben, das anscheinend zwischen den weiblichen Mitgliedern des Haushalts abläuft. Ob es ein Phänomen von »zwei Frauen in einer Küche« oder ein natürliches Konkurrieren um die Aufmerksamkeit des Ehemannes/Vaters ist, etwas Wahres scheint daran zu sein. Für eine Mutter ist es in dieser Phase nicht ungewöhnlich zu sagen: »Momentan mag ich weder meinen Sohn noch *meine* Tochter.« Beweise für diese Schwierigkeiten ließen sich in unserer Studie finden. Nur 36 Prozent der Mütter hatten beispielsweise während der Pubertät das beste Verhältnis zu ihren eigenwilligen Töchtern. Konflikte waren bei den verbleibenden zwei Dritteln der Fälle offensichtlich. Andere Beispiele dieser Feindseligkeit förderte unsere Studie ebenfalls zutage.

Ein weiterer interessanter Faktor wurde im Hinblick auf die Einstellung der Eltern zur Disziplin beobachtet. Die Eltern wurden gebeten, sich als nachsichtig, ziemlich locker, durchschnittlich, ziemlich streng oder sehr streng/unnachgiebig einzustufen. Wir haben diese Selbsteinschätzung zum sozialen Erfolg der Kinder in verschiedenen Altersstufen in Beziehung gesetzt. Sie wurden in die Kategorien: »hat keine Probleme«, »allgemein beliebt«, »durchschnittlich«, »allgemein unbeliebt« und »hat viele Probleme« eingeordnet. Dies sind unsere Ergebnisse: die Eltern der Kinder, die viele Probleme hatten, waren entweder nachsichtig oder streng/unnachgiebig mit ihnen. Diese Konstellation blieb durch viele Analysen und auch in den verschiedenen Altersstufen bestehen. Die Schlußfolgerung ist, daß, wenn Kinder viele soziale Probleme haben, ihre Eltern extrem reagieren – entweder, indem sie die Hände ringen und sich weigern, sie überhaupt zu erziehen, oder, indem sie so streng und unnachgiebig werden, daß sie sie unterdrücken. Diese und einige andere Analysen machten deutlich, daß die Art, in der ein Elternteil erzieht (und straft) eine Auswirkung auf das Wohlbefinden und das Temperament des Kindes hat. Wenn dieser Elternteil ungewöhnlich schwierig ist oder selbst viele Probleme hat, leidet darunter manchmal die Effektivität der Erziehung.

Zusammenfassung

Wie bereits erwähnt könnte ich viele Bücher mit den Informationen, die aus dieser Studie zusammengetragen wurden, füllen. Zugegebenermaßen war dies eine *rückblickende* anstelle einer wissenschaftlicheren *langzeitigen* Untersuchung. Trotzdem sprechen die Ergebnisse für sich. Die Diskrepanz zwischen eigenwilligen und willigen Kindern ähnelt eher einem Abgrund, und die Verschiedenheiten in Temperament und Verhalten wirken sich bei denen, die sie erziehen, auf dramatische Weise aus.

Vielleicht wird nun deutlich, warum ich mich besonders mit den vier Gruppen von Eltern, die besonders eigenwillige Kinder erziehen (vgl. nochmals Abbildung 7), beschäftige. Ich glaube, daß diese Mütter und Väter heute kurz vor dem Zusammenbruch stehen. Ihre Schuldgefühle überwältigen sie fast, und dennoch ertragen sie typischerweise ihren Schmerz im stillen. Ich würde erwarten, daß die Fälle von Kindesmißhandlung, Alkoholabhängigkeit der Eltern und andere Beweise für zerrüttete Familienverhältnisse in dieser Kategorie überproportional hoch sind. Und eigentlich ist es gar keine Kategorie oder Gruppe. Ich spreche von *Menschen* – lebenden Müttern und Vätern, die dabei sind, das Handtuch zu werfen.

Wenn Sie zu diesen Eltern gehören, die in Schwierigkeiten stecken und in den Nachtstunden geweint haben, ist die Summe der Erfahrungen in diesem Buch für Sie gedacht. Auch wenn wir die besonderen Probleme im Zusammenhang mit willigen Kindern behandeln, liegt die größere Dringlichkeit bei den eigenwilligen Rebellen und deren Familien. Es gibt Hoffnung – für die Kinder und für Sie, ihre Eltern.

5

In Liebe an Eltern, die leiden

Vor einigen Wochen war ich bei einer Trauung, die in einem wunderschönen Garten stattfand. Nachdem der Pfarrer den Bräutigam aufgefordert hatte, seine Braut zu küssen, ließ man etwa 150 bunte Ballons in den blauen Himmel steigen. Es war ein hübscher Anblick. Innerhalb von wenigen Sekunden waren die Ballons über den Himmel verstreut – einige ein paar hundert Meter hoch und andere in Richtung Horizont. Die Verteilung war ungewöhnlich. Alle waren gemeinsam vom selben Platz gestartet, etwa gleich voll mit Helium und stiegen bei gleichen Sonnen- und Windbedingungen auf. Trotzdem waren sie innerhalb weniger Minuten kilometerweit voneinander entfernt. Einige Ballons hatten Mühe, sich über die Baumwipfel zu retten, während die »Könner« auf ihrem Weg gen Himmel zu winzigen Farbpunkten wurden. Wie interessant, dachte ich – und wie symbolisch in bezug auf Kinder.

Wir sind uns einig, daß Babies ihr Leben nicht von einem gemeinsamen Startplatz aus beginnen. Sie unterscheiden sich auch in ihren Flugeigenschaften. Sehen wir dem ins Auge. Einige sind praller mit Helium gefüllt als andere. Aber selbst wenn sie bei der Geburt identisch wären, würden sie nicht sehr lange gleich bleiben. Einflüsse aus der Umgebung würden sie innerhalb von einigen Tagen unendlich weit voneinander entfernen. Von da an bewegen sie sich ständig weiter voneinander weg. Einige Kinder scheinen jeden Aufwind zu erwischen. Sie steigen mühelos in die Höhe. Ihre Eltern strahlen vor Freude, weil sie die überlegenen Ballons hervorgebracht haben. Andere schweben gefährlich dicht an den Baumwipfeln entlang. Unten folgen ihnen pustend und prustend ihre besorgten Familien, die alles mögliche versuchen, damit sie oben bleiben. Es ist eine anstrengende Erfahrung.

Ich möchte an dieser Stelle ein Wort der Ermutigung an die Eltern jedes »tieffliegenden« Kindes richten. Meistens gibt es in jeder Familie eines oder mehrere davon. Sie sind natürlich nicht alle eigenwillig und trotzig. Einige sind körperbehindert, andere lernbehindert, haben eigentümliche Persönlichkeiten oder schwere Krankheiten. Manche haben

Eigenheiten, die sie dem Spott der Gruppe aussetzen. Was macht Sie bei Ihrem andersartigen Kind besorgt? Hat es Über- oder Untergewicht, ist es zu klein oder zu groß oder ungeschickt oder faul? Oder ist es so entsetzlich selbstsüchtig und unangenehm, daß es sich jedem, den es trifft, entfremdet hat, Sie aus- (oder ein)geschlossen? Steht die Lebensgeschichte Ihrer Familie irgendwo im Flugplan Ihres »besonderen Ballons«?

Darf ich durch die Seiten dieses Buches sanft den Arm um Sie legen? Ich verstehe Ihren Schmerz und Ihre Befürchtungen. Ihre Hoffnungen steigen und fallen mit der Flughöhe dieses einen Kindes, das so anders ist. Sie erwachen sorgenvoll in den frühen Morgenstunden und beten für sein Überleben. Sie haben Alpträume, daß dieser Ballon wilde Spiralen vollführt und im Sturzflug auf die Erde zurast. Sie würden Ihr Leben geben, um diese Katastrophe zu verhindern, aber es würde nichts helfen. Sie sind alles, was dieses Kind hat.

Wenn Sie nur hochfliegende Söhne und Töchter haben, werden Sie das Gefühl, das diese Worte vermitteln, nicht verstehen können. Sie könnten sie sogar für dumm halten. Es ist sehr schwierig, die Niedergeschlagenheit und die dunklen Vorahnungen zu verstehen, die die Erziehung eines solchen Kindes begleiten, wenn Sie es nicht selbst durchgemacht haben. Außerdem ist es peinlich. Weshalb? Wegen der törrichten Ansicht, daß die Eltern für all das, was aus ihrem Kind wird, verantwortlich sind. Sie werden für alle seine Erfolge und Mißerfolge gelobt oder getadelt. Ist es großartig, brillant, künstlerisch begabt, sportlich, gut in der Schule und höflich, bekommt seine Familie eine Eins plus, weil sie es so hat werden lassen. Wenn es aber ganz normal, unausgeglichen, träge, häßlich, unangenehm und langweilig ist, sind Sie durchgefallen. Die Eltern sind ganz besonders für das negative Verhalten ihres Kindes verantwortlich zu machen, auch noch nach Jahren, wenn es ihrer Kontrolle und ihrem Einfluß entwachsen ist. Ich höre fast jeden Tag von Eltern, die sich in einer ähnlichen Lebenssituation wie dieser befinden.

Sehr geehrter Dr. Dobson:

Wir haben vier Kinder, davon einen Jungen und ein Mädchen im College. Sie machen sich gut und sind alles, wovon Eltern nur träumen können. Wir haben einen zwölfjährigen Sohn, der bei der Geburt einen Hirnschaden erlitt. Er ist ein hübsches Kind, das sehr hart arbeitet, um vorwärtszukommen. Schließlich haben wir noch einen dreizehnjährigen Jungen, der, wie Sie sagen, »von Stunde Null« an eigenwillig gewesen ist.

Wir sind seit sieben Jahren Christen und haben alles, was uns möglich war, getan, um diesem Kind zu helfen – vom Beten über einen

Umzug im vergangenen Jahr, seiner Unterbringung in einer christlichen Privatschule bis zu wöchentlichen Sitzungen des Familienrates.

Heute mußten wir mit unserem Sohn vor dem Pastor, dem Vertreter für Erziehungsfragen und den Mitgliedern der Verwaltung der christlichen Schule erscheinen, um sie zu bitten, daß sie ihn nicht sechs Wochen vor dem Schulabschluß von der Schule verweisen.[8]

Das Urteil: Er muß gehen! Der Vertreter für Erziehungsfragen kommentierte dies wie folgt: »Was für Eltern sind Sie eigentlich, daß Sie Ihren Sohn nicht besser unter Kontrolle haben?«

Wir sind verzweifelt! Alles nur erdenklich mögliche ist bei diesem Kind versucht worden. Wir lieben ihn wirklich, aber ich kann gut verstehen, warum Eltern ihre Kinder mißhandeln. Ich bin Röntgentechnikerin und sehe viel zu viele Kinder, die durch Mißhandlungen hirngeschädigt sind. Vielleicht hält mich dies davon ab, ihn zu verprügeln. Aber weshalb bürden uns diese Beauftragten der Schulverwaltung immer noch mehr Schuld auf, wenn es Menschen wie Sie gibt, die so sehr versuchen, uns zu helfen? Wir tragen schon genug Schuld daran, daß wir wissen, wir haben als Eltern versagt.

Bitte helfen Sie uns. Wir sind verzweifelt!!

Gott segne Sie, *Elaine*

Wenn wir mit der Schulverwaltung und dem Vertreter für Erziehungsfragen sprechen würden, bekämen wir eine andere Version über diese Eltern und ihren trotzigen Sohn zu hören. Vielleicht haben sie sein aufsässiges Verhalten verschuldet, aber ich bezweifle es. Wenn wir ihre anderen Kinder betrachten, sehen wir, daß sie gut zurechtkommen. Nein, ich bin der Ansicht, daß die Eltern Opfer des grausamen Mißverständnisses, von dem wir sprachen, geworden sind. Ihnen und anderen Eltern heute ist beigebracht worden, daß Kinder unverfälscht und gut geboren werden. Wenn aus den Kindern nichts wird, dann deshalb, weil sie jemand verdirbt. Verhalten *wird hervorgerufen,* sagen die Experten. Das Kind wählt nicht, es reagiert nur anhand seiner Erfahrungen.

Wie bereits erwähnt, nennt man diese Theorie *Determinismus,* und wenn sie zutrifft, liegt die Verantwortung für jede Lüge, jedes Schulversagen, jeden Akt von Ungehorsam letztendlich bei der Familie – und besonders bei der Mutter. Deshalb wird sie für alle Probleme und sogar die dummen kleinen Fehler, die ihre Kinder haben, verantwortlich gemacht. Ist es da verwunderlich, daß 1.000 Mütter und Väter auf unsere Umfrage »Frustrationen bei der Kindererziehung« als häufigste Antwort »Ich bin als Mutter/Vater ein(e) Versager(in)« gaben?

Ich erinnere mich, wie ich vor einigen Jahren von Los Angeles nach

Toronto flog. Kaum hatte ich es mir bequem gemacht, nahm eine Mutter zwei Sitze von mir entfernt Platz und setzte prompt ihren dreijährigen Sohn zwischen uns. *Oh Mann!* dachte ich. *Jetzt muß ich fünf Stunden angeschnallt neben diesem kleinen Energiebündel verbringen.* Ich erwartete, daß er seine Mutter, bis wir landeten, zum Wahnsinn getrieben haben würde. Wenn mein Sohn Ryan in diesem Alter auf einem Sitz festgeschnallt worden wäre, ohne beschäftigt zu sein, hätte er bis zur Landung das gesamte Heck des Flugzeuges zerlegt. Mein Vater sagte einmal über Ryan: »Wenn du es zuläßt, daß dieses Kind sich langweilt, dann hast du *verdient,* was es anstellt.«

Zu meiner Überraschung saß der Kleine fünf Stunden zufrieden neben mir. Er sang Liedchen. Er spielte mit dem Aschenbecher. Ein oder zwei Stunden schlief er. Die meiste Zeit aber sann er vor sich hin. Ich erwartete, daß er zappelig werden würde, aber das passierte nicht. Seine Mutter war überhaupt nicht überrascht. Sie benahm sich, als ob alle Dreijährigen halbe Tage lang sitzen könnten, ohne etwas Interessantes zu tun zu haben.

Vergleichen wir dieses ruhige Erlebnis mit einem anderen Flug, den ich einige Monate später unternahm. Ich stieg ins Flugzeug, fand meinen Platz und sah nach links. Mir schräg gegenüber saßen eine sehr elegant gekleidete Dame und ein *sehr* dreistes etwa zweijähriges Mädchen. Ich korrigiere! Die Mutter saß, aber ihre Tochter ganz sicher nicht. Dieses kleine Mädchen hatte auch nicht die Absicht sitzenzubleiben – oder sich zu beruhigen. Außerdem war es offensichtlich, daß die Mutter das Kind nicht unter Kontrolle hatte, und, in der Tat, Supermann selbst hätte wahrscheinlich Mühe gehabt, sie zu zügeln. Das Kind schrie alle paar Sekunden »Nein!«, während die Mutter versuchte, sie zu beruhigen. Ich sah auf meine Uhr und dachte: *Was macht die arme Frau bloß, wenn sie ihre Tochter anschnallen soll?*

Man merkte, daß die Mutter es gewöhnt war, diese Konfrontationen mit ihrer Tochter zu verlieren. Offensichtlich war es das Kind gewöhnt zu gewinnen. Dieses Arrangement hätte zu Hause oder in einem Restaurant zu einem unverbindlichen Frieden führen können, aber hier war es anders. Sie standen im Flugzeug vor einer Situation, in der die Mutter nicht nachgeben *konnte.* Hätte sie dem Kind erlaubt, während des Starts herumzulaufen, wäre dies eine Gefahr und nach den Vorschriften nicht zulässig gewesen. Die Mutter mußte siegen – vielleicht zum allerersten Mal.

Nach ein paar Minuten kam die Stewardeß vorbei und drängte die Mutter, das Kind anzuschnallen. Leicht zu sagen! Ich werde nie vergessen, was in den nächsten paar Minuten passierte. Die Zweijährige bekam einen Wutanfall, der eine Art Rekord hinsichtlich Intensität und dabei verpulverter Energie darstellte. Sie strampelte, schluchzte, schrie und wand sich, um zu entkommen! Zweimal riß sie sich aus den Armen der Mutter los und lief Richtung Mittelgang. Die beschämte Mutter bettelte ihr Kind im wahrsten Sinne des Wortes an, sich zu beruhigen und zu gehorchen. Jeder in unserem Teil des Flugzeuges war von der gedemütigten Mutter peinlich berührt. Diejenigen von uns, die nur ein paar Meter entfernt saßen, waren zu diesem Zeitpunkt außerdem schon fast taub.

Schließlich rollte das Flugzeug zur Startbahn und hob ab, während die Mutter das um sich schlagende Kind mit aller Macht festhielt. Als wir in der Luft waren, konnte sie die kleine Wildkatze endlich loslassen. Als die Krise vorbei war, schlug die Mutter die Hände vors Gesicht und weinte. Auch ich fühlte ihren Schmerz.

Warum ich ihr nicht geholfen habe? Weil mein Rat sie beleidigt hätte. Das Kind brauchte in dem Moment dringend die Sicherheit starker elterlicher Führung, aber die Frau wußte nicht, wie sie sie geben sollte. Ein paar Klapse auf die Beine hätten wahrscheinlich etwas von dem Feuer in ihr erstickt. Die ganze Sache hätte mit einem schlafenden Kind, eingekuschelt in den liebevollen Armen der Mutter enden können. Statt dessen gab sie Raum für noch gewalttätigere und anstrengendere Konfrontationen in den folgenden Jahren.

Es ist interessant, darüber zu spekulieren, wie die Mütter in diesen beiden Flugzeugen über sich selbst und ihre so verschiedenen Kleinen dachten. Ich nehme an, daß die Frau mit dem passiven kleinen Jungen eine übersteigerte Selbstsicherheit besaß. Kinder zu erziehen war für sie ein leichtes. »Man sagt ihnen, was sie tun sollen, und erwartet, daß sie es tun!« könnte sie gesagt haben. Manche Mütter in ihrer bequemen Lage hegen unverhohlene Verachtung für Eltern mit trotzigen Kindern. Sie können einfach nicht verstehen, warum andere die Kindererziehung so schwierig finden.

Andererseits erlebte die Mutter des zweiten Kindes eine Krise: Selbstzweifel kamen in ihr auf. Ich konnte dies an ihren Augen sehen. Sie fragte sich, wie sie es fertig gebracht hatte, in zwei kurzen Jahren als Mutter bei der Erziehung so zu versagen. Irgendwie hatte sie aus einem kostbaren neugeborenen Kind ein Monster gemacht. Aber wie war das passiert? Was hat sie getan, um so ein unglaubliches Benehmen hervorzurufen? Sie könnte sich das für den Rest ihres Lebens fragen.

Ich wünschte, sie hätte gewußt, daß das Problem zumindest teilweise im Temperament des Kindes begründet war. Es war seine Natur, nach der Macht zu greifen, und die Mutter beging einen schwerwiegenden Fehler, als sie dies zuließ.

Das ist es, was ich meine: Heutzutage sind Eltern viel zu schnell bereit, sich selbst die Schuld für alles, was ihre Kinder (oder Jugendlichen) tun, zu geben. Diese Neigung gab es vor hundert Jahren nicht. Wenn aus einem Kind damals nichts wurde, lag es am Kind. Heute ist es der Fehler der Eltern. Zugegeben, viele Mütter und Väter verbiegen und verdrehen ihre Kinder wirklich in den Jahren, in denen sie am verletzlichsten sind. Diese vertrete ich hier nicht. Glauben Sie mir, ich weiß, daß unsere Gesellschaft mit Eltern übersät ist, die sich nicht um ihre Kinder kümmern. Manche sind alkoholabhängig, spielsüchtig, pedophil, abhängig von Pornographie oder einfach nur selbstsüchtig. Dieses Buch wurde nicht geschrieben, um ihre Schuld zu verharmlosen. Aber es gibt andere, die sich mit aller Kraft ihren Söhnen und Töchtern widmen und ihr Bestes geben, um sie ordentlich zu erziehen. Trotzdem, wenn ihre Kinder sich in Sünde und Kummer verstricken, wer glauben Sie fühlt sich dafür verantwortlich? Verhalten wird schließlich hervorgerufen, oder? Die Schuldzuweisung macht unweigerlich eine scharfe 180-Grad-Wendung und läßt sich in den Herzen der Eltern häuslich nieder.

Ich bin besonders um die Mütter und Väter bemüht, die Elternschaft als höchste Priorität ansetzen. Ihr erstgeborenes Kind wird in Liebe empfangen und in großer Freude geboren. Sie denken und reden für die nächsten drei Jahre von nichts anderem. Das erste Lächeln; das erste Wort; der erste Geburtstag; der erste Schritt. Jeder Entwicklungsschritt ist ein Grund zum Feiern. Sie kaufen ihm ein Dreirad und zeigen ihm, wie man Drachen steigen läßt. Und sie schienen dem Vogel seinen gebrochenen Flügel. Nur das Beste ist gut genug für den Stammhalter. Sie kaufen ihm die besten Kinderbücher und bringen ihm das Singen bei. Sie zeigen ihm, wie man betet. Sie leisten einen Liebesdienst, der grenzenlos ist.

Bevor sie sich versehen, ist der kleine Kerl schon im Vorschulalter. Wie die Zeit vergeht! Sie kaufen ihm neue Kleidung und schneiden seine Haare und besorgen eine Snoopy-Kindergartentasche. »Beeil dich jetzt, sagt seine Mutter am ersten Schultag. Laß uns nicht zu spät kommen«. Sie geht mit ihm zur Schule. Davor fotografiert sie ihn. Sie weint leise, als sie nach Hause fährt. Ihr Kleiner wird größer.

Die Jahre vergehen so schnell, aber es ist eine glückliche Zeit. Der Junge lernt radfahren und ist bald an Käfern, Schlangen und Spinnen interessiert. Er versucht es im Fußball-Spielen, und sein Vater sieht sich jedes Spiel an. Man könnte denken, es wäre die Weltmeisterschaft! Es gibt nichts, was der Vater für seinen Sohn nicht täte. Der Junge liebt seine Mutter und seinen Vater ebenfalls, obwohl er seinen eigenen Kopf hat. Er hatte immer eine eigene Meinung und war ein Einzelgänger. Seine

Cousins halten ihn für ein verzogenes Balg. Einige Gemeindeglieder denken, er ist verwöhnt. Seine Eltern halten ihn für ein wenig unreif. Alle haben sie recht.

Das zehnte, elfte und zwölfte Lebensjahr zeichnen sich durch zunehmende Spannungen in der Familie aus, doch größere Ausbrüche haben noch nicht stattgefunden. Aber plötzlich passiert es. Der Junge wird dreizehn und verändert sich besorgniserregend. Fast über Nacht geht er auf Distanz und wird schwierig. Er explodiert, wenn er frustriert wird, was alle paar Tage vorzukommen scheint. Außerdem lehnt er seine Eltern zum ersten Mal ab. Er weicht vor ihren Berührungen zurück und hat etwas gegen die Kosenamen, die sie immer benutzt haben. Er haßt die Art, wie seine Mutter kocht, und beschwert sich darüber, wie sie seine Hemden bügelt. Es ist wirklich ein anstrengendes Jahr.

Mit vierzehn verbringt er viele Stunden hinter verschlossener Tür in seinem Zimmer. Weil das Leben zu Hause nicht mehr zu ertragen ist, deutet er an, daß er »abhauen« will. Seine Eltern sind völlig ratlos. Was haben sie falsch gemacht? Wie haben sie sich verändert? Sie fühlen sich nicht anders, aber dieser Sohn, den sie so sehr lieben, sieht in ihnen seine Feinde. Warum? Sie sind verletzt und verwirrt.

Als er fünfzehn ist, findet seine Mutter beim Aufräumen seines Zimmers ein paar merkwürdig aussehende Zigaretten hinter einer Buchstütze. »Ist das möglich? Würde er wirklich? Oh nein! Nicht unser Sohn!« Dann finden sie in der untersten Schublade seiner Kommode ein Fläschchen mit kleinen roten Pillen. »Woher hat er das Geld dafür?«

Jeder Tag ist für seine Mutter und seinen Vater jetzt ein Kampf. Er will sich ihrer Führung nicht unterordnen. Dieser junge Mann, den sie so umhegt haben, scheint entschlossen zu sein, sich selbst zu zerstören, bevor er erwachsen ist. Er kommt zu nachtschlafender Zeit nach Hause und riecht nach Alkohol und Rauch. Wenn sie wissen wollen, wo er gewesen ist, wird er wild. »Laßt mich in Ruhe!« schreit er. Sie sind krank vor Angst.

Sein Vater telefoniert mit der Jugendbehörde. »Ich habe einfach keine Kontrolle über ihn«, sagt er. »Das tut mir leid, antwortet der Beamte, aber wir können nichts unternehmen, bevor er ein Verbrechen begangen hat. Und selbst dann sind wir kaum eine Hilfe. Es sind so viele . . .«

Mit achtzehn kauft er sich ein Auto. Jetzt ist er wirklich selbständig. Seine Familie sieht ihn nur selten. In der letzten Klasse hat er in vier Fächern ungenügende Leistungen und verläßt die Schule ohne Abschluß. Von da an, bis zu seinem neunzehnten Lebensjahr, ist er in drei Verkehrsunfälle verwickelt, bekommt sieben Bußgeldbescheide wegen überhöhter Geschwindigkeit und wird schließlich wegen Trunkenheit am Steuer verhaftet und für eine Nacht in Sicherheitsverwahrung genommen, was seine Mutter fast umbringt. Die Versicherung kündigt die Kfz-Police seines Vaters.

Jetzt, mit zwanzig, lebt er in wilder Ehe. Die Freundin hatte letztes Jahr eine Abtreibung und ist wieder schwanger. Sie streiten sich ständig wegen des Geldes. Er hat keine Arbeit für länger als drei Monate behalten, und sie leben von der Sozialhilfe. Ein Freund erzählt seinen Eltern, daß er jetzt Kokain schnupft.

Am schmerzlichsten für seine Eltern ist, daß er ihren Glauben ablehnt. Er sagt, daß er ihre Religion haßt und nie ein Wort davon akzeptiert habe. »Ihr könnt glauben, was ihr wollt, sagt er gehässig, aber laßt mich damit in Ruhe.« Langanhaltende, nicht nachlassende Niedergeschlagenheit läßt sich um sie herum wie eine dicke schwarze Wolke nieder.

Passiert das, was in diesem Drehbuch steht tatsächlich in gefestigten, sicheren, liebevollen christlichen Familien? Ja, manchmal schon. Und wenn es *Ihnen* und Ihrer Familie so geht, dann könnte es auch eine weltweite Epidemie sein. Ich habe großes Mitgefühl mit den Eltern, die das durchgemacht haben. Eine von ihnen, die Mutter von drei erwachsenen Töchtern, schrieb mir kürzlich folgendes:

Sehr geehrter Dr. Dobson:

Ihr Interview mit Dr. John White war so hilfreich. Ich hatte schon sein Buch *»Eltern im Schmerz«* gelesen, aber es war mir nochmals eine Hilfe.

Wir haben unsere drei Töchter (20, 23 und 24 Jahre alt), so gut wir es vermochten, erzogen. Ich habe Kesler und Trobisch gelesen. Ich habe mein Bestes getan, ein gutes Beispiel zu geben und den christlichen Grundsätzen zu folgen. Ich habe Stunden damit verbracht, jeder von ihnen zu zeigen, daß sie außerordentlich geschätzt und geliebt wird. Ich habe versucht, ihnen Raum zu lassen, damit sie sich individuell entfalten konnten, und wir beide haben es genossen zu sehen, wie sie sich zu Erwachsenen entwickelten. In unserem Eifer haben wir noch nicht einmal einen Fernseher gekauft!!! Ergebnis: wir haben zwei Töchter, die nicht besser, und eine, die nicht mißratener hätte werden können. Unsere älteste Tochter hat einen Schulabschluß und einen Beruf, der sie befriedigt, liebt ihre christliche Lebensausrichtung. Es ist eine Freude, sie um sich zu haben.

Tochter Nr. 3 hat uns unsagbar viel Kummer und Sorgen bereitet und lief schließlich mit 18 mit einem 29jährigen dreimal verheirateten ehemaligen Strafgefangenen davon (der immer noch mit seiner 3. Frau verheiratet war). Ich war drei Wochen lang völlig fassungslos.

Ich habe nicht gewußt, daß jemand solchen Schmerz ertragen und trotzdem am Leben bleiben kann. Zuerst dachte ich an Selbstmord. Dann dachte ich, daß ich für alle Zeit mit dem Wort *Versager* auf der Stirn eingebrannt herumlaufen würde. Mein Mann und ich hatten lange Diskussionen darüber, ob wir wegen unseres Versagens aus der Gemeinde austreten und nicht länger versuchen sollten, anderen zu helfen. Es hat unsere Ehe bis auf den Grund erschüttert. Wir fühlten uns, als ob 26 Jahre vollkommen sinnlos gewesen wären. Es war so peinlich, Menschen zu begegnen, die wußten, was passiert war. Es war noch schlimmer, Menschen zu begegnen, die es nicht wußten, weil sie fragen konnten, wie es unseren Mädchen ginge. Ich tat nur noch so, als sähe ich niemanden, damit keiner eine Gelegenheit zum Fragen hatte.

Ich beklagte mich bei Gott, »daß er dies zugelassen hatte«. Mehrere Wochen lang überlegte ich, ob ich die Gemeinde aufgeben sollte, aber andererseits konnte ich es kaum erwarten, in den Gottesdienst und die Bibelstunde zu gehen, da ich wußte, daß ich hier Hilfe finden würde. Schließlich kam ich an den Punkt, wo ich Gott eingestand, daß ich bei ihm bleiben mußte, weil nur er die Worte ewigen Lebens hatte, aber monatelang konnte ich kaum beten, weil mein Herz wie aus Stein war.

Jetzt ist es fast genau zwei Jahre her. Wir wissen endlich, wo sie ist, und gerade in dieser Woche hat sie sich sogar entschlossen, uns einen Brief zu schreiben.

In unserer Gemeinde gibt es eine besondere Gruppe von Eltern, die stillschweigend eine Gemeinschaft gebildet haben, weil ihre Kinder ihnen das Herz gebrochen haben – und andere Eltern, die nur anständige Kinder haben, tauschen unbeschwert Erfahrungen aus, während wir übrigen wehen Herzens still dabeisitzen.

Ich sage Ihnen, Dr. Dobson, daß es leichter wäre, die Kinder zu begraben, als zusehen zu müssen, wie sie ihren Körper für solche schändlichen Zwecke gebrauchen – diese Körper, die wir liebevoll gewaschen, gewickelt, angezogen, mit gutem Essen und Vitaminen versorgt haben, die wir vom See und dem Straßenverkehr ferngehalten haben – und ihr Leben dazu gebrauchen, die Sache des Feindes voranzutreiben. Ich hoffe ehrlich, daß Sie niemals erleben, wie Ihre Kinder sagen: »Ich hasse dich, du hast mein Leben ruiniert, und ich will dich nie wiedersehen«, und kaltblütig verschwinden.

Ich möchte Ihnen noch etwas anderes über die unerwartete Wirkung mitteilen, die dies auf unsere Familie hatte. Unsere älteste Tochter sagt: »Ich will niemals Kinder haben. Eltern verbringen Jahre ihres Lebens damit, das Beste für ihre Kinder zu tun, und plötzlich werden die Eltern zu verachteten Feinden. Ich weigere mich, das auch durchzumachen.«

Ich könnte noch ein paar Absätze mehr schreiben, aber ich denke, Sie ahnen, was dahintersteht, so gut Sie das können, ohne es selbst erlebt zu haben.

Gott segne Sie. Setzen Sie Ihre gute Arbeit fort.

Mit freundlichen Grüßen, *Mary Alice*

Diese Mutter hatte recht. Ich habe die Art von Schmerz, die sie beschreibt, nie erlebt, und dafür bin ich dankbar. Aber ich denke, ich verstehe sie. Ich habe dasselbe Trauma bei Hunderten von Familien beobachtet. Es ist eine der zerstörerischsten Erfahrungen im Leben. Die meisten Eltern, die ich kennengelernt habe, die mit pubertärer oder nachpubertärer Auflehnung fertig werden müssen, reagieren genau wie Mary Alice. Sie geben sich selbst die Schuld. Beachten Sie, daß sie sich fühlte, als hätte man ihr das Wort »Versager« auf der Stirn eingebrannt. Sie war so gedemütigt, daß sie an Selbstmord dachte. Sie und ihr Mann hielten sich nicht mehr für würdig, Christen zu sein. Das sind die Worte von schuldgeplagten Eltern, die der großen Lüge aufgesessen sind. In Gedanken haben sie ihre eigene heißgeliebte Tochter vernichtet. Sie waren davon überzeugt, daß Gott ihnen eine so große Sünde nicht vergeben könnte.

Schuld ist eine der schmerzhaftesten menschlichen Erfahrungen. Manchmal ist das Schuldgefühl echt und steht für das Mißfallen von Gott selbst. Wenn das der Fall ist, kann es vergeben und vergessen werden. Bei anderen Gelegenheiten ist es unsere ureigenste Schöpfung. Mary Alice und ihr Mann scheinen Opfer dieser selbstauferlegten Verdammung zu sein – wie Tausende anderer Eltern auch. Ebenso wie die Schreiberin des anderen Briefes hatten sie drei Töchter nach denselben Grundsätzen und mit denselben Methoden erzogen. Wenn sie so entsetzliche Eltern wären, warum gerieten dann zwei der Töchter gut? Ich denke, die großen Unterschiede zwischen diesen drei jungen Frauen sind eher auf ihre eigenen Temperamente und Entscheidungen zurückzuführen als auf die Erfolge und Mißerfolge ihrer Eltern. Trotzdem fühlte sich Mary Alice für das Leben, das ihre Tochter führte, absolut verantwortlich. Das war nicht gerechtfertigt. Aber so sind Mütter.

Diese Neigung, die Verantwortung für alles, was unsere halbwüchsigen und erwachsenen Kinder tun, zu übernehmen, ist nicht nur eine Folge von psychologischem Unsinn (Determinismus), sondern spiegelt unsere Schwächen als Eltern wider. Wir wissen, daß wir nicht vollkommen sind.

Wir wissen, wie oft wir versagen. Sogar unter allerbesten Bedingungen sind wir immer wieder gezwungen zu spekulieren, was für unsere Kinder das Richtige ist. Fehler in der Einschätzung passieren. Da kommt unsere Selbstsucht zum Vorschein und wir tun und sagen Dinge, die wir nicht wieder gutmachen können. Alle diese Unzulänglichkeiten werden zehnfach verstärkt, wenn ein Sohn oder eine Tochter mißrät.

Schließlich spiegelt die Neigung zur Selbstverdammung auch die Art und Weise wider, in der Christen gelehrt wurden zu glauben. Obwohl ich kein Theologe bin, ist es für mich offensichtlich, daß hier ein ernstzunehmendes Mißverständnis mehrerer Schlüsselstellen vorliegt. Der Irrtum hat eine ungerechtfertigte Schuldzuweisung für Umstände bewirkt, die außerhalb elterlicher Kontrolle oder Einflußmöglichkeiten liegen.

Nehmen Sie zum Beispiel den Pastor, der mir in großem Kummer schrieb, nachdem sein zwanzigjähriger Sohn auf dem Campus eines christlichen Colleges seine Freundin geschwängert hatte. Der Pfarrer war verzweifelt. Er fühlte sich so schuldig, als ob er selbst bei einer ehebrecherischen Affäre ertappt worden wäre. Dieser gequälte Mann, der ein beliebter Pastor war, schrieb einen Bekenntnisbrief an seine Gemeinde und trat als Leiter zurück. Er zitierte Titus 1, 6 als Beweis seiner Unwürdigkeit, die Pfarrstelle weiter zu führen.

Die Stelle, die er zitierte, ist ein Teil der Aufzählung des Apostels Paulus, über die Voraussetzungen zur Gemeindeleitung. Paulus sagte, daß ein Ältester »nur eines Weibes Mann« sein dürfe »und gläubige Kinder haben [solle], denen man nicht zuchtlosen Wandel oder Unbotmäßigkeit nachsagen kann.« Sie können Ihre eigenen Schlußfolgerungen aus dieser Bibelstelle ziehen, aber ich denke, daß sie sich auf viel jüngere Kinder als den Sohn des Pastors bezieht. Dieser junge Mann war einundzwanzig Jahre alt – also kein Kind mehr!

Denken Sie auch daran, daß man zur Zeit des Paulus viel früher als erwachsen angesehen wurde. Man heiratete oft mit vierzehn oder sechzehn. Deshalb denke ich, daß Paulus, als er davon sprach, daß ein Mann seine Kinder unter Kontrolle haben solle, *Kinder* meinte. Er beabsichtigte, die Männer auszuschließen, die chaotische Familien hatten, und solche, die unfähig waren, mit ihren kleinen Söhnen und Töchtern umzugehen und sie zu erziehen. Das ist weit davon entfernt, einen Mann für das rebellische Verhalten seiner erwachsenen Abkömmlinge verantwortlich zu machen, oder, wie in diesem Fall, für ein einzelnes sündiges Vorkommnis. Beides liegt außerhalb seiner Kontrolle.

Der Pastor, der mir schrieb, könnte Trost finden, indem er nochmals das 1. Buch Mose liest. Es scheint, daß Gott selbst nach der Interpretation des Pastors von Titus 1, 6 als Gemeindevorsteher nicht in Frage käme, weil seine abtrünnigen »Kinder«, Adam und Eva, der Sünde verfielen. In meinen Augen ist offensichtlich etwas falsch am Verständnis der Bibelstellen.

Hesekiel 18 ist ebenfalls hilfreich für uns, um die Schuldzuweisung für das sündige Verhalten unserer erwachsenen Kinder einzuschätzen. Gottes Sichtweise dieser Situation ist ausreichend klar: »Und des Herrn Wort geschah zu mir: Was habt ihr unter euch im Lande Israels für ein Sprichwort: »Die Väter haben saure Trauben gegessen, aber den Kindern sind die Zähne davon stumpf geworden?« So wahr ich lebe, spricht Gott der Herr; dies Sprichwort soll nicht mehr unter euch umgehen in Israel. Denn siehe, alle Menschen gehören mir; die Väter gehören mir so gut wie die Söhne; jeder, der sündigt, soll sterben« (Hesekiel 18, 1–4).

Dann schließt er in Vers 20: »Denn nur wer sündigt, der soll sterben. Der Sohn soll nicht tragen die Schuld des Vaters und der Vater soll nicht tragen die Schuld seines Sohnes; sondern die Gerechtigkeit des Gerechten soll ihm allein zugute kommen, und die Ungerechtigkeit des Ungerechten soll auf ihm allein liegen.«

Diese Worte des Herrn sollten die Kontroverse ein für alle Mal beenden. Jeder Erwachsene ist für sein eigenes Verhalten verantwortlich und nicht für das eines anderen.

Wo also stehen wir als christliche Eltern? Sind wir ohne geistliche Quellen, mit denen wir unsere Söhne und Töchter unterstützen können? Bestimmt nicht! Uns ist die mächtige Waffe des Gebets gegeben, die nie unterschätzt werden darf. Die Schrift lehrt, daß wir wirksam füreinander beten können und daß diese Fürbitte viel bewirkt (Jak. 5, 16). Gottes Antwort auf unsere Bitten wird unseren Kindern nicht die freie Wahl nehmen, aber er wird ihnen Klarheit und Verständnis schenken, wie sie ihren eigenen Weg finden. Sie werden jede Möglichkeit haben, die richtigen Entscheidungen im Hinblick auf die für die Ewigkeit wichtigen Dinge zu treffen. Ich glaube auch, daß der Herr denen, für die wir beten, hilfreiche Personen an den Weg stellen wird – Personen, die Einfluß haben und ihnen einen Schubs in die richtige Richtung geben können.

Shirley und ich beteten während ihrer ganzen Entwicklungsjahre dieses Gebet für unseren Sohn und für unsere Tochter: »Sei da, Vater, im Moment der Entscheidung, wenn sich unseren Kindern zwei Wege anbieten. Besonders in der Zeit, wenn sie nicht unter unserem direkten Einfluß sind, schicke ihnen andere, die ihnen helfen, das zu tun, was aufrichtig und gerecht ist.«

Ich glaube, Gott belohnt und beantwortet diese Art Fürbitte. Ich lernte dies von meiner Großmutter, die in der Gegenwart Gottes zu leben schien. Sie hatte während der Entwicklungsjahre für ihre sechs Kinder gebetet, aber ihr jüngster Sohn (mein Vater) war ein besonders eigensinniger junger Mann. Nach seinem Schulabschluß war er sieben Jahre lang aus der Kirche ausgetreten gewesen und hatte deren Lehren zurückgewiesen. Dann, so ging es weiter, kam ein Evangelist in die Stadt, und eine Erweckung überkam die Gemeinde. Aber Vater wollte davon nichts wissen, und weigerte sich sogar hinzugehen.

Eines Abends, als sich der Rest der Familie darauf vorbereitete, in die Kirche zu gehen, schlich sich mein Vater (der bei seinen Eltern zu Besuch war) davon und versteckte sich auf der Veranda. Er konnte hören, wie seine Brüder sich beim Besteigen des Autos unterhielten. Dann sagte einer von ihnen, Willis: »He, wo ist Jim? Kommt er heute abend nicht mit?«

Jemand antwortete: »Nein, Willis. Er hat gesagt, er geht nie wieder in die Kirche.« Mein Vater hörte, wie sein Bruder aus dem Auto stieg und anfing, im ganzen Haus nach ihm zu suchen. Willis hatte, seit er neun Jahre alt war, eine persönliche Beziehung zu Jesus Christus und liebte den Herrn sehr. Er hatte während der Pubertät an seinem Glauben festgehalten, als seine Brüder (mein Vater eingeschlossen) sich unbarmherzig über ihn lustig machten. Sie hatten ihn »Moralapostel«, »Schwächling« und »Musterknabe« genannt. Es hatte ihn nur um so entschlossener gemacht, das zu tun, was richtig war.

Mein Vater blieb still, während Willis seinen Namen rufend durchs Haus eilte. Schließlich fand er seinen Bruder auf der Veranda.

»Jim, sagte er, gehst du heute abend nicht mit uns in den Gottesdienst?«

Mein Vater sagte: »Nein, Willis. Ich habe das alles satt. Ich will nie wieder dahin zurück.«

Willis sagte nichts. Aber als mein Vater dort saß und auf den Boden blickte, sah er, wie große Tränen auf die Schuhe seines Bruders tropften. Mein Vater war tief bewegt, daß Willis ihn so liebte, nach all dem Spott, den er wegen seiner christlichen Überzeugung hatte ertragen müssen.

Ich gehe nur mit, weil es ihm so viel bedeutet, sagte mein Vater zu sich selbst.

Wegen der Verzögerung, die mein Vater verursacht hatte, kam die Familie an diesem Abend zu spät. Die einzigen noch übrigen Sitzplätze waren in der zweitvordersten Reihe. Sie eilten den Gang hinunter und nahmen Platz. Ein Evangelist sang und die Worte begannen zum Herzen meines Vaters zu sprechen. Einfach so schnell gab er nach. Nach sieben Jahren der Rebellion und Sünde war es vorbei. Ihm wurde vergeben. Er war rein.

Der Evangelist damals war ein Mann Namens Bona Fleming. Als der Sänger geendet hatte, ging Reverend Fleming quer übers Podium und stellte einen Fuß auf die Altarumrandung. Er lehnte sich nach vorn und zeigte mit dem Finger genau auf meinen Vater.

«Sie! Junger Mann! Sie da! Stehen Sie auf!« Mein Vater stand auf. »Jetzt möchte ich, daß Sie all diesen Leuten hier erzählen, was Gott für Sie getan hat, während der Sänger gesungen hat!«

Mein Vater gab unter Tränen sein erstes Zeugnis von der Vergebung und Rettung, die ihm gerade zuteil geworden war. Willis weinte auch. Ebenso meine Großmutter. Sie hatte ohne Unterlaß mehr als sieben Jahre für ihn gebetet.

Bis zu seinem Todestag mit sechsundsechzig Jahren ist mein Vater von dieser Entscheidung nicht abgwichen. Seine einzige Begierde war, dem Gott zu dienen, den er während eines einfachen Kirchenliedes lieben gelernt hatte. Aber was wäre aus ihm geworden, wenn Willis nicht gegangen wäre, um nach ihm zu suchen? Wie anders wäre das Leben für ihn gewesen . . . und für mich. Gott gab Antwort auf die Gebete meiner Großmutter, indem er eine hilfreiche Person an die kritische Weggabelung stellte.

Er wird dies auch für Ihre Kinder tun, wenn Sie sie umbeten. Aber bis zu diesem Zeitpunkt, beten Sie für sie im Vertrauen – nicht im Bedauern. Die Vergangenheit ist die Vergangenheit. Sie können Ihre Fehler nicht ungeschehen machen. Sie können genausowenig perfekte Eltern sein, wie Sie perfekte Menschen sein können. Lassen Sie Ihre Schuld die Arbeit tun, die Gott beabsichtigt hat, und legen Sie sie dann ad acta.

6

Vorschläge für Eltern mit Kleinkindern

Die beste Art, mit elterlicher Schuld fertig zu werden, ist, sie sich gar nicht erst aufzuladen. Wir haben einen Schritt in diese Richtung gemacht, als wir die falschen Schuldgefühle, die von Umständen außerhalb unserer Kontrolle herrühren, offengelegt haben. Aber wir sollten nicht zu weit in dieser Richtung gehen. Eltern sind vor Gott dafür verantwortlich, daß sie ihre Pflicht gegenüber ihren Kindern erfüllen, und er ist sehr um ihr Wohlergehen besorgt. Jesus sagte, daß jeder, der den Glauben eines kleinen Kindes verletzt, besser mit einem Mühlstein um den Hals im Meer läge. Diese Warnung gilt auch für uns als Mütter und Väter. Unsere Unfähigkeit, unsere Kinder zu lieben, führt dazu, daß sie unter einem schwachen und unvollkommenen Glauben zu leiden haben. Es gibt nichts Schlimmeres im Leben!

Außerdem wollen wir unser Bestes für unsere Kinder tun, weil wir sie von Herzen lieben. Lassen Sie mich in diesem Sinne den Eltern von Kleinkindern und solchen, die noch nicht dreizehn geworden sind, einige Vorschläge machen.

1. Schwimmen Sie mit dem Strom

Ich nahm meinen Sohn Ryan und einen seiner Freunde, als sie etwa zwölf waren, mit zum Skifahren. Als wir mit der Kabinenbahn zum Gipfel des Berges fuhren, beschloß ich, ein Bild von den beiden Jungen mit der wundervollen Landschaft als Hintergrund zu machen. Während ich das Bild scharfstellte, fing Ryan an, herumzukaspern und zu winken. Ricky dagegen saß still neben ihm.

»Los Rick, sagte Ryan, sei lustig, lächle in die Kamera!«

Ricky verzog keine Miene, sondern sagte trocken: »Für sowas bin ich nicht!« Er hatte recht. Ricky ist zurückhaltend und ruhig, während Ryan spontan und temperamentvoll ist. So sind sie eben. In tausend Jahren würde Ricky nicht wie Ryan sein, und Ryan würde platzen, wenn er sich so ruhig wie Ricky verhalten müßte. Es war interessant zu sehen, wie die Jungen die grundlegenden Unterschiede in ihren Temperamenten erkannten und sie akzeptierten.

Ein erstaunlicher Grad von Verschiedenheit kann sogar bei den Kindern in einer Familie auftreten. Beispielsweise waren in meines Vaters Familie fünf Jungen. Die beiden ältesten waren Zwillinge, die sich zu großen Sportlern entwickelten. Einer wurde Football-Trainer an der Byrd-High-School in Shreveport, Louisiana. Der nächstälteste war Willis, der eine Brille mit dicken Gläsern trug und einen Ball weder fangen noch werfen konnte. Er machte den Doktor in Literatur und lehrte dann fünfundvierzig Jahre Englisch.

Der nächste in der Reihenfolge war ein begabter Geschäftsmann, der einen Teil jedes Dollars, den er jemals verdiente, sparte. Er war bei seinem Tode der Präsident zweier Coca-Cola Abfüllbetriebe.

Schließlich war da mein Vater – der Neigung nach ein sensibler Künstler und ein Geistlicher durch die Berufung Gottes. Mit Ausnahme der Zwillinge hätten diese Brüder nicht einzigartiger sein können, wenn sie aus vier verschiedenen Familien gekommen wären. Mein Vater ähnelte seinen Brüdern nicht einmal, weil er 1,91 m groß war, und die anderen nur 1,74 m oder kleiner. Offensichtlich hatte Gott einen gemeinsamen Genpool genommen und fünf einzigartige und voneinander verschiedene Individuen daraus erschaffen.

Einige meiner Leser mögen sich fragen, ob wir ganz sicher sind, daß mein Großvater wirklich der Erzeuger dieser Truppe war, aber daran gibt es keinen Zweifel. Ich erinnere mich an den Witz von einem Mann, der im Sterben lag und seine Frau an seine Seite rief. Er fragte sie dann: »Mildred, ich wollte dich immer wegen des jüngsten unserer zwölf Kinder fragen. Er sieht mir überhaupt nicht ähnlich, und ich habe all die Jahre darauf gewartet, dich dazu zu hören. Ist er wirklich von mir?« «Ja, George, das ist er, sagte Mildred, aber die anderen elf nicht.«

Das ist ein schrecklicher Witz, aber er macht die Verschiedenheit der Nachkommen anschaulich, die von Eltern in die Welt gesetzt werden können. Dazu stellt sich eine wichtige Frage: was passiert, wenn Sie als Mutter oder Vater das besondere Temperament Ihres Kindes nicht mögen? Das ist häufig eine Quelle der Besorgnis bei Eltern. Auch wenn sie sich ihre negativen Gefühle nicht eingestehen, ringen sie mit der Tatsache, daß sie von einem Kind tief enttäuscht sind. Es ist eine Blamage in der Öffentlichkeit und ein Störfaktor zu Hause. Es könnte sein, daß seine übertriebene Schüchternheit sie wurmt, oder seine extrovertierte Persönlichkeit oder eventuell auch seine Albernheit. Vielleicht ist es ein sportlicher Vater mit einem ungeschickten Sohn oder eine übergewichtige

Mutter, die sich verzweifelt, aber vergeblich, eine dünne Tochter gewünscht hat. Aus welchem Grunde auch immer, sie hatten gehofft, daß Zeichen von Größe an diesem Kind erkennbar würden; statt dessen entpuppt es sich als ein unerträglicher Außenseiter in der Familie. Was nun, meine Freunde? Was passiert, wenn Sie die Mutter oder der Vater sind, die/der einen oder mehrere Ihres Nachwuchses nicht leiden kann?

Lassen Sie uns zur Kenntnis nehmen, daß einige Kinder leichter zu lieben sind als andere. Haben Sie nicht auch schon gehört, wie man von einem bestimmten Jungen oder Mädchen sagte »Das ist das süßeste Kind, das ich kenne. Ich könnte es einfach stundenlang knuddeln«? Wir haben alle schon solche Kinder gesehen, die uns anziehen. Aber es gibt andere Kinder, Millionen von ihnen, die diesen natürlichen Charme nicht besitzen. Sie stoßen Menschen, ihre eigene Familie eingeschlossen, ab, ohne daß sie verstehen warum.

Wenn sich keine Bindung zwischen den Eltern und einem bestimmten Kind entwickelt, werden beide Generationen darunter leiden. Insbesondere die Mutter wird wahrscheinlich wegen ihrer mangelnden Gefühle für dieses Kind große Schuldgefühle haben. Sie erkennt seine emotionalen Bedürfnisse und weiß, daß sie dafür verantwortlich ist, sie zu befriedigen, aber es fällt ihr schwer, darauf einzugehen. Statt dessen reagiert sie negativ auf diesen Sohn oder diese Tochter. Ganz gewöhnliches kindisches Verhalten, das sie bei einem anderen ihrer Kinder nicht beachtet hätte, kann diesem »Problemkind« Zornausbrüche bescheren. Dann fühlt sie sich noch schuldiger, weil sie jemandem, der so unschuldig und verletzlich ist, unrecht getan hat. Dies ist eine emotionale Falle, in die schon viele Eltern getappt sind.

Aus der Sicht des Kindes ist diese Art Ablehnung noch zerstörerischer. Auch wenn es dies nicht erklären kann, es fühlt die Wand, die es von seinen Eltern trennt. Es ist besonders sensibel für jede Bevorzugung oder Begünstigung seiner Geschwister. Indem es sich mit ihnen vergleicht, erhält es ein klareres Bild seiner Position innerhalb der Familie. Kommt es zu dem Schluß, daß es in diesem inneren Kreis ungeliebt ist und gehaßt wird, kann sein Schmerz in ungezügelter Auflehnung während der Pubertät zum Ausdruck kommen. Das habe ich schon tausendmal beobachtet.

Vor kurzem hatten wir einen Gast bei unserer Radiosendung »Familie im Brennpunkt«, den ich Susan nennen will. Sie beschrieb ihre eigenen Erfahrungen als abgelehntes Kind. Ihr Vater war 1945 aus dem zweiten Weltkrieg zurückgekommen und fand heraus, daß seine Frau eine Tochter geboren hatte, die nicht von ihm war. Susan war dieses Kind. Ihr Vater haßte sie als das lebende Symbol der Untreue seiner Frau. Als sie neun Jahre alt war, fand sie eine geladene Pistole in einer Schublade. Sie zeigte sie einer Freundin, als ihre Mutter ins Zimmer stürzte. Sie riß Susan die Pistole aus der Hand und sagte: »Ich habe diese Pistole versteckt, damit dein Vater dich nicht damit erschießt. Er kann dich nicht ausstehen und eines schönen Tages wird er dich umbringen.«

In den nächsten fünf Jahren erfuhr Susan zu Hause die schlimmste Ablehnung. Dann, als sie vierzehn war, sagte ihre Mutter: »Ich will ganz ehrlich mit dir sein, Susan. Du bist seit deiner Geburt ein Problem für unsere Ehe gewesen, und dein Vater haßt dich. Er wird sich nie ändern. Es ist das beste für dich, wenn du gehst.« Susan packte ihre Tasche und ging nach Kalifornien.

Ein Mensch mit schwächerem Charakter wäre an solchen Mißhandlungen zu Hause zugrunde gegangen. Aber Susan gelang es, Fuß zu fassen. Sie lernte Jesus Christus noch als Teenager kennen, und sie hat ihr Leben der Aufgabe gewidmet, anderen zu helfen, mit ihren Schwierigkeiten und Ängsten umzugehen.

Susans Geschichte veranschaulicht den ungemeinen Haß, den Eltern für eines oder mehrere ihrer Kinder empfinden können. Wenn dies während der Entwicklungsjahre passiert, wird der abgelehnte Sohn oder die abgelehnte Tochter für den Rest des Lebens verbogen oder verkrüppelt sein. Aber wir haben eine subtilere und weniger auffällige Form der Ablehnung beschrieben. Sie tritt als Reaktion auf etwas, was man »persönliche Enttäuschung« eines Elternteils nennen könnte, in Erscheinung. Sie ist nicht so offen wie der Haß, der Susan traf, aber der verursachte Schmerz kann fast genauso verheerend sein.

Lassen Sie mich einige Vorschläge machen, die helfen könnten. Erstens denke ich, daß es in vielen Fällen möglich ist, die eigenen Gefühle durch eisernen Willen und Entschlossenheit zu überwinden. Gefühle richten sich oft nach dem Verhalten. Wenn Sie sich entschließen, daß Sie jedes Ihrer Kinder gleichermaßen lieben und für es sorgen wollen, werden Sie überrascht sein, wenn Sie merken, daß die Mauern, die diesen »Sonderfall« umgeben, anfangen zu bröckeln. Was ich sagen will, ist, daß menschliche Gefühle unbeständig und flüchtig sind. Sie *müssen* sie mit dem Verstand beherrschen. Lassen Sie nicht zu, daß Sie sich von dem Kind, das Sie braucht und von Ihnen in den einfachsten Grundbedürfnissen abhängig ist, abgestoßen fühlen. Es steht zu viel auf dem Spiel!

Seien Sie zweitens besonders auf der Hut vor dem Spiel, das sich »Vergleich« nennt. Es ist mörderisch! Ich bin überzeugt, daß die meisten Eltern regelmäßig in Vergleichen ihrer Kinder mit denen anderer Leute schwelgen. Sie wollen wissen, welches das klügste, größte, hübscheste, gesündeste, reifste, sportlichste und gehorsamste Kind ist. Das macht

Spaß, solange sie gewinnen. Früher oder später werden sie allerdings verlieren. Die größte Schwäche ihres Sohnes oder ihrer Tochter wird vom Licht der Stärken eines anderen Kindes überstrahlt. Das ist eine beunruhigende Erfahrung.

Unsere Sorge gilt natürlich den Eltern, deren Kind im Vergleich zu jedem anderen Kind in seiner Nähe schlecht abschneidet. Vielleicht ist es geistig langsam oder körperbehindert oder emotional unausgeglichen. Seine Eltern quälen sich jeden Tag seines Lebens mit seinen Schwächen. Unter großen Strapazen versuchen sie, das aus ihm zu machen, was es nicht ist . . . was es niemals sein kann. Etwas frißt in ihrem Inneren. Das kirchliche Kinderprogramm zum Beispiel zeigt den aufgeweckten Wonneproppen, der die Gemeinde verblüfft. *Nur ein einziges Mal, denken sie, würde es denn schaden, unsere Tochter auszuwählen? Würde es irgendein ungeschriebenes Gesetz des Universums verletzen, das am wenigsten bemerkenswerte Kind in der Hauptrolle zu zeigen?* Sie denken das, aber sie sagen nichts. Keiner würde es verstehen.

Haben Sie das Vergleichsspiel gespielt? Haben Sie bei sich gedacht, »Wenn Laurie mehr wie April wäre, die so sanft und weiblich ist. Laurie ist so . . . so wild, wissen Sie? Es gibt Zeiten, da wünschte ich, sie könnte – anders sein«?

Tun Sie dies nicht, liebe Eltern. Ich weiß aus Erfahrung, daß die Umstände nicht immer so sind, wie sie scheinen. April könnte sich auf lange Sicht als Problemkind entpuppen. Laurie könnte das Juwel sein. In jedem Fall ist der Wert dieser Kinder nicht von den Charakterzügen abhängig, die sie unterscheiden. Niemand von uns ist perfekt, und auf dieser Welt ist Platz für jeden Menschen. Mein Rat ist, daß Sie das Kind, das Gott Ihnen gibt, nehmen und »mit dem Strom schwimmen«. Dadurch werden Sie und das Kind viel zufriedener sein!

Ich weiß, daß dieser Rat schwer zu befolgen ist. Die Eltern von schüchternen Kindern fragen mich oft, wie sie es aus seinem Schneckenhaus hervorholen und Fremden gegenüber offener machen können. Zu Hause sagt es die tiefschürfendsten Dinge und teilt seine Beobachtungen des Universums mit. Aber in der Öffentlichkeit bekommt es den Mund nicht auf. Es läßt den Kopf hängen und scheint taub zu sein.

»Billy«, sagt sein Vater außer sich, »kannst du Pastor Wilson nicht guten Tag sagen? Billy? Billy! Hat die Katze deine Zunge erwischt?«

Die Katze hat Billys Zunge nicht. Sie klebt nur an seinem Gaumen, und das ist seinem Vater peinlich.

Warum ist Billy so in sich gekehrt? Ist er in der Vergangenheit etwa verletzt oder abgelehnt worden? Vielleicht. Aber es ist wahrscheinlicher, daß er so geboren wurde, und, ganz gleich, wie seine Eltern ihn drängen, er wird nicht offen, temperamentvoll oder selbstsicher werden. Das ist durch sein Temperament bedingt. Deshalb rate ich nochmals, daß seine Eltern mit dem Strom schwimmen – indem sie Billy so akzeptieren, wie Gott ihn geschaffen hat.

Dem Elternteil, der die größten Probleme hat, das Kind so zu akzeptieren, wie es ist, könnte es guttun, diese Gefühle beim Ehemann, bei der Ehefrau oder einem guten Freund/einer guten Freundin loszulassen. Entschließen Sie sich dann, diesen weniger liebenswerten Jungen oder dieses wenig liebenswerte Mädchen, was auch kommen mag, zu lieben. *Sie können das!* Dieses Kind hat Qualitäten, die Sie vorher vielleicht noch nicht bemerkt haben. Finden Sie sie heraus. Fördern Sie sie. Und geben Sie Gott Zeit, in diesem kleinen Leben etwas Schönes zu bewirken!

2. Nehmen Sie früh die Zügel der Autorität in die Hand

Ich kann die Wichtigkeit gar nicht genug betonen, in den ersten Jahren eines eigenwilligen Kindes »das Sagen zu haben«. Dies geschieht nicht, indem man es hart anfaßt, barsch oder streng ist. Statt dessen entwickelt sich die Beziehung durch selbstsichere beständige und ruhige Führung. Sie sind der Chef. Sie haben das Sagen. Wenn Sie daran glauben, wird auch das Kind es akzeptieren.

Leider zögern viele Mütter und sind im Umgang mit ihren Kleinkindern unsicher. Ein befreundeter Kinderarzt erzählte mir von einem Telefonanruf, den er von der besorgten Mutter eines sechs Monate alten Babies erhielt. »Ich glaube, er hat Fieber«, sagte sie nervös. »Ja«, fragte der Doktor, »haben Sie es denn gemessen?« »Nein«, sagte sie, »er läßt sich das Thermometer nicht einführen.«

Ich hoffe wirklich, daß das Kind dieser Frau nicht zu einem verwegenen Zweijährigen wird, der die Welt beherrschen will. Er wird seine ängstliche Mutter glatt aus dem Sattel heben. Wie das kleine Mädchen im Flugzeug, spürt er ihre Unsicherheit und wird das Machtvakuum, das sie geschaffen hat, für sich beanspruchen.

Susannah Wesley, die Mutter der Prediger John und Charles Wesley, erzog, wie berichtet wird, im achtzehnten Jahrhundert siebzehn Kinder. Gegen Ende ihres Lebens bat John sie, ihre Gedanken zum Thema Mutterschaft für ihn niederzuschreiben. Kopien ihrer Antwort sind bis heute erhalten geblieben. Wie Sie an den nun folgenden Auszügen sehen werden, spiegeln ihre Ansichten die traditionelle Art der Kindererziehung wider:

»Um ein Kind formen zu können, muß man zuerst den Willen besiegen und das Kind zum Gehorchen bringen. Das Verstehen zu schulen ist eine Sache der Zeit und muß bei Kindern nach und nach geschehen, so wie sie es vertragen können; *aber die Überwindung des Willens ist etwas, was sofort geschehen muß, und je eher, desto besser!*

Denn wenn man die zeitige Zurechtweisung vernachlässigt, *werden sie eine Sturheit und einen Eigensinn entwickeln, die später kaum überwunden werden können,* und nie ohne solche Strenge anzuwenden, die mich genauso schmerzen würde wie die Kinder. In den Augen der Welt gelten die, welche die zeitige Zurechtweisung nicht üben, als freundliche und nachsichtige Eltern, die ich grausame Eltern nenne, die ihren Kindern Gewohnheiten erlauben, von denen sie wissen, daß sie sie ihnen später wieder austreiben müssen. Nein, einige bringen ihren Kindern im Spaß sogar Dinge bei, für die sie sie später zurechtweisen müssen.

Immer wenn ein Kind zurechtgewiesen wird, muß es besiegt werden; und dies ist nicht schwierig zu erreichen, wenn es nicht durch zuviel Nachsicht eigensinnig geworden ist. Und wenn der Wille eines Kindes überwunden ist und wenn es dazu gebracht worden ist, seine Eltern zu achten und Ehrfurcht vor ihnen zu haben, dann kann man über eine ganze Reihe kindischer Dummheiten und Unzulänglichkeiten hinwegsehen. Einige sollten übergangen und nicht beachtet und andere nur leicht gerügt werden. *Aber keine trotzige Überschreitung von Verboten sollte man Kindern jemals ohne Bestrafung durchgehen lassen, mehr oder weniger, wie das Wesen und die Umstände der Tat es erfordern.*

Ich kann dieses Thema nicht unbeachtet lassen. *Da Eigenwille die Wurzel aller Sünde und allen Elends ist, wird derjenige, der ihn in seinen Kindern bestärkt, ihr späteres Elend und ihre Gottlosigkeit hervorrufen, derjenige, der sie zügelt und züchtigt, fördert ihr späteres Glück und ihre Frömmigkeit.* Dies wird um so deutlicher, wenn wir bedenken, daß das Christentum nichts anderes bedeutet, als daß man nach dem Willen Gottes handelt, und nicht nach dem eigenen; daß der eine große Hemmschuh für unser hiesiges und jenseitiges Glück dieser Eigenwille ist. Nachsicht ist in diesem Fall keinesfalls trivial, noch sind Verbote wertlos.«

Hört sich das nach dem Standard des zwanzigsten Jahrhunderts hart an? Ich könnte andere Worte gebrauchen, um Unterdrückung und Übereifer seitens der Eltern zu vermeiden. Nichtsdestotrotz ist Susannah Wesleys grundsätzliche Einstellung richtig. Wenn man zuläßt, daß das eigenwillige Kind durch Nachsicht in der frühen Kindheit »Gewohnheiten« des Ungehorsams und der Respektlosigkeit entwickelt, werden diese Charakterzüge es für die nächsten zwanzig Jahre verfolgen. Beachten Sie auch, daß Susannah Wesley empfahl, die »kindischen Dummheiten und Unzulänglichkeiten« zu übergehen, aber niemals »trotzige Überschreitungen eines Verbots«. Was hat sie damit gemeint?

Ich habe in einem früheren Buch (»Unsere Kinder sind unmöglich«) versucht, zwischen diesen Verhaltenskategorien zu unterscheiden. Es ist interessant, die Übereinstimmung zwischen meiner Sichtweise und der von Susannah Wesley zu beobachten, obwohl uns 200 Jahre trennen. Vielleicht entnahmen wir unsere Einsichten der selben Quelle . . . ? Dies schrieb ich vor siebzehn Jahren:

»Die Frage der Achtung kann ein nützliches Werkzeug sein, wenn man sich entscheiden muß, ob eine Strafe notwendig ist oder wie sehr man sich über ein bestimmtes Verhalten aufregen soll. Der betroffene Elternteil sollte sich zuerst darüber klarwerden, ob das unerwünschte Verhalten eine direkte Herausforderung seiner Autorität ist – seiner Stellung als Mutter oder Vater darstellt. Die Strafe sollte dann von dieser Bewertung abhängen. Nehmen wir beispielsweise an, daß der kleine Walter im Wohnzimmer Faxen macht, stößt dabei an einen Tisch und zerbricht teure Porzellantassen und anderen Nippes. Oder daß er sein Fahrrad verliert oder die beste Säge seines Vaters draußen im Regen liegen läßt. Dies alles sind Ergebnisse kindlicher Verantwortungslosigkeit und sollten als solche behandelt werden. Vielleicht sollten die Eltern das Kind arbeiten lassen, um die Verluste zu ersetzen – das hängt natürlich vom Alter und der Reife des Kindes ab. Diese Beispiele sind aber keine direkte Herausforderungen an die Adresse elterlicher Autorität.

(Bis zu dieser Stelle sprach ich von dem, was Frau Wesley als »Dummheiten und Unzulänglichkeiten« bezeichnete. Dann wendeten wir uns etwas Neuem zu.)

Sie entspringen nicht einem eigensinnigen, hochmütigen Ungehorsam. Meiner Meinung nach sollten Schläge für den Augenblick vorbehalten bleiben, in dem ein Kind (zehn Jahre alt oder jünger) ein trotziges »Ich will nicht!« oder »Halt die Klappe!« äußert. Wenn ein Kind diese Art hartnäckiger Auflehnung ausprobiert, sollten Sie es ruhig züchtigen, denn Schmerzen sind ein wunderbarer »Reiniger«. Wenn es zwischen Ihnen und Ihrem Kind zu einer direkten Konfrontation kommt, so ist das nicht der Zeitpunkt eine Diskussion über die Tugend des Gehorsams anzufangen. Es ist nicht die Gelegenheit, das Kind schmollend auf sein Zimmer zu schicken. Es ist auch nicht richtig zu warten, bis der Papa müde von der Arbeit nach Hause kommt, der dann die Vergehen des Kindes an diesem Tag bestrafen muß.

Sie haben das Kind in seine Grenzen gewiesen, es hat sie absichtlich übertreten. Wer wird gewinnen? Wer hat den meisten Mut? Wer ist hier der Herr? Wenn Sie diese Fragen für das Kind nicht endgültig beantworten, wird es weitere Kämpfe heraufbeschwören, die diese Fragen immer wieder stellen. Es ist das grundlegende Paradoxon der Kindheit, daß ein Kind eigentlich wissen will, wo seine Grenzen sind, aber darauf besteht, daß seine Eltern das Recht verdienen, es entsprechend zu erziehen.«[9]

Je dickköpfiger das Kind von seinem Temperament her ist, desto entscheidender ist es, möglichst früh im Leben »seinen Willen zu formen«. Dennoch muß ich schleunigst die allseits bekannten Gegendarstellungen wiederholen, die alle meine anderen Veröffentlichungen zu diesem Thema begleitet haben. Ich empfehle keinesfalls Härte und Strenge bei der Kindererziehung! Ich glaube nicht an Unterdrückung durch die Eltern, und, wirklich, unsere Kinder sind nicht in einer solchen Atmosphäre erzogen worden. Außerdem möchte ich klarstellen, daß Kleinkinder keinesfalls geschlagen werden dürfen.

Eltern sollten Kleinkinder auch nicht einmal vor Wut schütteln. Wenn der Kopf eines Kindes vor- und zurückgeschleudert wird, kann sein Gehirn an die Innenseite des Schädels schlagen, was zu Gehirnerschütterungen und sogar zum Tod führen kann. Frustrierte und erschöpfte Eltern werden dies manchmal mit einem Baby, das eine Kolik oder etwas anderes Störendes hat, tun. Dies ist bedauerlich und gegen das Gesetz. Wenn Sie befürchten, daß Sie Ihrem Kind gegenüber in dieser oder anderer Form gewalttätig werden, wenden Sie sich bitte telefonisch an eine der örtlichen Hilfsstellen[10]. Sie sollten sich um sofortige Hilfe bemühen, bevor es zu spät ist.

Die Philosophie, die ich empfehle, ist nicht aus Härte geboren. Sie wurde in Liebe entworfen. Schläge als Bestrafung sollten für Momente mutwilligen, absichtlichen Trotzes bei Kindern aufgespart werden, die alt genug sind zu verstehen, was sie tun. Diese Herausforderungen der Autorität werden ungefähr im fünfzehnten Lebensmonat beginnen, und man sollte ihnen mit liebevoller Festigkeit begegnen. Ein Klaps auf die Finger oder ein einzelner Schlag auf die Oberschenkel wird genügen, um zu sagen: »Du mußt hören, wenn ich nein sage.« Durch Ihre Beharrlichkeit werden Sie die Position des Führenden übernehmen, dem das Kind Gehorsam schuldet. Gleichzeitig müssen Sie allerdings kontinuierlich und auf vielerlei Art Ihrem Kind zeigen, daß Sie es über alles lieben. Diese Formel von Liebe und Gehorsam ist über mehrere Jahrhunderte erprobt und bestätigt worden, und sie wird auch bei Ihnen wirken.

Doch weshalb haben wir die Notwendigkeit, ein eigenwilliges Kind in den ersten Jahren zum Gehorsam zu bringen, so betont? Kann das nicht auch, wenn nötig, später geschehen? Es kann, aber wie Susannah Wesley sagte, der Aufwand wird sogar bei vier- oder fünfjährigen schon wesentlich größer. Warum ist das so?

Vielleicht läßt sich der Vorgang folgendermaßen erklären: Haben Sie sich jemals gefragt, warum kleine Kinder Russisch, Chinesisch, Spanisch, Hebräisch oder jede andere Sprache, der sie ausgesetzt sind, perfekt lernen können? Nicht die Spur eines Akzents wird festzustellen sein. Aber zwanzig oder mehr Jahre später können die meisten Menschen sich den Lauten, die die Muttersprachler einer bestimmten Region hervorbringen, nur annähern. Wissenschaftler kennen die Gründe dafür. Die Erklärung ist ein Prozeß, der sich »Phonemkontraktion« (oder Lautverlust) nennt. Der Kehlkopf eines Kleinkindes nimmt die Gestalt an, die für die Artikulation der Laute notwendig ist, die das Kind zu der Zeit lernt. Dann verfestigt oder verhärtet er sich in diesen Positionen,

TABELLE 10

Veränderliche Verhaltensmuster im Erziehungsstil bei nachsichtigen Vätern

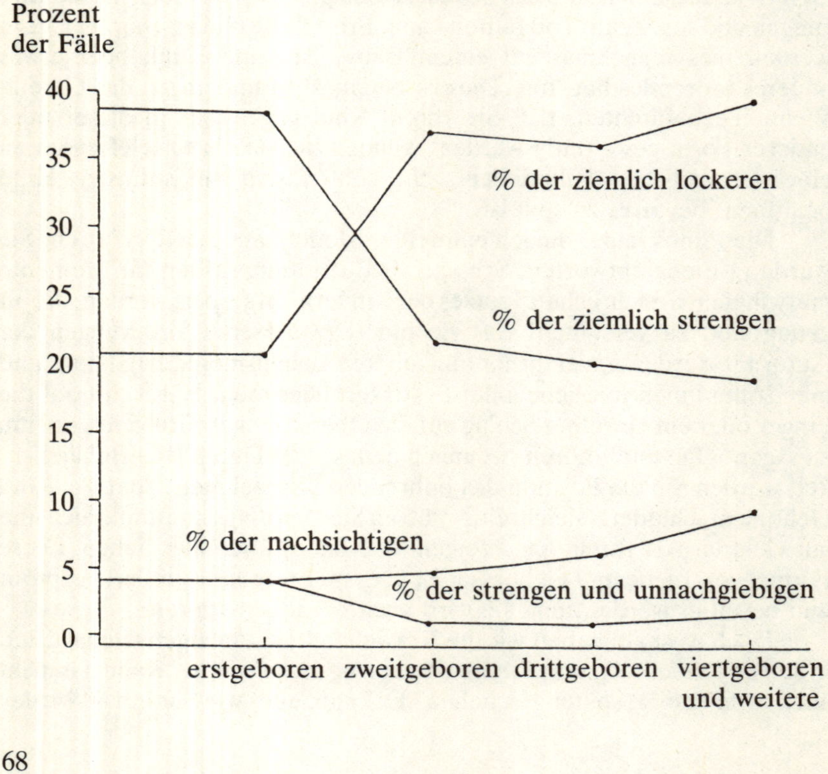

wodurch es unmöglich oder sehr schwierig wird, im späteren Leben andere Laute zu artikulieren. Daher spricht man von einer kurzen Phase, in der, sprachwissenschaftlich gesprochen, alles möglich ist. Sie wird schon bald der Vergangenheit angehören.

Die Einstellung eines Kindes zu elterlicher Autorität ähnelt dem sehr. Es macht zwischen einem und zwei Jahren eine Phase durch, in der Respekt und »Ehrfurcht« eingeprägt werden können. Diese Biegsamkeit bleibt nicht lange erhalten. Wenn sein früher Griff nach der Macht Erfolg hat, wird es sie nicht wieder loslassen.

Bevor wir das Thema des frühen Gehorsams abschließen, lassen Sie mich noch eine Warnung zu einem Fehler, den Eltern mit mehr als einem Kind häufig machen, aussprechen. Der Psychologe Bruce Baldwin nennt ihn »Geschwister Abdrift«. Er meint damit die Neigung von Eltern, von

TABELLE 11

Veränderliche Verhaltensmuster im Erziehungsstil
bei nachsichtigen Müttern

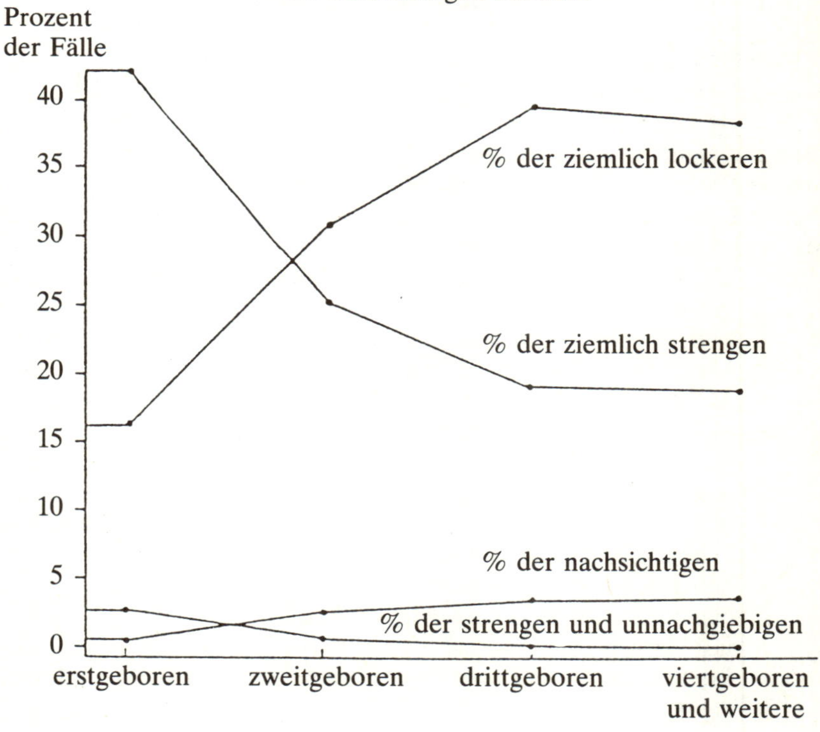

den erst- oder zweitgeborenen Kindern mehr zu erwarten. Sie müssen alles, was sie bekommen, erarbeiten oder dafür kämpfen. Wenn weitere Kinder folgen, lassen die Eltern aber nach. Sie sind zu sehr mit anderen Dingen beschäftigt. Wir haben dafür Beweise in unserer Befragung der Eltern gefunden. Mit der Ankunft jedes weiteren Kindes wurde die Disziplin der Eltern lockerer. Die Abbildungen 10 und 11 zeigen diese Schwächung der Autorität für nachsichtige Mütter und Väter.

Das Verhaltensmuster zeichnete sich bei den eigenwilligen Eltern nicht ganz so deutlich ab, trat aber trotzdem auf. Ohne diese Ergebnisse gesehen zu haben, schrieb Dr. Baldwin: »Der grundlegende Effekt ist eine weniger energische Gehorsamsforderung seitens der Eltern und als Konsequenz eine geringere Selbstdisziplin bei den jüngeren Kindern. Als Eltern müssen Sie ständig Energie dafür aufwenden, gegen diese Neigung anzugehen, damit die jüngeren Kinder ebenfalls zu verantwortlichen Erwachsenen werden.«[11]

3. Die Erziehung des willigen Kindes

Früher Gehorsam ist für das willige Kind nicht so entscheidend. Sogar besonders nachsichtige Eltern verursachen bei diesen fröhlichen und zufriedenen Kindern manchmal keine bleibenden Schäden, weil sie nicht auf einen Machtkampf aus sind. Sie sind so brav, daß ihre Eltern für andere Probleme blind sein können. Vordringlich gibt es drei Fallen, in die die Eltern besonders williger Kinder nicht tappen dürfen. Sie treten alle unerwartet in Erscheinung.

1. Es ist sehr leicht, in der Beziehung zu einem willigen Kind eine Langzeitabhängigkeit zu fördern. Die Eltern-Kind-Bindung ist so befriedigend, besonders für die Mutter, und so sicher für das Kind, daß keiner von beiden sie aufgeben will. Sie muß sich aber mit der Zeit ändern. Gott wollte nicht, daß erwachsene Kinder und ihre Eltern dieselbe Beziehung haben wie zu der Zeit, als sie klein waren. Wachstum und Reife fordern, daß sich die Kinder aus dem Griff der Eltern herauswinden und ein eigenes, unabhängiges Leben aufbauen. Das willige Kind hat größere Schwierigkeiten, sich aus der Sicherheit des Nestes zu lösen, weil es dort keine Konflikte gegeben hat. Im Gegensatz dazu drängt es das eigenwillige Kind geradezu in die Freiheit. Dieser Prozeß, in dem fast erwachsenen Jugendlichen und erwachsenen »Kindern« ihre Freiheit zugestanden wird, ist so wichtig, daß ich diesem Thema das Kapitel 11 gewidmet habe.

2. Das willige Kind hat oft Schwierigkeiten, sich gegen seine Geschwister zu behaupten.
3. Das willige Kind verinnerlicht seinen Ärger meistens und sucht nach Wegen, ihn umzulenken.

Diese letzten beiden Punkte bedürfen weiterer Erläuterung, weil sie eine ernstzunehmende (aber sehr leise) Bedrohung für das Wohlbefinden des willigen Kindes darstellen. Die größte Sorge bereitet mir die Leichtigkeit, mit der man es zu Hause unterschätzt, ignoriert und ausnutzt oder zu kurz kommen läßt. Haben Sie nicht auch schon Zwei-Kind-Familien erlebt, bei denen eines ein Dynamitbündel war und regelmäßig explodierte und das andere ein richtiger Schatz? Unter diesen Umständen ist es nicht ungewöhnlich, daß Eltern das Verhalten des gehorsamen Kindes als selbstverständlich nehmen. Wenn eine unangenehme Arbeit getan werden muß, wird erwartet, daß es sie übernimmt. Mutter und Vater haben einfach nicht die Ausdauer für einen Kampf mit einem Tiger.

Geht es aber um ein angenehmes Erlebnis, so wird wahrscheinlich das frechere von beiden ausgesucht werden. Es würde Zeter und Mordio schreien, wenn es ausgeschlossen wäre. Wenn die Umstände es erfordern, daß eines ein Opfer bringt oder auf etwas verzichtet, wissen Sie, wer dafür ausgewählt werden wird. Eltern, die ihr eigenwilliges Kind in dieser Weise vorziehen, sind sich ihrer Ungerechtigkeit bewußt, aber ihr Gerechtigkeitssinn hat dem Druck der Undurchführbarkeit nachgegeben. Sie sind einfach zu erschöpft und frustriert, um zu wagen, das dickköpfigere Kind zu reizen.

Die Konsequenz einer solchen ungleichen Behandlung sollte offensichtlich sein. Auch wenn das willige Kind sich fügt und sich nicht beklagt, könnte sich im Laufe der Jahre ein großes Maß an Groll aufstauen. Könnte dies nicht auch die Reaktion des Bruders »des verlorenen Sohnes« erklären? Er war das hart arbeitende, verantwortungsbewußte *willige* Mitglied der Familie. Offensichtlich war sein kleiner Bruder verantwortungslos, leichtlebig und besonders eigenwillig. Wenn es uns gestattet ist, einige weitere Schlüsse aus dem biblischen Bericht in Lukas 15, 11–32 abzuleiten, ist es wahrscheinlich, daß diese Söhne sich schon vor dem impulsiven Aufbruch des jüngeren Bruders nicht besonders gut leiden konnten.

Disziplinierte ältere Kinder hegen gewöhnlich einen Groll gegen das verwöhnte Nesthäckchen, das alles, was es will, auch bekommt. Dennoch behielt der ältere Bruder seine Gedanken für sich. Er wollte seinen Vater nicht aufregen, vor dem er großen Respekt hatte. Dann kam dieser unglaubliche Tag, an dem der kleine Bruder sein gesamtes Erbe auf einen Schlag ausgezahlt haben wollte. Hörte der willige Sohn das Gespräch zufällig mit an, so blieb ihm vor Schreck sicher die Luft aus. *Was für eine Unverschämtheit!* mußte er sich gedacht haben. Dann, zu seinem Erstaunen, sah er, wie der Vater dem Verlangen des Lebemannes nachgab. Der ältere Bruder war wütend. Wir können nur annehmen, daß die Abreise seines Bruders für ihn bedeutete, daß er doppelt so viele Aufgaben übernehmen und länger auf den Feldern arbeiten mußte. Es war ungerecht, daß er diese Belastung tragen sollte. Trotzdem sagte er nichts. Willige Menschen haben die Neigung, ihre Gefühle für sich zu behalten.

Die Jahre vergingen langsam, und der ältere Bruder arbeitete hart, um den Hof zu bewirtschaften. Der Vater war älter geworden und hatte dadurch seinem erstgeborenen Sohn eine größere Last auferlegt. Jeden Tag arbeitete er von Sonnenauf- bis Sonnenuntergang. Manchmal dachte er an seinen Bruder, der es sich im fernen Land gutgehen ließ, und es verlockte ihn für kurze Zeit. Aber nein, er würde tun, was richtig war. Dem Vater Freude zu machen war das Wichtigste in seinem Leben.

Dann ging, wie wir uns erinnern, dem eigenwilligen Aussteiger das Geld aus. Er dachte an die gute Küche seiner Mutter und das wärmende Feuer seines Vaters. Er nahm seine Habseligkeiten und machte sich auf den Weg nach Hause. Schon von weitem sah ihn sein Vater und lief ihm entgegen – umarmte ihn und legte das beste Gewand um seine Schultern. Das gemästete Kalb wurde geschlachtet und ein Fest vorbereitet. Damit war es genug. Mehr konnte der willige Bruder nicht ertragen. Der verlorene Sohn hatte sich durch seine Torheit gesichert, was der ältere Bruder durch seine Disziplin nicht erreichen konnte: die Anerkennung und Zuneigung seines Vaters. Er war bis ins Innerste verletzt!

Ob meine Auslegung dieser Parabel der Schrift nach wahrheitsgetreu ist oder nicht, sollen die Theologen entscheiden. Einer Sache bin ich mir allerdings sicher: Dieses Drama zwischen eigenwilligen und willigen Geschwistern gibt es seit den Tagen Kains und Abels, und das verantwortungsbewußte Kind fühlt sich oft als Verlierer. Es behält seine Gefühle für sich und bezahlt dann dafür, daß es sie aufgestaut hat. Als Erwachsener ist es anfälliger für Magengeschwüre, Bluthochdruck, Koliken, Migräneanfälle und eine Reihe anderer Krankheiten. Außerdem kann sein Gefühl der absoluten Machtlosigkeit seine Wut ins Unterbewußte abdrängen. Sie kann in weniger offensichtlichen Formen von Machthunger wieder zutage treten.

Dies weist auf die Bedeutung von Nahrung als Instrument der Macht hin, die wir in kürze erörtern werden. Auch die zweifach ausgeprägte Form der Eßstörung – Anorexie und Bulimie – ruft es ins Gedächtnis. Der an Anorexie leidende Mensch kann sich im wahrsten Sinne des Wortes zu Tode hungern, wenn er nicht in Behandlung kommt. Sie[12] reduziert entweder die Nahrungsaufnahme radikal, oder sie nimmt eine normale Mahlzeit zu sich und übergibt sich unmittelbar danach. In manchen Fällen treibt sie zwanghaft Sport, nimmt aber nur 200–400 Kalorien pro Tag zu sich. Nach kurzer Zeit wiegt eine 130-Pfund-Frau weniger als 80 Pfund und kann immer noch der Meinung sein, sie hätte Übergewicht. Die bulimische Person folgt dem entgegengesetzten Muster. Sie stopft sich unkontrolliert voll und »reinigt« sich dann, indem sie erbricht oder Abführmittel nimmt. Bulimie wird als »Stilles-Kämmerlein«-Krankheit bezeichnet, weil sich alles im Verborgenen abspielt. Schätzungen zufolge neigen 20–30 Prozent der Frauen im Schulalter zu Bulimie. Sowohl Anorexie als auch Bulimie stehen nach allgemeiner Ansicht nur in einer minimalen Beziehung zur Nahrung als solches. Statt dessen stellen sie einen Hunger nach *Macht* dar. Die typische Patientin, die an Anorexie leidet, ist eine weibliche Jugendliche oder junge Erwachsene. Gewöhnlich hat sie eine willige Persönlichkeit und war immer ein »braves kleines Mädchen«. Mit ihr gab es kaum Machtkämpfe auszustehen. Sie hat sich den Erwartungen ihrer Eltern angepaßt, auch wenn sie ihnen manchmal im stillen gegrollt hat. Sie hielt ihre Wut und Frustrationen zurück, weil sie während der Entwicklungsjahre machtlos war. Ihr Vater und eventuell ihre Mutter waren starke Persönlichkeiten, die ihren Gehorsam für selbstverständlich hielten. Eines Tages prägte sich ihr Machthunger als eine ernsthafte Eßstörung aus. Da, endlich, gab es ein Gebiet, auf dem sie das Sagen hatte.

Die Behandlung solcher Personen ist ein langwieriger therapeutischer Prozeß und wird hier nicht besprochen. Allerdings ist die Verhinderung dieser und anderer häufiger Schwierigkeiten bei vorher willigen Kindern ganz bestimmt für uns von Bedeutung. Ich gebe deshalb den Eltern williger Kinder diese Ratschläge – besonders denen von Mädchen.

1. Behandeln Sie sie mit Respekt, auch wenn sie Ihnen nicht die Pistole auf die Brust setzt.
2. Lassen Sie sie reden. Ermutigen Sie sie, ihre Gefühle und Frustrationen auszusprechen. Zeigen Sie ihr, wie sie sich Luft machen kann.
3. Geben Sie ihr einen gerechten Anteil im Vergleich zu den anderen Kindern in der Familie und stärken Sie ihr den Rücken, damit sie sich gegen aggressivere Geschwister behaupten kann. Denken Sie daran, daß man durch Zäune die gute Nachbarschaft erhält!
4. Gestehen Sie ihr ihrem Alter entsprechend Macht zu. Wenn es sich in Grenzen hält, sollte sie ihre eigene Wahl bezüglich Kleidung, Frisuren, Vorlieben beim Essen, Wahl der Schulfächer

etc. treffen dürfen. Es würde schneller gehen und effektiver sein, diese Entscheidungen für das willige Kind zu treffen. Widerstehen Sie der Versuchung!

5. Sorgen Sie für eine innige Beziehung und lassen Sie sie dann los. »Bemuttern« Sie sie nicht länger, wenn diese Aufgabe beendet sein sollte.
6. Behalten Sie das Gewicht ihrer Tochter nach dem dreizehnten Lebensjahr im Auge. Holen Sie sofortigen Rat bei Spezialisten ein, wenn sich Anzeichen für Probleme ergeben.

Kindererziehung ist überhaupt nicht einfach, oder? Sogar bei den »am einfachsten zu erziehenden« Kindern müssen die Eltern alle Intelligenz, Taktgefühl, Weisheit und Schlauheit aufbringen, die sie nur irgend können. Ganz offensichtlich ist dies keine Aufgabe für Feiglinge.

4. Erhalten Sie sich Ihre gute Laune

Das Lachen ist der Schlüssel zum Überleben während der besonderen Streßmomente in den Jahren der Kindererziehung. Wenn Sie die freudige Seite Ihrer Aufgabe sehen können, sind Sie auch fähig, mit der schwierigen umzugehen. Fast jeden Tag höre ich von Müttern, die dem zustimmen würden. Sie benutzen den Humor als Ballast, um ihre Schiffe über Wasser zu halten. Sie teilen mir auch wundervolle Geschichten mit.

Eine meiner Lieblingsgeschichten ist die einer Mutter von zwei kleinen Kindern. Sie schrieb das folgende:

Sehr geehrter Dr. Dobson:

Vor einigen Monaten führte ich im Wohnzimmer, wo auch meine dreijährige Tochter Adrianne und mein fünf Monate alter Sohn Nathan friedlich spielten, verschiedene Telefonate. Nathan liebt Adrianne, die seit seiner Geburt gelernt hat, ihn zärtlich zu bemuttern.

Plötzlich sah ich die Kinder nicht mehr. In panischer Angst legte ich auf und suchte nach den Überresten. Über den Flur und um die Ecke fand ich die Kinder vergnügt spielend in Adriannes Zimmer.

Erleichtert und verärgert rief ich: »Adrianne, du weißt doch, daß du Nathan nicht tragen darfst! Er ist noch zu klein und könnte sich weh tun, wenn du ihn fallen läßt!«

Erstaunt antwortete sie: »Habe ich nicht, Mutti.« Da er noch nicht krabbeln konnte, fragte ich mißtrauisch: »So, und wie ist er dann den ganzen Weg bis in dein Zimmer gekommen?«

Voll Vertrauen auf meine Anerkennung für ihren Gehorsam sagte sie lächelnd: »Ich habe ihn gerollt!«

Er ist noch am Leben, und sie sind immer noch die besten Freunde.

Mit besten Grüßen

Können Sie sich vorstellen, wie sich dieses Kind auf seiner Reise über den Flur gefühlt haben muß? Ich wette, die Wände und die Decke drehen sich immer noch vor seinen Augen! Er hat sich aber nicht beschwert (geweint), daher nehme ich an, daß er das Erlebnis genossen hat.

Eine andere Mutter erzählte mir, daß ihre dreijährige Tochter kürzlich gelernt hatte, daß Jesus kommt und in den Herzen derjenigen lebt, die ihn einladen. Für ein kleines Kind ist diese Vorstellung schwer zu verarbeiten, und dieses kleine Mädchen hatte es nicht ganz kapiert. Kurze Zeit später fuhren sie und ihre Mutter im Auto, und die Dreijährige lehnte sich plötzlich hinüber und legte ihr Ohr an die Brust der Mutter.

»Was machst du?« fragte die Mutter. »Ich höre, was Jesus in deinem Herz macht«, antwortete das Kind. Die Frau ließ das kleine Mädchen horchen und fragte dann: »Na, was hast du gehört?« Das Kind antwortete: »Es hört es sich an, als ob er Kaffee kocht.«

Wer außer einem Kleinkind würde mit solch einer Beobachtung aufwarten? Wenn Sie mit Kindern leben oder arbeiten, brauchen Sie nur zuzuhören. Sie werden Ihre Welt mit Frohsinn durchsetzen. Sie werden Sie auch aus dem Gleichgewicht bringen. Das habe ich einige Jahre, bevor ich Vater wurde, gelernt. Als Teil meiner praktischen Ausbildung mußte ich zwei Jahre in der Grundschule unterrichten. Das waren die lehrreichsten Jahre meines Lebens, weil ich da schnell lernte, wie Kinder sind. Gleichzeitig war es eine Feuerprobe.

An einigen Tagen war es schwieriger als an anderen, wie an dem Morgen, an dem einem Kind namens Thomas plötzlich schlecht wurde. Er verlor sein Frühstück ohne Vorwarnung. Ich erinnere mich noch an den Raum voller panischer Sechstkläßler, die über Tische und Bänke kletterten, um Thomas' vulkanartigen Ausbrüchen zu entgehen. Sie standen an den Wänden rings um den Raum, faßten sich an die Kehle und schrien »bäaahhhh!« Einer von ihnen verbalisierte seine Abscheu deutlicher als die anderen, was einen Mitschüler dazu veranlaßte zu sagen: »Du mußt grad reden, Norbert. Du hast es letztes Jahr gemacht!«

Was für ein Morgen für einen neuen Lehrer. Die Mittagspause rettete mich, und weil ich meinen Appetit verloren hatte, ging ich hinaus, um die Schüler auf dem Schulhof zu beaufsichtigen. Ich war nicht in Kalifornien aufgewachsen und interessierte mich für eine Apparatur, die

Joccari[13] genannt wurde. Als ich dort stand und zwei Jungen zusah, wie sie ein wildes Turnier austrugen, kam eine niedliche kleine Sechstkläßlerin namens Doris und stellte sich neben mich. Nach einer Weile fragte sie: »Würden Sie gerne spielen?« «Klar«, sagte ich. Das war ein Fehler.

Doris war zwölf Jahre alt und verrückt nach Joccari! Ich war fünfundzwanzig und kriegte bei dem Spiel nicht den richtigen Dreh. Die Leine veränderte die Flugbahn des Balls, und ich schlug immer wieder wild in die Luft. Meine Schüler versammelten sich und mir war mein schlechtes Abschneiden sehr peinlich. Da war ich, 190 groß, eine selbsternannte Sportskanone, aber ich wurde von diesem Mädchen in Grund und Boden gespielt. Dann passierte es.

Doris entschied sich, den entscheidenden Schlag auszuführen. Sie schlug mit aller Kraft auf den Ball, der genau auf meiner Nase landete. Ich habe ihn nicht einmal kommen sehen. Die ganze Welt begann sich zu drehen, und meine Nase vibrierte wie eine Stimmgabel. Ich dachte wirklich, ich müßte sterben. Meine Augen tränten, und meine Ohren summten wie ein Bienenstock. Aber, was konnte ich schon tun? Zwanzig Kinder hatten Doris' Volltreffer beobachtet, und ich wollte ihnen meine Schmerzen nicht zu deutlich zeigen. Also spielte ich weiter, obwohl ich den Ball nicht sehen konnte. Es ist ein Wunder, daß Doris mich nicht nochmal erwischt hat.

Gott sei Dank für die Glocke, die zum Nachmittagsunterricht läutete. Ich trug meine pochende Nase zurück ins Klassenzimmer und beschloß keine weiteren Herausforderungen von fünfundsiebzig Pfund Mädchen anzunehmen. Sie sind gefährlich.

5. Die Vermittlung des Glaubens

Schließlich darf ich Sie als Eltern kleiner Kinder, seien sie nun willig oder eigenwillig, drängen, ihnen einen unerschütterlichen Glauben an Jesus Christus zu vermitteln. Dies ist Ihre *wichtigste* Aufgabe als Mütter und Väter. Wie könnte irgend etwas von vergleichbarer Wichtigkeit sein wie das Ziel, den Familienkreis auch im jenseitigen Leben geschlossen zu erhalten? Was für eine unglaubliche Zielsetzung!

Wenn die Errettung unserer Kinder für uns wirklich so entscheidend ist, dann sollte unser geistliches Training beginnen, bevor die Kinder verstehen können, worum es überhaupt geht. Sie sollten damit aufwachsen, daß sie ihre Eltern mit Gott sprechen sehen. Sie lernen in diesem Alter schnell und werden nie vergessen, was sie gesehen oder gehört haben. Auch wenn sie den Glauben später ablehnen, wird ein Rest davon sie ihr weiteres Leben lang begleiten. Deshalb werden wir aufgefordert ». . . erzieht sie in der Zucht und Ermahnung des Herrn« (Epheser 6, 4).

Wiederum war ich in der glücklichen Lage, Eltern zu haben, die dieses Prinzip verstanden hatten. Nachdem ich erwachsen war, erzählten sie mir, daß ich versucht hatte zu beten, bevor ich sprechen gelernt hatte. Ich beobachtete, wie sie zu Gott sprachen, und versuchte, es nachzumachen. Zwei Jahre später, im Alter von drei Jahren, entschied ich mich bewußt dafür, Christ zu werden. Sie können das in diesem Alter für unmöglich halten, aber so war es. Heute erinnere ich mich deutlich an die Begebenheit. Ich nahm am Sonntagabendgottesdienst teil und saß mit meiner Mutter in den hinteren Reihen. Mein Vater war der Pastor, und er lud diejenigen, die gern wollten, ein, nach vorne zu kommen. Fünfzehn oder zwanzig Personen gingen nach vorne, und ich schloß mich ihnen spontan an. Ich erinnere mich, daß ich weinte und Jesus bat, mir meine Sünden zu vergeben. Ich weiß, das hört sich merkwürdig an, aber so ist es passiert. Es ist überwältigend für mich, heute über diese Begebenheit nachzudenken. Stellen Sie sich vor, wie der König des Universums, der Schöpfer des Himmels und der Erde, sich eines unbedeutenden Kindes, das kaum aus den Windeln ist, annimmt! Es gibt keinen Sinn, aber ich weiß, daß es passiert ist.

Natürlich werden nicht alle Kinder so früh reagieren, und das müssen sie auch gar nicht. Einige sind geistigen Dingen gegenüber aufgeschlossener als andere, und sie sollen ihre Fortschritte im individuellen Tempo machen dürfen. Aber wir als Eltern sollten ihrer geistigen Erziehung keinesfalls nachlässig oder unbeteiligt gegenüberstehen. Ihre Welt sollte vor Hinweisen auf Jesus und auf unseren Glauben strahlen. Das ist die Bedeutung von 5. Mose 6, 6–9: »Und diese Worte, die ich dir heute gebiete, sollst du zu Herzen nehmen und sollst sie deinen Kindern einschärfen und davon reden, wenn du in deinem Hause sitzt oder unterwegs bist, wenn du dich niederlegst oder aufstehst. Und du sollst sie binden zum Zeichen auf deine Hand, und sie sollen dir Merkzeichen zwischen deinen Augen sein, und du sollst sie schreiben an die Pfosten deines Hauses und an die Tore.«

Ich glaube, daß dieses Gebot Gottes für Eltern einer der entscheidendsten Abschnitte in der ganzen Bibel ist. Er weist uns an, unsere Kinder mit göttlichen Lehren zu umgeben. Hinweise auf geistliche Dinge sind nicht auf den Sonntagmorgen oder das Gebet vor dem Schlafengehen beschränkt. Sie sollten unsere Unterhaltung und unsere ganze Lebenseinstellung durchdringen. Weshalb? Weil unsere Kinder in diesen ersten Jahren jede unserer Bewegungen beobachten. Sie wollen wissen, was uns wichtig ist. Wenn wir hoffen, ihnen einen Glauben vermitteln zu können, der ein Leben lang hält, dann müssen sie unsere innige Liebe zu Gott sehen und fühlen können.

Als logische Folge dieses Prinzips muß ich Sie daran erinnern, daß Kinder bei der Einschätzung ihrer Eltern nichts übersehen. Wenn Sie von ihren Ansichten nur halb überzeugt sind, werden sie dies schnell herausfinden. Jeder Schwachpunkt, jede Unentschlossenheit Ihrerseits wird verinnerlicht und in Ihren Söhnen und Töchtern verstärkt ausgeprägt. Ob Sie wollen oder nicht, Sie sitzen in der Falle. Der Glaube oder Unglaube der Kinder wird ein Spiegelbild des unseren sein. Wie ich schon sagte, werden unsere Kinder eines Tages ihre eigenen Entscheidungen treffen und selbst über ihr Leben bestimmen, aber diese Entscheidungen werden von den Grundlagen, die wir gelegt haben, beeinflußt sein. Jemand sagte einmal: »Die Fußstapfen, in die ein Junge tritt, sind die, von denen der Vater dachte, daß er sie verwischt hätte.« So ist es.

Das bringt mich zu einem anderen sehr wichtigen Gesichtspunkt, auch wenn er kontrovers ist. Ich glaube fest, daß Kinder, wenn sie noch klein sind, mit Gottes Gericht und Zorn vertraut gemacht werden sollten. Nirgends in der Bibel steht, daß wir die unangenehmen Stellen bei unserer Unterweisung auslassen sollen. Der Lohn der Sünde ist der Tod, und Kinder haben ein Recht darauf, diese Tatsache zu verstehen.

Ich erinnere mich, wie meine Mutter mir die Geschichte von Samson vorlas, als ich etwa neun Jahre alt war. Wie Sie sich erinnern, haben die Philister ihn, nachdem dieser mächtige Kämpfer zum Sünder geworden war, blind gemacht und ihn als einfachen Sklaven gehalten. Einige Zeit später tat Samson Buße vor Gott und ihm wurde vergeben. Er erhielt seine erstaunliche Kraft zurück. Aber meine Mutter stellte klar heraus, daß er weder sein Augenlicht zurückerhielt noch die Freiheit wiedererlangte. Er und seine Feinde starben zusammen, als der Tempel über ihnen einstürzte.

»Sünde hat schreckliche Folgen«, sagte sie mir ernst. »Auch wenn du Buße tust und dir vergeben wird, wirst du dennoch die Konzequenz dafür tragen müssen, daß du Gottes Gesetze gebrochen hast. Sie sind dazu da, um dich zu beschützen. Wenn du ihnen nicht gehorchst, wirst du den Preis für deinen Ungehorsam bezahlen müssen.«

Dann sprach sie zu mir über die Schwerkraft, eines von Gottes physikalischen Gesetzen. »Wenn du von einem zehnstöckigen Gebäude springst, kannst du sicher sein, daß du auf den Boden aufschlägst und schwer verletzt wirst. Das ist unumgänglich. Du mußt wissen, daß Gottes *moralische* Gesetze genauso wirklich sind wie seine physikalischen Gesetze. Man kann sie nicht brechen, ohne sich früher oder später zu verletzen.«

Schließlich lehrte sie mich alles über den Himmel, die Hölle und den Tag des Jüngsten Gerichts, an dem die, die mit dem Blute Jesu bedeckt sind, für immer von denen getrennt werden, die es nicht sind. Das hinterließ bei mir einen starken Eindruck.

Viele Eltern wären mit der Entscheidung meiner Mutter, mich mit der Sünde und ihren Konsequenzen vertraut zu machen, nicht einverstanden. Sie haben mir gesagt, »Oh, ich würde meinen Kindern nicht so ein negatives Bild ausmalen. Ich möchte, daß sie Gott als liebenden Vater ansehen, nicht als zornigen Richter, der uns bestraft.« Somit enthalten sie ihren Kindern einen Teil der Wahrheit vor. Er ist sowohl ein Gott der Liebe als auch ein richtender Gott. In der Bibel wird uns an vielen Stellen gesagt, daß wir »Gott fürchten« sollen. Mit welchem Recht streichen wir diese Hinweise, wenn wir unseren Kindern beschreiben, wer Gott ist?

Ich bin dankbar, daß meine Eltern und meine Kirche den Mut hatten, mich mit der »warnenden Stimme« in der Bibel vertraut zu machen. Es war dieses Bewußtsein von Sünde und ihren Folgen, das mich zu den Zeiten moralisch auf dem rechten Weg gehalten hat, in denen ich in sexueller Hinsicht hätte sündigen können. Biblischer Glaube war meine Richtschnur – eine Grenze, über die ich nicht hinwegtreten wollte. Zu der Zeit hatte ich keine Angst vor meinen Eltern. Ich hätte ihnen etwas vormachen können. Aber ich konnte mich nicht vor den Augen des Herrn verbergen. Ich wußte, daß ich mich eines Tages vor ihm verantworten mußte, und diese Tatsache gab mir die zusätzliche Motivation, verantwortliche Entscheidungen zu treffen.

Ich kann gar nicht genug betonen, wie wichtig es ist, besonders Ihre eigenwilligen Kinder die Verantwortung vor Gott zu lehren. Da es ihre Art ist, Grenzen auszuprobieren und Regeln nicht einzuhalten, werden sie diese innere Richtschnur brauchen, um ihr Verhalten danach auszurichten. Nicht alle werden darauf hören, aber einige. Doch während Sie dies alles tun, achten Sie sorgfältig darauf, die Themen von Liebe und Rechtsprechung, wenn Sie sie Ihre Kinder lehren, *ausgewogen darzustellen.* Die Waagschale in die eine oder andere Richtung zu beschweren würde bedeuten, daß die Wahrheit verdreht und Verwirrung bei einem Sachverhalt gestiftet wird, bei dem Verständnis und Klarheit von äußerster Wichtigkeit sind.

7

Machtkämpfe

Bei unseren Versuchen, das eigenwillige Kind zu verstehen, müssen wir uns fragen, warum er oder sie so gerne streitet. Wenn wir die Wahl hätten, zwischen Krieg und Frieden zu wählen, würden die meisten von uns den Frieden vorziehen. Aber das dickköpfige Kind geht wie ein wildgewordener Rasenmäher durchs Leben. Es mäht alles ab, was in seinen Weg gerät. Je höher das Gras, desto besser lebt und gedeiht es. Was läßt es so sein? Was treibt es dazu, seine Mutter herauszufordern und ungehorsam gegen seinen Vater zu sein? Sie sind nicht seine Feinde. Warum widersteht es von den frühesten Tagen seiner Kindheit an ihrer liebevollen Anleitung? Warum genießt es, seine Geschwister zu ärgern und seine Nachbarn an der Nase herumzuführen? Warum wirft es mit Radiergummis, wenn seine Lehrer den Rücken kehren, und warum macht es keine Hausaufgaben? Wirklich, warum kann es nicht wie seine willigen Brüder und Schwestern sein?

Diese interessanten Fragen beschäftigen mich seit Jahren. Ich denke, daß ich jetzt anfange, einige der treibenden Kräfte, die das eigenwillige Kind dazu bringen, seine Umgebung anzugreifen, zu verstehen. Tief im Innern seines oder ihres Wesens ist ein bloßes Verlangen nach *Macht.* Wir können Macht in diesem Kontext als Kontrolle definieren – Kontrolle über andere, Kontrolle über unsere Situation, und, ganz besonders, Kontrolle über unsere eigene Person. Das eigenwillige Kind ist natürlich nicht der einzige Mensch, der machthungrig ist. Es unterscheidet sich vom Rest der Menschheit nur in der Intensität, nicht in der Art. Wir wollen alle das Sagen haben, und dieses Verlangen ist schon bei ganz kleinen Kindern sichtbar. Erinnern Sie sich an den kleinen Jungen, der mit seinem Dreirad auf der Straße fuhr und seine Mutter wütend anschrie? Das, um was es dabei wirklich ging, war eine Frage der Macht, und wer sie ausüben sollte. Wir sehen den gleichen Kampf, wenn ein Jugendlicher die Türen zuschlägt und mit seinem Auto davonbraust oder wenn Ehemann und -frau sich über Geld streiten . . . Allen gemeinsam ist der Wunsch, das eigene Leben selbst zu bestimmen – und das jedes anderen, wenn wir die Gelegenheit dazu haben. Wir unterscheiden uns in der Stärke dieser Neigung, wie wir sehen werden, aber sie scheint uns bis zu einem gewissen Grad alle zu bestimmen.

Das Verlangen nach Kontrolle scheint seine Wurzeln in den ersten Stunden nach der Geburt zu haben. Beobachtungen bei Neugeborenen deuten darauf hin, daß sie am ersten oder zweiten Lebenstag typischerweise nach den Erwachsenen um sie herum *«greifen«*. Damit, so meine ich, verhalten sie sich in einer Weise, die dazu dient, diejenigen, die sie versorgen, dazu zu veranlassen, das zu tun, was sie brauchen. Einige werden in den folgenden Jahren diese Technik vervollkommnen.

Sogar reife Erwachsene, die es besser wissen müßten, sind für gewöhnlich in Machtkämpfe mit anderen Menschen verwickelt. Das passiert immer, wenn menschliche Interessen aufeinandertreffen, aber in der Familie ist es besonders ausgeprägt. Ehemänner und -frauen, Kinder, Geschwister, Verwandte und Eltern haben alle Gründe, einander zu manipulieren. Es ist faszinierend, sich zurückzulehnen und zuzusehen, wie sie schieben, ziehen und sich winden. Ich habe sechzehn Strategien identifiziert, die dazu benutzt werden, Macht auf das Leben einer anderen Person auszuüben. Vielleicht fallen Ihnen noch weitere ein, wenn Sie die folgende Liste lesen:

1. *Gefühlsmäßige Erpressung:* »Tu, was ich will, oder ich werde sehr wütend.«
2. *Die Schuldmasche:* »Wie kannst du mir das antun, wo ich soviel für dich getan habe?«
3. *Göttliche Eingebung:* »Gott hat mir gesagt, daß du tun sollst, was ich will.«
4. *Die Vorwarnung:* »Tu, was ich will, oder ich bezahle die Rechnungen nicht.«
5. *Die Bestechung:* »Tu, was ich will, und du wirst es nicht bereuen.«
6. *Durch Macht und (körperliche) Überlegenheit:* »Halt' den Mund und tu, was ich will.«
7. *Die Demütigung:* »Tu, was ich will, oder ich blamiere dich zu Hause und woanders.«
8. *Die ewige Krankheit:* »Reg' mich nicht auf. Siehst du nicht, daß ich krank bin?«
9. *Hilfe aus dem Grab:* »Dein lieber Vater (oder deine liebe Mutter) hätte mir zugestimmt.«
10. *Die ehebrecherische Drohung:* »Tu, was ich will, oder ich suche mir jemanden, der es tut.«

11. *Der Trick mit den Verwandten:* »Tu, was ich will, dann bin ich nett zu deiner Mutter.«
12. *Die Verführung:* »Ich mache dir ein Angebot, das du einfach nicht ablehnen kannst« oder »Warum kommst du nicht irgendwann mal bei mir vorbei?«

Besondere Strategien bei Jugendlichen:

13. *Jugendlicher Terror:* »Laß' mich in Ruhe, oder ich inszeniere ein Teenagerdrama« (Selbstmord, Drogen, Alkohol, das Auto kaputtfahren oder ausreißen).
14. *Der Aussteiger:* »Tu, was ich will, oder ich sorge dafür, daß ich von meiner Schule fliege.«
15. *Fruchtbare Verrücktheiten:* »Tu, was ich will, oder ich kriege ein Kind!« (Diese Drohung schließt alle Nerven im elterlichen Körper kurz.)
16. *Die Beruhigungspille:* »Tu, was ich will, und ich werde dein aufreibendes Leben nicht noch komplizierter machen.«

Manipulation! Das ist ein Spiel, an dem eine beliebige Anzahl von Spielern teilnehmen kann, direkt im eigenen Heim. Das Ziel ist, wie wir gesehen haben, Macht über die anderen Spieler zu gewinnen. Für Eltern ist es sicher keine Überraschung, daß Kinder sich bei diesem Spiel sehr geschickt anstellen können. Deshalb ist es für Mütter und Väter so wichtig, diese Eigenschaft in Betracht zu ziehen, wenn sie versuchen, kindliches Verhalten einzuordnen. Den an der Oberfläche sichtbaren Punkten liegt eine andere Ebene von Beweggründen zugrunde, an denen sich Generationskonflikte scheinbar entzünden. Wenn zum Beispiel ein Dreijähriger im Supermarkt wegrennt oder ein Neunjähriger sich weigert, sein Zimmer aufzuräumen, oder ein Zwölfjähriger immer wieder seinen kleinen Bruder herumschubst oder wenn ein Sechzehnjähriger raucht und Alkohol trinkt, dann ist das ein individuelles Herausstellen von Macht. Ihr aufsässiges Verhalten ist mehr als der Wunsch, etwas Verbotenes zu tun. Statt dessen ist es ein Ausdruck von Unabhängigkeit und Selbstbestätigung. Es ist außerdem eine Ablehnung der Autorität der Erwachsenen, und dies ist für uns von Bedeutung.

Ernsthafte Machtkämpfe finden erstmalig statt, wenn Kinder zwischen zwölf und fünfzehn Monaten alt sind. Einige fangen noch früher damit an. Wenn Sie jemals beobachtet haben, wie ein kleines Kind immer wieder nach einem Stecker oder dem Knopf am Fernseher greift, während seine Mutter »Nein!« ruft, dann haben sie einen frühen Machtkampf beobachtet. Auf dieser Entwicklungsstufe ist es vielleicht kein bewußter Prozeß, aber später wird er es sein. Ich bin überzeugt, daß ein eigenwilliges Kind von drei oder mehr Jahren die Neigung hat, seine Mutter und seinen Vater immer dann herauszufordern, wenn es meint, gewinnen zu können. Es wird die Waffen und die Arena, in der der Kampf stattfinden soll, sorgfältig auswählen. Diese Arenen habe ich die »Schlachtfelder der Kindheit« genannt. Lassen Sie uns einen Blick auf einige dieser Stalingrads oder Waterloos werfen, die in die Familienchronik eingegangen sind.

Schlafenszeit

Einer der frühesten Machtkämpfe beginnt im Alter von achtzehn Monaten und einem Tag, plusminus ein paar Stunden. Genau zu diesem Zeitpunkt sagt ein Kleinkind, das ohne sich zu beklagen seit seiner Geburt ins Bett gegangen ist: »Ich will nicht in dieses Bett zurück, solange ich lebe.« Das ist die Eröffnungssalve einer möglicherweise Jahre andauernden Schlacht. Es passiert so schnell und unerwartet, daß Eltern gar nicht damit rechnen. Sie prüfen, ob ein Zahn kommt, das Kind etwa Fieber hat oder ihm sonst etwas fehlt. »Warum *jetzt?«* fragen sie. Ich weiß es nicht. Es kommt Kleinkindern einfach in den Sinn, daß sie nicht mehr schlafengehen wollen, und sie kämpfen darum mit Zähnen und Klauen.

Obwohl sich die Taktik etwas wandelt, wird das Schlafengehen auf Jahre hinaus ein Kampf bleiben. Jeder einfallsreiche Sechsjährige kann das Schlafengehen durch ein ausdauerndes und gut geplantes System von Verzögerungsmanövern für mindestens 45 Minuten hinausziehen. Wenn seine Mutter ihm den Schlafanzug angezogen, ihm sechs Gläser Wasser gebracht, mit ihm zweimal im Bad war, ihm geholfen hat, sein Nachtgebet zu sprechen, und dann noch mit ihm geschimpft hat, weil er zweimal wieder aus seinem Zimmer herausgekommen ist, ist sie völlig erschöpft. So geht das jeden Abend.

Einer meiner Freunde namens Jim machte so eine Zu-Bett-gehen-Prozedur mit seinem fünfjährigen Sohn Paulie durch. Jim durchschaute die Taktik des Spiels und beschloß, dem ein Ende zu machen. Er setzte sich eines Abends zu seinem Sohn und sagte: »Also, Paulie, heute abend wird das anders gehen. Ich werde dich fürs Bett fertigmachen, du kannst noch etwas zu trinken haben, und dann werden wir zusammen beten. Wenn wir fertig sind, werde ich aus dem Zimmer gehen, und ich habe nicht vor zurückzukommen. Ruf' mich nicht mehr. Ich will bis morgen früh keinen Mucks von dir hören, verstanden?«

Paulie sagte: »Ja, Papa.«

Als alles getan war, gab es noch eine letzte Umarmung, und das Licht wurde ausgemacht. Jim sagte seinem Sohn gute Nacht und verließ das Zimmer. Ruhe herrschte im Haus. Aber nicht lange. Ungefähr nach fünf Minuten rief Paulie nach seinem Vater und bat ihn um ein Glas Wasser.

»Kommt nicht in Frage«, sagte sein Vater. »Weißt du nicht mehr, was ich gesagt habe? Schlaf jetzt.«

Nach ein paar Minuten bat Paulie nochmals um ein Glas Wasser. Jim wurde jetzt wütend. Er sagte seinem Sohn barsch, daß es keinen Zweck hätte. Aber der Junge wollte nicht aufgeben. Er wartete einige Minuten und fing dann wieder an. Jedesmal, wenn Paulie seinen Vater rief, wurde dieser wütender. Schließlich sagte er: »Wenn du noch ein einziges Mal nach Wasser fragst, komme ich und es gibt was hintendrauf!« Darauf war der Junge etwa fünf Minuten still, dann sagte er: »Papi, wenn du kommst und mir was hintendrauf gibst, kannst du bitte ein Glas Wasser mitbringen?« Das Kind bekam das Wasser. Er bekam nichts hintendrauf.

Eine Möglichkeit, Kinder (etwa im Alter zwischen vier und acht) dazu zu bringen, ins Bett zu gehen, sind ausgedachte Geschichten. Beispielsweise erzählte ich meinem Sohn und meiner Tochter, als sie klein waren, von »Mrs. Whites Fest«. Mrs. White war eine Fantasiegestalt, die mitten in der Nacht die großartigsten Feste gab. Sie hatte einen Vergnügungspark; im Vergleich zu dem war Disneyland langweilig. Was immer die Kinder interessierte, wurde in ihre Festlichkeiten integriert – Hunde, Katzen, Süßigkeiten aller Art, Wasserrutschen, Bildergeschichten, aufregende Fahrten und alles andere, was Danaes und Ryans Vorstellungskraft anregte. Natürlich bestand die *einzige* Möglichkeit, an Mrs. Whites Fest teilzunehmen, darin zu schlafen. Niemand, der wach war, würde jemals eine Einladung bekommen. Es machte Spaß zuzusehen, wie unser Sohn und unsere Tochter ins Bett sprangen und sich darauf konzentrierten einzuschlafen. Obwohl es nie passierte, wünschte ich, ich hätte solches Interesse bei ihnen geweckt, daß sie tatsächlich von Mrs. White geträumt hätten. Für gewöhnlich hatten sie die Sache am nächsten Morgen vergessen.

Auf Biegen und Brechen, mit Fantasie oder Realität, Sie müssen den Kampf ums Schlafengehen gewinnen. Die Gesundheit Ihres Kindes (und vielleicht auch Ihre eigene) steht auf dem Spiel.

Mahlzeiten

Das Essen ist ein weiteres Hauptschlachtfeld der Kindheit, aber man sollte dem aus dem Weg gehen. Ich habe Eltern streng geraten, sich nicht in diese Kampfarena nötigen zu lassen. Es ist ein Hinterhalt. Ein General wird die andere Armee immer auf einem Gelände angreifen, auf dem er gewinnen kann, und die Mahlzeiten sind eine verlorene Sache. Eine Mutter, die vier grüne Bohnen auf eine Gabel spießt und fest entschlossen ist, dort sitzen zu bleiben, bis das Kind sie ißt, kämpft auf verlorenem Posten. Das Kind hält länger durch. Und weil es dreimal täglich Mahlzeiten gibt, wird es schließlich siegen.

Statt ein Kind zu bitten, es anzuflehen, zu bestechen oder zu bedrohen, empfehle ich, daß ihm gehaltvolles Essen fröhlich serviert wird. Wenn es sich entscheidet, nicht zu essen, dann schicken Sie es fort. Es wird zurückkommen. Bei seiner Rückkehr nehmen Sie dasselbe Essen aus dem Kühlschrank, erwärmen es und setzen es ihm wieder vor. Früher oder später wird es hungrig genug werden, um zu essen. Erlauben Sie keine Zwischenmahlzeiten oder den Ersatz nahrhafter Mahlzeiten durch Süßes. Aber fürchten Sie sich auch nicht vor den körperlichen Folgen des Hungers. Ein Kind wird bei vorhandenem guten Essen nicht verhungern. Da ist ein bohrendes Gefühl im Innern, das die Einstellung meistens innerhalb einiger Stunden von »Ääh!« in »Hmmm!« wandelt.

Wir haben schon über Anorexie und Bulimie, die Eßstörungen, die mit der Macht der Eltern zusammenhängen, gesprochen. Offensichtlich kann Essen der Brennpunkt sein, in dem sich massive Streitigkeiten zwischen den Generationen entzünden.

Schule und Hausaufgaben

Es gibt wahrscheinlich keine größere Quelle für Konflikte zwischen den Generationen als die schulischen Leistungen und dabei besonders die Hausaufgaben. Dies ist ein weiteres Schlachtfeld, wo die Vorteile beim Kind liegen. Nur es selbst weiß letztendlich, was aufgegeben wurde und wie die Aufgabe erledigt werden soll. Das schwierige Kind wird seinen Nutzen aus dieser Informationslücke zwischen Elternhaus und Schule ziehen, indem es behauptet: »Das habe ich schon in der Schule erledigt« oder »Heute habe ich nichts auf.« Das erinnert mich an den Jungen, der ein Zeugnis mit vier Sechsen und einer Drei nach Hause brachte. Als sein Vater fragte, wo das Problem sei, sagte er: »Ich schätze, ich habe mich zu sehr auf ein Fach konzentriert.«

Eltern sollten wissen, daß die meisten Schüler zwischen der sechsten und neunten Klasse einen Einbruch im Lernerfolg haben. Einige hören während dieser Phase ganz auf zu lernen. Andere verringern nur ihren Arbeitsaufwand. Einige wenige sind davon überhaupt nicht betroffen. Der Grund dafür ist der Wachstumsprozeß, dessen Veränderungen die

Gefühle der Jugendlichen bestürmen. Das Selbstbewußtsein wird bis auf den Grund erschüttert. Die Hormone machen sich ans Werk, und die Sexualität wird zum Hauptinteresse. Wer kann an Schule denken, wenn alles das passiert? Oder besser, wer will schon? Als Eltern sollten Sie nach dieser »Ablenkung« Ausschau halten und nicht verärgert sein, wenn sie kommt. Wir werden den Schulversager später in diesem Buch behandeln.

Ferien und »besondere Tage«

Sagen Sie mir, warum Kinder im Urlaub und an anderen Tagen, wenn wir ihnen eine besondere Freude machen wollen, am unausstehlichsten sind und einen besonders reizen. Bei allem, was recht ist, man erwartet, daß sie denken, »Mann! Mutti und Vati machen wirklich etwas Schönes mit uns. Sie nehmen uns mit auf diese Urlaubsreise, wo sie doch das Geld auch für sich hätten verbrauchen können. Und Vati wäre vielleicht lieber zum Angeln gegangen (das stimmt!) etc. Aber wir bedeuten ihnen etwas, und sie haben uns in ihre Pläne einbezogen. Klasse! Ich werde so lieb und gehorsam wie möglich sein. Ich werde versuchen, mich mit meiner Schwester zu vertragen, und werde keine außergewöhnlichen Wünsche äußern. Diese Reise wird bestimmt sehr lustig!«

Denken Kinder so? Von wegen! So etwas wie Dankbarkeit zwischen den Generationen existiert nicht.

Bevor die Familie auch nur die Stadt verlassen hat, kämpfen die Sprößlinge um die Fensterplätze und darum, wer den Hund hält. Die kleine Schwester brüllt alle paar Minuten: »Das sage ich!«. Auf dem Fahrersitz bauen sich Spannungen auf, und Vati ist auf hundertachtzig. Es war hart genug für ihn, die letzten Büroarbeiten zu erledigen und das Auto zu beladen. Aber dieses Gezänk treibt ihn langsam zum Wahnsinn. Seit der Abfahrt hat er Wortgefechte, Sticheleien, Ellenbogen in den Rippen, Gezwicke, Tränen, endloses Geschnatter und nicht eingeplante Pausen, weil die Kinder mal mußten, ertragen. Langsam verliert er die Beherrschung. Zweimal schlägt er entnervt nach sich windenden Körpern auf dem Rücksitz. Er trifft nicht, verletzt sich dabei aber an der Schulter. Er fährt jetzt schneller, aber er redet nicht mehr. Die einzigen Hinweise darauf, wie er sich fühlt, sind seine blutunterlaufenen Augen und das gelegentliche Zucken in seiner linken Wange. Schöne Ferien, Vati. Noch dreizehn Tage lang.

Kürzlich erhielt ich einen Brief von einer Mutter, die von einer Urlaubsreise der Art, wie ich sie beschrieben habe, zurückkam. Tagelang hatten ihre Söhne gejammert und sich beklagt, sich gegenseitig beleidigt und miteinander gerauft. Sie hatten stundenlang gegen die Rückenlehne ihres Vaters getreten. Schließlich war bei ihm das Maß voll. Er hielt am Straßenrand an. Die Stunde der Gerechtigkeit war angebrochen. Nachdem er ihnen eine Tracht Prügel gegeben hatte, schob er sie ins Auto zurück und sagte: »Wenn ich von einem von euch in der nächsten halben Stunde nur einen Piep höre, gibt's noch mehr!« Die Jungen kapierten das. Sie blieben dreißig Minuten lang stumm, dann sagte der ältere: »Darf ich jetzt was sagen?« Der Vater sagte streng: »Ja. Was willst du sagen?« »Also«, fuhr der Junge fort, »als du uns da verhauen hast, ist mir mein Schuh runtergefallen. Wir haben ihn auf der Straße liegenlassen.«

Es war sein bestes Paar Schuhe. Dieses Mal verlor die Mutter die Beherrschung. So endete ein weiterer großer Familienausflug.

Sollen Eltern so reagieren, wenn ihre Kinder sie reizen? Natürlich nicht, aber seien wir ehrlich. Eltern sind auch nur Menschen. Sie haben ihre Schwächen und wunden Punkte. Man hätte die Kinder während der Fahrt viel früher trennen oder ihnen Schläge androhen sollen. Gerade wenn Eltern verzweifelt versuchen, einer Bestrafung auszuweichen, erreicht der Grad ihres Ärgers eine gefährliche Marke. Wenn es soweit ist, kann alles passieren. Deshalb verfechte ich die Meinung, daß die, die körperliche Bestrafung ablehnen, weil sie zu Kindesmißhandlung führt, unrecht haben. Wenn sie den Eltern die Möglichkeit nehmen, ungezogenem Verhalten frühzeitig entgegenzuwirken, steigern sie vielmehr die Wahrscheinlichkeit, daß die Kinder Schaden leiden, wenn sich die Gemüter erhitzen.

Haben Sie sich schon gefragt, warum Kinder an diesen besonderen Tagen so unausstehlich werden. Dafür gibt es zwei gute Gründe. Erstens, Erwachsene und Kinder gehen einander auf die Nerven, wenn sie für längere Zeit miteinander zusammen sind. Außerdem sieht sich ein schwieriges Kind offensichtlich dazu veranlaßt, die Grenzen neu auszuprobieren, wenn es das Gefühl hat, sie hätten sich verschoben. Das galt sicherlich für unsere Kinder. An den Tagen, wo wir Ausflüge, Skifahrten oder andere Unternehmungen geplant hatten, konnten wir sicher sein, daß sie schwierig werden würden. Es schien, als ob sie gezwungen wären zu fragen: »Wenn dies ein besonderer Tag ist, welche Regeln gelten dann dafür?« Wir mußten sie manchmal zu Zeiten bestrafen oder mit ihnen schimpfen, in denen wir ganz besonders versuchten, die Beziehungen auszubauen. Ihre eingenwilligen Kinder könnten dasselbe versuchen. Vielleicht hat Erma Brombeck deshalb gesagt: »Die Familie, die miteinander spielt, geht sich auf die Nerven.«

Um unsere These zu wiederholen: diese Punkte, an denen sich die

Generationen reiben, sind nicht einfach Meinungsverschiedenheiten. Wenn es sich bei diesen Konflikten um nichts anderes handeln würde, würden Verhandlungen und Kompromisse sie schnell lösen. Statt dessen sind es Punkte, an denen die Autorität der Eltern herausgefordert und untergraben werden kann. Die Frage, die dabei gestellt wird, heißt weniger: »Bekomme ich meinen Willen?« als vielmehr »Wer hat hier das Sagen?« (Bitte beachten Sie, daß ich hier die Beweggründe eigenwilliger Kinder beschreibe. Das willige Kind unternimmt viel subtilere Manöver, um an die Macht zu kommen.)

Mit der Zeit werden die Kämpfe immer intensiver. Was als relativ harmloser Streit über das Schlafengehen oder die Hausaufgaben begann, kann sich zu den schlimmsten Konflikten entwickeln. Einige Jugendliche schaffen ihren Eltern die Hölle auf Erden. Tiefe Wunden werden geschlagen, die vielleicht niemals wieder völlig heilen. Im Augenblick möchte ich diese Diskussion allerdings beenden, indem ich den Eltern die große Bedeutung von Macht und ihren verzweigten Strukturen erläutere. Alles, was bis zu diesem Punkt gesagt wurde, ist nur ein Vorwort zu der eigentlichen Aussage in den folgenden Kapiteln. Bitte legen Sie beim Lesen besonderes Gewicht auf diesen verbleibenden Abschnitt.

Das Gefühl von Macht, das auf Kinder und den Rest der Menschheit so anziehend wirkt, ist in der Tat eine sehr gefährliche Sache. Menschen haben andere betrogen, ausgebeutet und getötet, um sie zu erlangen. Diejenigen, die sie erreicht haben, sind in ihren Fängen oft vernichtet worden. Lord Acton sagte: »Macht korrumpiert, und absolute Macht korrumpiert absolut.« Die Geschichte hat ihm recht gegeben.

Die blutrünstigsten Männer, die jemals gelebt haben, wurden von einem unstillbaren Verlangen nach Macht getrieben. Bei dem Versuch, die Welt zu beherrschen, entfachte Adolf Hitler eine Feuersbrunst, die Millionen das Leben kostete. Von Josef Stalin wird berichtet, daß er während seines Terrorregimes zwanzig bis dreißig Millionen Menschen ermordet habe. Einmal hat Stalin Berichten zufolge seine Geheimpolizei in die Kleinstadt geschickt, in der er aufgewachsen war, mit dem Befehl, die Lehrer zu töten, die ihn als Kind unterrichtet hatten. Stellen Sie sich diese Brutalität vor! Offensichtlich wollte er keine Zeugen seiner bescheidenen Herkunft am Leben lassen. Solches passiert, wenn das Verlangen nach Macht nicht gezügelt wird.

Unsere Sorge ist allerdings nicht auf das Verhalten von Diktatoren beschränkt. Wo die Macht hinfällt, hat sie negative Auswirkungen. Ich habe beispielsweise viele berühmte Ärzte und Chirurgen gekannt, die in der Medizin großen Einfluß hatten. Die Patienten verehrten sie; die Krankenschwestern fürchteten sie; die Kollegen respektierten sie; und ihre Freunde beneideten sie. Sie schienen alles zu haben. Aber wie wirkte sich diese Verherrlichung auf ihre Persönlichkeit aus? Waren sie bescheidener und zurückhaltender, weil die Bedürfnisse ihres Egos befriedigt wurden? Wohl kaum! Sie neigten dazu, immer kindischere Ansprüche zu stellen, oder sie wurden tyrannisch und waren darauf aus, jeden zu vernichten, der ihnen im Weg war.

Diese Ärzte sind nicht die einzigen, die Probleme im Umgang mit Macht haben. Dasselbe gilt auch für erfolgreiche Autoren, Musiker, Minister, Rechtsanwälte und Generäle in Kriegszeiten. Studieren Sie die historischen Persönlichkeitsprofile von großen Generälen wie George Patton oder Douglas MacArthur. Die meisten waren stolze und arrogante Männer.

Auch von Präsidenten der Vereinigten Staaten weiß man, daß sie sich zu wichtig genommen haben, und Lyndon Johnson war einer der schlimmsten. Während seiner Jahre im Weißen Haus mißbrauchte er seine Macht und terrorisierte sein Personal wegen kleiner Fehler und Nachlässigkeiten. Mir wurde beispielsweise erzählt, daß er außer sich vor Wut war, als sie vergaßen, den Vorrat seines Lieblingsgetränks zu ergänzen. Er konnte nicht glauben, daß jemand es wagen würde, seine Launen in dieser Weise zu mißachten. Es ist interessant, daß fünf Präsidenten der Vereinigten Staaten im zwanzigsten Jahrhundert die Wahlen mit riesigem Stimmenvorsprung gewannen und die Macht erhielten, die ihnen zustand. Vielleicht war es vorhersehbar, daß alle fünf kurze Zeit später ihre größten Krisen erlebten. Hardin und der »Teapot Dome Skandal«; Roosevelt und das Debakel mit dem Obersten Gerichtshof; Johnson und der Vietnamkrieg; Nixon und die Watergate-Affäre; und Reagan und die Iran-Kontra-Affäre. Jedesmal wieder erhellt die Geschichte die zerstörerische Kraft purer Macht. In den Sprüchen 27, 21 steht: »Ein Mann bewährt sich in seinem Ruf . . . «

Chuck Colson überstand die Watergate-Affäre, die Präsident Richard Nixon zu Fall brachte. Er war der älteste Mitarbeiter im Weißen Haus zu einer Zeit, als der Einfluß des Präsidenten am größten war, und er wußte, wie man Macht gebraucht. Er war auch durchaus gewillt, sie zu mißbrauchen. Er arbeitete nur einige Meter vom Oval Office[14] entfernt, und seine Anordnungen hatten soviel Autorität, als kämen sie direkt vom Präsidenten. Durch einen Telefonanruf konnte er eine Abordnung von Truppen an jeden Ort der Welt entsenden. Er konnte veranlassen, daß der Hubschrauber des Präsidenten ihn dorthin brachte, wo er wollte. Er verhandelte mit den Sowjets und mit unseren Alliierten über Angelegenheiten von monumentaler Wichtigkeit. Ja, Chuck Colson erlebte die Bedeutung von politischer Macht in all ihrer Herrlichkeit, und sein Sturz von dieser erhabenen Position war einer der dramatischsten in der amerikanischen Geschichte.

Nachdem er bei der Watergate-Affäre überführt worden war, verurteilte man ihn zu zwei Jahren Haft im staatlichen Gefängnis »Maxwell Prison Camp« in Florida. Bei seiner Ankunft wurde diesem stolzen Regierungsführer systematisch seine Würde genommen. Er wurde entkleidet, durchsucht und mit einem Mittel gegen Läuse bestreut. Man sperrte ihn in eine winzige Zelle, in der sich eine stinkende offene Toilette befand. Ein Wächter kam alle zwei Stunden und leuchtete ihm mit einer Taschenlampe ins Gesicht. Colson, der mit Premierministern, Kaisern und Prinzen verhandelt hatte, lebte und arbeitete jetzt mit Vergewaltigern, Mördern, Dieben und Sittenstrolchen, die sich an Kindern vergriffen hatten. Etwa sieben Monate lang war er absolut machtlos.

Wie beeindruckend ist es, daß Chuck Colson, nachdem er aus dem Gefängnis entlassen wurde, seine Machtposition nicht wieder aufbauen wollte. Er hätte in seine Anwaltspraxis in New York zurückkehren können, mit einem hohen Einkommen, einer Yacht und all den anderen Insignien des Reichtums. Statt dessen gründete er eine Hilfsorganisation, die sich um Gefängnisinsassen und andere Menschen am Rande der Gesellschaft kümmert. Wie konnte ein Mann sich in dieser Weise selbst überwinden? Weil er eine »höhere Macht« in einer persönlichen Beziehung zu Jesus Christus gefunden hat. Das hat sein Leben völlig verändert. Ich bewundere diesen Mann sehr und fühle mich geehrt, ihn meinen Freund nennen zu dürfen.

Wenn Sie heute mit Chuck Colson sprechen, wird er Sie vor den Gefahren der Macht warnen. Er sollte es wissen. Er wurde beinahe durch sie vernichtet. Er wird Ihnen auch erzählen, wie er in seiner Zeit im Weißen Haus naive Christen manipulierte. Er blendete sie mit der Macht des Präsidenten und beeinflußte sie so, wie er sie für seine politischen Ziele brauchte. Schließlich wird er Sie noch daran erinnern, daß Jesus ohne Macht kam und dem Verlangen seiner Jünger danach ständig entgegentrat. Jesus lehrte sie, ». . . denn wer der Kleinste ist unter euch allen, der ist groß« (Lukas 9, 48).

Vielleicht haben Sie schon vorausgesehen, in welcher Verbindung diese Erörterung der Politik von Präsidenten und berufsmäßigem Stolz zur Erziehung unserer Kinder steht, aber lassen Sie es mich trotzdem ausführen. Wenn Macht schon für reife Erwachsene, die meinen, sie könnten damit umgehen, so vernichtend sein kann, stellen Sie sich vor, was sie bei einem Kind anrichtet. Denken Sie an den dreijährigen Jungen, der im zweiten Kapitel beschrieben wurde. Er hatte tatsächlich schon die Unabhängigkeit von seiner Mutter erreicht. Da war er, *gerade aus den*

Windeln, und schon sein eigener Herr. Wozu würde er all diese Macht gebrauchen? Also, erstmal bestand er darauf, mit seinem Dreirad auf einer Hauptverkehrsstraße zu fahren. Er hatte Glück, daß sein erster Vorgeschmack von Freiheit ihn nicht unter die Räder eines Automobils gebracht hat. Natürlich wird es in den kommenden Jahren weitere Risiken geben.

Ein Charakteristikum derjenigen, die Machtpositionen sehr früh erreichen, ist, daß sie Autorität immer respektlos begegnen werden. Das gilt für Lehrer, Pastoren, Polizisten, Richter und sogar für Gott selbst. So ein Mensch hat sich nie der elterlichen Führung untergeordnet. Warum sollte er sich jetzt jemand anderem unterordnen? Für einen rebellischen Jugendlichen ist es von hier nur noch ein kleiner Schritt zum Drogenmißbrauch, sexuellen Ausschweifungen, dem Ausreißen und so weiter. Das frühe Erreichen einer Machtposition hat alleine durch diese Tatsache unzählige junge Opfer gefordert.

Was raten wir also? Sollten Eltern solange wie möglich jede Spur von Macht zurückhalten? Nein! Auch mit ihren Risiken ist die Selbstbestimmung ein Grundrecht des Menschen, und wir müssen es unseren Kindern systematisch zugestehen. Wenn wir diese Freiheit zulange verweigern, facht das Revolutionskriege an. Mein guter Freund, Jay Kesler, stellte fest, daß Mutter England genau diesen Fehler bei ihren Kindern in den amerikanischen Kolonien machte. Sie wuchsen auf und wurden rebellische »Jugendliche«, die ihre Freiheit verlangten. Sie weigerte sich immer noch, sie freizugeben, und unnötiges Blutvergießen war die Folge. Glücklicherweise lernte England aus dieser schmerzlichen Lektion. Etwa 171 Jahre später gestand sie einem weiteren stürmischen Sprößling namens Indien eine geordnete Übernahme der Macht zu. Eine Revolution wurde abgewendet.

Dies ist unser Ziel als Eltern: Wir dürfen die Macht nicht zu früh zugestehen, auch wenn uns unsere Kinder täglich zum Kampf herausfordern. Mütter, die diesen Fehler machen, sind mit die am meisten frustrierten Menschen auf der Welt. Andererseits dürfen wir die elterliche Macht auch nicht zu lange behalten. Die Kontrolle wird uns aus der Hand gerissen, wenn wir uns weigern, sie freiwillig aufzugeben. Das Zugeständnis der Selbstbestimmung sollte dem Grad der Reife Schritt für Schritt angepaßt werden, und in der völligen Freigabe bei den jungen Erwachsenen gipfeln. Hört sich einfach an, oder? Wir alle wissen es besser. Ich halte diese geordnete Übergabe der Macht für eine Verantwortung im Reich der Elternschaft, die zu den schwierigsten gehört und mit das meiste Feingefühl erfordert. Wir werden in den folgenden Kapiteln noch weiter über das »Wie« sprechen.

8

Zum Erziehen zu erschöpft

Wenden wir uns jetzt dem Problem elterlicher Erschöpfung und seinen Auswirkungen auf Mütter und Väter von Kleinkindern zu. Chronische Müdigkeit ist für die Mehrheit der Eltern eine alltägliche Erscheinung, und man kann ihre Auswirkungen kaum unterschätzen. Ohne Frage heißt das beste Buch, das ich zu diesem Thema gelesen habe *»Parent Burnout«* (Ausgebrannte Eltern) von Dr. Joseph Procaccini und Marc Kiefaber. Die Autoren beschreiben, wie Eltern es fertigbringen, ihre Reserven zu vergeuden, und schließlich bei der Aufgabe, die ihnen am wichtigsten ist, versagen: gesunde und verantwortungsbewußte Kinder aufzuziehen. Lassen Sie mich seine zentrale Aussage kurz umreißen und einige eigene Gedanken hinzufügen.

Vielleicht ist es kaum überraschend, daß die wahrscheinlichsten Kandidaten für frühzeitige Erschöpfung die Eltern sind, die sich ihren Kindern mit Feuereifer widmen. Schließlich, wo kein »Feuer« ist, kann man auch nicht ausbrennen. Diese übereifrigen und hingebungsvollen Mütter und Väter sind entschlossen der nächsten Generation von frühester Kindheit an jeden Vorteil und jede Gelegenheit zu bieten. Ihre Hingabe läßt sie in ihren Augen kleine Opfer zugunsten der Kinder bringen. Sie stellen oft alle sie wieder aufbauenden, romantischen und erholsamen Aktivitäten ein, für die sie aus dem Haus gehen müßten. Sogar alte Freunde, mit denen sie sich früher trafen, speisen sie mit lahmen Ausreden ab oder ignorieren sie ganz.

Zu perfekte Eltern

Alles dreht sich um die Kinder. Sie wollen die Kinder oft nicht mehr als ein paar Augenblicke mit einem Babysitter allein lassen. Nicht einmal Mutter Theresa wäre als Aufsichtsperson für einen Abend qualifiziert. Sie würden es sich einfach niemals verzeihen, wenn irgend etwas schiefgehen würde, während sie sich einem Vergnügen oder einer Unterhaltung hingeben. Stellen Sie sich vor, wie sie sich fühlen würden, wenn der Ansager über Lautsprecher verkünden würde: »Darf ich um Ihre Aufmerksamkeit bitten? Würden Mr. und Mrs. James Johnson bitte ans Telefon kommen? Ihr Babysitter möchte gerne wissen, wo der Feuerlöscher ist.« Auf keinen Fall! Das ist es nicht wert. Sie entscheiden, zu Hause zu bleiben.

Manchmal erstreckt sich diese Ausschließlichkeit auch auf die Großeltern, die deshalb ungeheuer beleidigt sind. Sie haben fünfundzwanzig Jahre lang Erfahrungen als Eltern gesammelt, und man vertraut ihnen die Enkel nicht für einen einzigen Abend an. Ärger fließt weißglühend zwischen den Generationen hin und her und wird für den Rest des Lebens nicht vergessen. Trotzdem graben sich die Eltern ein und isolieren sich weiter.

In anderen Fällen stehen die Großeltern einfach nicht zur Verfügung, um die Last tragen zu helfen. Sie leben vielleicht weit weg und kommen nur ein oder zweimal im Jahr zu Besuch. Aber manchmal wollen Großmütter damit nicht belastet werden. Sie jagen geschäftig der eigenen Karriere nach. Wenn sie nicht vorsichtig sind, werden sie bald ausgebrannt in ihrem Schaukelstuhl sitzen. So oder so sind sie wahrscheinlich nicht in der Lage, ihren Kindern die Hilfe anzubieten, die die Großeltern vergangener Jahrhunderte leisteten. Die Großfamilie existiert nicht mehr, und das läßt eine junge Mutter isoliert und einsam zurück. Sie kann zwei, vier oder sogar zehn Jahre ohne eine wesentliche Abwechslung von der Aufgabe, die Kinder großzuziehen, verbringen. Sie empfindet es als ein kleines Opfer, das sie einer so wichtigen Sache gerne bringt. Dennoch ist ihre Lebensperspektive verformt. Die Routineaufgaben in ihrer Welt werden anhand dieses eindimensionalen Wertsystems beurteilt. Alles, was nur im entferntesten einen negativen Einfluß auf ihre Kinder haben könnte, verstört sie zutiefst und führt zu Überreaktionen und Konflikten. Beispielsweise können unbedeutende Streitereien mit den Nachbarskindern oder unbedachte Äußerungen von Gemeindemitgliedern zu überraschend hitzigen Reaktionen führen. Und Gott stehe dem Lehrer oder Jugendbeauftragten der Gemeinde bei, wenn er darauf nicht eingeht!

Zwanghaft versuchen, gute Eltern zu sein, kann auch zerstörerisch für die Ehe sein, besonders dann, wenn nur ein Elternteil diese Neigung hat. Wenn es die Mutter ist, könnte sie sich völlig bei den Kindern verausgaben, und für ihren Ehemann würde nichts übrigbleiben. Er findet, daß sie es mit der Mutterschaft ein bißchen zu weit treibt und könnte sogar die Kinder deshalb nicht mögen, weil sie sie ihm weggenommen haben. Sie für ihren Teil verachtet seine Selbstsucht und wird der alleinige Verteidiger und Behüter ihrer Kinder. Dadurch wird ein Keil zwischen sie getrieben, der eines Tages die Familie zerstören könnte.

Die Supereltern

Bitte, verstehen Sie, daß ich die Motive billige, die hinter dem, was man »Supereltern« nennen könnte, stehen. Kinder *sind* es wert, daß wir unser Bestes geben, um sie ordentlich aufwachsen zu lassen, und ich habe zwanzig Jahre damit zugebracht, Eltern dazu zu drängen, ihnen das, was ihnen zusteht, zu geben. Trotzdem kann auch eine noble und notwendige Aufgabe so extrem ausgeführt werden, daß sie sowohl für den Gebenden als auch für den Nehmenden schädlich wird. Im Fall des Kindes besteht eine direkte Verbindung zwischen Supereltern und Überbehüten, einer egozentrischen Lebenseinstellung, und, in manchen Fällen, einer verlängerten Abhängigkeit von den Eltern. Bei den Erwachsenen kann zwanghaftes Umsorgen der Kinder unausweichlich zu dem Zustand führen, der als elterliches Sich-ausgebrannt-Fühlen bekannt ist.

Procaccini und Kiefaber haben eine einsichtige Erklärung dafür gebracht, wie dieses Ausbrennen beim sich zwanghaft kümmernden Elternteil geschieht oder, ganz allgemein, bei jedem, der nicht auf sich selbst aufpassen kann. Ihr Konzept basiert auf den fünf folgenden Schlüsselvoraussetzungen:

(1) Die Energie des Menschen ist eine kostbare Reserve, die uns ermöglicht, alles zu tun, was wir möchten;

(2) Energie ist eine endliche Größe – es steht nur ein begrenzter Vorrat für jeden von uns zur Verfügung;

(3) *Immer wenn der Verbrauch von Energie die Vorräte übersteigt, beginnt man auszubrennen;*

(4) Eltern, die die Ziele, die sie für sich und ihre Kinder gesetzt haben, erreichen wollen, dürfen ihre lebensnotwendigen Reserven nicht unbedacht verschwenden;

(5) Dinge, die diese Reserven verschwenderisch entleeren, sollten erkannt und ausgeschaltet werden, und das Wiederauffüllen der Reserven Priorität haben.

Aus dieser Erklärung heraus ist es verständlich, weshalb Sich-ausgebrannt-Fühlen bei den Eltern, die sich selbst nichts gönnen, ein Berufsrisiko ist. Es sollte auch klar sein, warum die von uns, die dem christlichen Glauben angehören, besonders leicht in die Falle tappen, Supereltern sein zu wollen. Tief in unserem Innern ist eine Philosophie verwurzelt, die die zwanghafte Kindererziehung begünstigt. Die Familie rangiert nahe an der Spitze unseres Wertsystems, und unsere Lebenseinstellung dreht sich um Selbstverleugnung und Verpflichtung für andere. Scheint es da nicht vernünftig, daß wir jede Reserve in diese gewaltige Aufgabe stecken? Das ist unsere uns von Gott zugeteilte Aufgabe, oder nicht? Natürlich ist es das, aber ich möchte darauf hinweisen, daß der Apostel Paulus zur Mäßigung in *allen Dingen* rät (Phil. 4, 5). Bedenken Sie auch, daß Jesus sich Zeit zum Ausruhen und zur Pflege seines Leibes genommen hat. Bei einer Gelegenheit ist er in ein Boot gestiegen und von der Masse der Bedürftigen am Ufer fortgerudert. Er hätte dort bleiben und noch Tausende mehr heilen können, aber er hatte offensichtlich die Grenzen seiner Kraft erreicht. Eltern *müssen* lernen, ihre eigenen Körper zu überwachen und ihre Energie für die Langstrecke zu sparen. Das ist schließlich nur im Interesse der Kinder.

Bevor wir mißverstanden werden, besonders hingebungsvolle Mütter und Väter sind nicht die einzigen Eltern, die dazu neigen, ihre Reserven überzuanspruchen. Die ganz alltäglichen Lebenserfahrungen in der heutigen streßreichen Umwelt genügen völlig, um uns auszulaugen. Dringende Forderungen werden gleichzeitig im Beruf, von unseren Gemeinden, den Schulen unserer Kinder, unseren Freunden und durch unsere Pflichten als Bürger an uns gestellt. Der große Zustrom von Frauen ins Arbeitsleben hat Millionen von Müttern an den Rand des Nervenzusammenbruchs gebracht, weil sie versuchen, eine Ganztagsstelle und die gesamten häuslichen Pflichten gleichzeitig zu bewältigen. In ihrem Buch, *Having it all* (Alles [gleichzeitig] haben), sagt Helen Gurley Brown den Frauen, daß es möglich ist, gleichzeitig mehrere miteinander konkurrierende Ziele zu erreichen. Sie hat, bis auf wenige Ausnahmen, unrecht. Etwas muß darunter leiden. Wiederum ist es so, daß wenn der Verbrauch von Energie die Vorräte übersteigt, *ganz gleich aus welchem Grund,* das Ausbrennen unvermeidlich wird. Und die Kinder sind im Wettbewerb um die begrenzten Reserven fast immer die Verlierer.

Aber wie fühlen sich ausgebrannte Eltern? Procaccini und Kiefaber zufolge geschieht dieser Prozeß in fünf fortschreitenden Stadien, jedes von mehr Streß gekennzeichnet als das vorherige. Das erste, das in den vorangegangenen Kapiteln beschrieben wurde, kann schon mit der Feststellung der Schwangerschaft beginnen und mehrere Jahre anhalten. Ganz unmerklich können Eltern dann vom ersten ins zweite Stadium übergehen, das durch anhaltende Zweifel charakterisiert wird. Sie wissen zu diesem Zeitpunkt, daß etwas absolut falsch ist, aber sie erkennen vielleicht nicht, wie schnell sie an Höhe verlieren. Sie sind häufig über die Kinder verärgert und beobachten, daß sie bei bestimmten

Gelegenheiten anfangen zu schreien. Eine ganze Reihe psychosomatischer Symptome kommen und gehen: Rücken- und Nackenschmerzen, ein nervöser Magen, Magengeschwüre und Koliken, zu große Anspannung, Kopfschmerzen, Durchfall und Verstopfung eingeschlossen. Dennoch könnte sich der einzelne fragen: *Warum fühle ich mich so?* Vor kurzem erhielt ich einen geradezu klassischen Brief von einem Vater im zweiten Stadium elterlichen Ausbrennens. Er schrieb folgendes (Hervorhebungen von mir):

> Der Grund, aus dem ich schreibe, ist, daß der Herr uns so gesegnet hat, und ich voll Freude sein sollte. Aber ich bin seit etwa 10 Monaten niedergeschlagen.
>
> Ich weiß nicht, ob ich mich an einen Pastor, Arzt, Psychologen, Ernährungsberater oder Chiropraktiker wenden soll.
>
> Im September letzten Jahres hat uns der Herr mit einem hübschen kleinen Jungen gesegnet. Er ist einfach großartig. Er ist süß und klug und stark. Wir können nicht anders, als ihn zu lieben. *Aber er ist sehr anspruchsvoll.* Am schlimmsten für mich war, daß Margie im letzten Semester dreimal in der Woche abends Vorlesungen besuchte, um ihr Diplom noch ablegen zu können, und ich auf Danny aufpaßte. Er schrie und schluchzte die ganze Zeit, die wir zusammen waren. Er schlief schließlich ein, wenn ich ihn herumtrug, aber dann hatte ich Angst, ihn hinzulegen, weil er vielleicht wieder aufwachen würde. Ich war gewöhnt, abends meine Rechnungen zu erledigen, die Finanzplanung zu machen, zu lesen, Post abzulegen, Briefe zu beantworten usw., aber das alles mußte warten, bis Margie zurück war.
>
> Ich war in dieser Zeit wirklich sehr bedrückt. Ich konnte einfach das Geschrei nicht ertragen. Es wurde dadurch, daß Margie ihn stillte, noch schlimmer. Ich wurde sehr müde und hatte große Probleme, morgens aufzustehen und zur Arbeit zu gehen. Mir wird jetzt schnell einmal übel.
>
> Es ist mir nicht gelungen, mit all diesen Dingen fertig zu werden. Ich sollte eigentlich um 8.00 Uhr bei der Arbeit sein, bin aber seit Monaten nie vor 9.00 oder 9.30 Uhr dort gewesen. *Es scheint, als ob ich ständig gegen eine Grippe ankämpfe.* Ich liebe unser Baby wirklich sehr, und ich würde ihn für nichts in der Welt eintauschen. Aber ich verstehe nicht, warum ich so niedergeschlagen bin. Sicherlich, Margie ist müde, weil wir es scheinbar nie schaffen, Danny vor 11 oder Mitternacht ins Bett zu bekommen, und er wacht jede Nacht zweimal auf, um gefüttert zu werden. Aber sie ist nicht niederge-

schlagen. *Dieses ewige Nachts-geweckt-Werden macht mich wirklich fertig,* und dabei muß ich nicht aufstehen, um ihn zu füttern.

Ein weiterer ständiger Kampf ist es, wenn wir Danny zur Betreuung während des Gottesdienstes bringen. Er ist nicht zufrieden damit, für längere Zeit von uns getrennt zu sein, und deshalb müssen sie fast jeden Sonntag nach Margie suchen. *Wir haben kaum Zeit, miteinander allein zu sein.* Das ist jetzt seit 11 Monaten so.

Ein Reihe von Dingen tragen vermutlich zu meiner Niedergeschlagenheit bei. Das sind (1) meine Verpflichtungen im Beruf (wir haben zuwenig Mitarbeiter, und ich versuche zuviel zu schaffen); (2) ich verbringe zu viele Wochenenden mit Gartenarbeit oder Reparaturen an unserem sehr renovierungsbedürftigen Haus; und (3) unsere Finanzen, die sehr eingeschränkt sind. Vierundsechzig Prozent unseres Einkommens wenden wir für die Abzahlung unseres Hauses auf und es ist nicht mehr viel übrig. Wir möchten nicht, daß Margie arbeiten geht, und deshalb müssen wir scharf kalkulieren. Wir können uns nur das Nötigste leisten. Ich habe das so satt.

Wir haben alles, wovon wir in unserem Alter (27) nur träumen könnten. Unser eigenes gemütliches kleines Haus in einer guten Wohngegend; eine Stelle, die ich großartig finde. Wir haben einen lieben, gesunden Jungen, uns selbst und nicht zuletzt unser Leben als Christen.

Ich habe keinen Grund dafür, ständig niedergeschlagen und müde zu sein. Ich komme von der Arbeit so erschöpft nach Hause, daß ich Danny nicht einmal in meiner Nähe haben möchte. Er klammert sich an Maggie, und sie kann das Abendbrot nicht machen, wenn ich ihn ihr nicht abnehme. Ich verstehe nicht, wie sie das aushält.

Sie muß, wenn es darum geht, nichts zu Ende zu bekommen, einfach mehr ertragen können.

Wenn Sie irgendwelche Ratschläge haben, was ich tun sollte, lassen Sie es mich bitte wissen. Vielen Dank und Gott segne Sie.

Dieser junge Vater von siebenundzwanzig Jahren ist auf dem Wege auszubrennen. Das Überraschende dabei ist, daß sich Jack darüber wundert. Wenn man seinen unmöglichen Tagesablauf betrachtet, ist es kein Wunder, daß sein Geist und sein Körper sich auflehnen. Nachdem er seine extrem anspruchsvolle berufliche Arbeit erledigt hat, kommt er nach Hause zu einem quengeligen Baby, einer Ehefrau, die Abendkurse belegt, und Bergen von Rechnungen und Papierkram, der erledigt werden muß. An den Wochenenden renoviert er sein reparaturbedürftiges Haus! Schließlich macht Jack deutlich, daß er und seine Frau keine

Zeit allein miteinander verbringen können, keinen Spaß und keine sozialen Kontakte haben, nicht regelmäßig Sport treiben und niemals Ruhe vor dem Baby haben. Kein Wunder!!

Zusätzlich zu all diesem Druck kann Jack nachts nicht einmal in Ruhe schlafen. Er steigt etwa um Mitternacht ins Bett, wird aber vor dem Morgen wenigstens zweimal geweckt. Das ist wahrscheinlich der Schlüssel zu seiner Niedergeschlagenheit. Einige Menschen reagieren extrem empfindlich auf Schlafmangel, und dieser Mann scheint einer von ihnen zu sein. Ich bin auch einer von ihnen. Unser Sohn Ryan hat in den ersten vier Monaten nicht eine Nacht durchgeschlafen, und ich dachte, ich würde es nicht aushalten. Erinnern Sie sich, wie das bei Ihren Neugeborenen war? Es gibt keinen Laut auf der Erde, der wie das Geschrei eines Säuglings in den frühen Morgenstunden klingt. (Übrigens, Leute, die sagen, sie »schliefen wie ein Baby«, hatten wahrscheinlich niemals eines.)

Für diese Familie mag es unmöglich sein, sofortige und weitreichende Veränderungen in ihrer Lebensweise vorzunehmen, aber das ist nötig, um größere Probleme zu vermeiden. Margie kommt im Moment zurecht, aber sie wird irgendwann auch zusammenbrechen. Ich würde für den Anfang empfehlen, daß sie die Renovierung ihres Hauses im Moment zurückstellen und das Geld statt dessen für Kinderbetreuung und Wochenendausflüge verwenden. Sie brauchen beide dringend wenigstens einen Tag in der Woche ohne das Baby. Stillen ist ein Problem, aber man kann es lösen. Wird das Kind schreien, wenn sie ausgehen? Ja. Wird ihm das schaden? Nicht im mindesten so, wie wenn es Eltern hat, die zu erschöpft sind, sich um es zu kümmern.

Übergangsphase

Was wird passieren, wenn dieses Paar keine Möglichkeit zum Ausspannen findet? Nun, glücklicherweise wird ihnen ihr Baby nicht immer soviel abfordern. Aber das Trotzalter kommt bald, und weitere Kinder sind immer im Bereich des Möglichen. Wenn sie weiter geben, ohne etwas für sich zu nehmen, werden sie vom zweiten Stadium des Ausbrennens in das dritte abrutschen. Nach Procaccini und Kiefaber ist dies die kritischste Phase. Sie nannten es das *Übergangsstadium,* weil während dieser Phase Entscheidungen getroffen werden, die auf Jahre hinaus über das Wohlergehen der Familie entscheiden. Entweder werden sie den abschüssigen Pfad, auf dem sie sich befinden, erkennen und Veränderungen vornehmen, um umzukehren, oder sie werden ihren Sturz ins Chaos fortsetzen.

Die Empfindungen während dieses Stadiums sind unbeschreibliche Müdigkeit, Selbstvorwürfe, große Wut und Abscheu. Zum ersten Mal machen Eltern in dieser Situation die Kinder für ihre Unzufriedenheit verantwortlich. Einer der Gründe, weshalb sie Elternschaft so aufregend fanden, war ihre idealistische Erwartungshaltung, wie Kinder sein sollten. Sie wußten ehrlich nicht, daß kleine Jungen und Mädchen anspruchsvoll, egozentrisch, schmutzig, faul und trotzig sein können, und es in der Regel auch sind. So hatten sie es sich nicht vorgestellt! Tatsächlich erwarteten sie, daß *ihre* Kinder ihr Bedürfnis nach Liebe und Anerkennung befriedigen würden. Statt dessen heißt es: Geben! Geben! Geben! Nehmen! Nehmen! Nehmen! Niedergeschlagenheit und Tränen sind täglich zu Besuch.

Rückzug

Der menschliche Verstand wird diesen Grad des Aufruhrs nicht sehr lange ertragen. Er wird versuchen, sich vor weiterem Schmerz zu schützen. Wie vorher schon angedeutet, führt diese Übergangsphase entweder zu wohltuenden Veränderungen oder zu einer zerstörerischen Selbstverteidigung. Letztere findet im 4. Stadium statt, das die Autoren Rückzug nennen. Die Person zieht sich von der Familie zurück und »steht für die Kinder nicht zur Verfügung«. Die Mutter hört sie dann einfach nicht, auch wenn sie an ihrem Rock ziehen und um ihre Aufmerksamkeit betteln. Sie kann in Alkoholabhängigkeit oder Drogen- oder Beruhigungsmittelmißbrauch geraten, um ihre Sinne weiter abzustumpfen. Wenn sie gezwungen ist, mit kleinen Unfällen und Störungen durch die Kinder, wie verschüttete Milch oder Klebstoff auf dem Teppich, fertig zu werden, kann sie überreagieren und unbeherrscht strafen. Phantasien, wie sie »das Gör an die Wand schleudert« oder es »mal ordentlich verprügelt«, können bei dieser wütenden und schuldgeplagten Mutter immer wieder auftreten. Die Kindesmißhandlung ist ganz offensichtlich nur noch um Haaresbreite entfernt. Dies passiert tausendfach in den meisten westlichen Ländern. Fragt man sie, was sie fühlt, sagt eine Mutter im vierten Stadium des Ausbrennens etwa: »Ich kann mich im Moment nicht um die Kinder kümmern.« Ich habe eine Frau in dieser Situation beraten, die mir über ihre Kinder sagte: »Sie hängen mir am Rockzipfel und betteln um dies und das, aber ich sage Ihnen, ich schüttle sie ab. Ich lasse mir nicht mein Leben von ihnen zerstören!« Sie war eine lebende, atmende Dynamitstange, die nur darauf wartete, angezündet zu werden. Menschen, die dieses Stadium erreichen, ziehen sich nicht nur von ihren

Kindern zurück, sondern neigen dazu, sich von ihren Ehepartnern und anderen Familienmitgliedern abzusondern. Wenn sie in dieser Weise körperlich und psychisch erschöpft, bis ins Innerste von Schuld geplagt, von Selbsthaß durchtränkt und vom Leben enttäuscht sind, steigen sie in das fünfte Stadium des Ausbrennens hinab.

Die Endphase

Die Endphase wird von Procaccini und Kiefaber *chronische Ernüchterung* genannt. Sie ist durch Verwirrung und Apathie gekennzeichnet. In diesem Stadium sieht der Mensch im Leben keinen Sinn und Zweck mehr. Die Identität ist verwischt. Wochen können vergehen, ohne daß der Betroffene sich an etwas Bedeutsames erinnert. Sexuelles Verlangen existiert nicht mehr, und die Ehe ist ernsthaft gefährdet. Wiederholt können sich die Gedanken um Selbstmord, »durchdrehen« oder fortlaufen drehen. Es ist völlig klar, daß dieser Mensch dringend Beratung und eine radikale Veränderung seines Lebensstils benötigt. Wenn sich nichts ändert, wird keine der beiden Generationen jemals wieder dieselbe sein.

Und dabei ist das alles so unnötig!

Lassen Sie uns jetzt einen genaueren Blick auf das heute typische Zuhause werfen. Die meisten meiner Leser werden niemals die oben beschriebenen fortgeschrittenen Stadien des Ausbrennens erreichen. Das Leben ist hart, aber so hart ist es doch nicht. Einige von ihnen werden allerdings ihre Jahre als Eltern in einem Zustand von allgemeiner Erschöpfung und Streß verbringen; vielleicht durch das zweite Stadium charakterisiert. Sie werden ihre Tage mit Ballast vollstopfen . . . mit unnötiger Verantwortung und Verpflichtungen, die keinen dauerhaften Nutzen bringen. Kostbare Energiereserven werden für das vergeudet, was momentan wichtig zu sein *scheint.* Als Folge werden ihre Jahre als Eltern wie eine verschwommen wahrgenommene Zeit des Ärgers und der Frustration vorübergehen. Wie Sie erkennen können, daß so etwas gerade jetzt passiert? Nun, ständiges Anschreien, Herumnörgeln, Drohen, Strafen, Kritisieren und Ausschimpfen der Kinder sind ziemlich sichere Anzeichen. Es muß einen besseren Weg geben, unsere Söhne und Töchter zu erziehen.

Einer der häufigsten Fehler junger Familien ist, daß sie den Irrweg des jungen Vaters, der mir schrieb, ebenfalls einschlagen. Jack und Margie versuchten, zu viel zu schnell zu erreichen. Ich zucke zusammen, wenn ein frischgetrautes Paar mir erzählt, daß sie während ihrer ersten beiden Ehejahre eine Ausbildung machen, ein Kind bekommen, eine

Ganztagsstelle haben, ein Haus renovieren, einen Nebenjob für mehr Geld annehmen und in der Sonntagsschule unterrichten wollen.

Das ist eine haarsträubende Planung. Der menschliche Körper wird diesen Druck nicht ertragen. Und wenn der Körper schließlich erschöpft ist, geschieht etwas Interessantes mit den Gefühlen. Sie funktionieren nicht mehr richtig.

Sie sehen, der Verstand, der Körper und der Geist sind enge Nachbarn, und der eine steckt sich gewöhnlich an den Krankheiten des anderen an. Sie erinnern sich, daß Jack seine Niedergeschlagenheit nicht verstehen konnte. Er hatte allen Grund zur Freude. Er fühlte sich elend. Warum? Weil seine angegriffene Konstitution seinen mentalen Zustand wesentlich beeinflußte. Und, wenn man die Wahrheit wüßte, war sein geistiges Leben wahrscheinlich auch nicht besonders anregend. Die drei Teile unseres Intellekts sind eng miteinander verbunden und sie bewegen sich als Einheit auf- und abwärts. (Erinnern Sie sich daran, wie niedergeschlagen Elijah war, der nach seiner Konfrontation mit den Propheten Baals sofort sterben wollte?) Aus diesem Grunde ist es für uns so wichtig, die Dreiheit – Verstand, Körper und Geist – zu erhalten und zu stützen. Wenn ein Teil zusammenbricht, beginnt das Ganze zu wanken.

Zusammenfassend möchte ich mich den Autoren von *Parent Burnout* anschließen, und Sie drängen, Ihre körperlichen Kräfte in den kommenden Jahren vorsichtig und mit Bedacht einzusetzen. Kinder großzuziehen ist einem Langstreckenrennen ähnlich, bei dem die Wettkämpfer lernen müssen, ihr individuelles Tempo zu bestimmen. Wenn Sie wie zum Sprint aus den Startblöcken schnellen, werden Sie unweigerlich ermüden. Sie werden nach Luft ringen und stolpern, während sich der Weg vor Ihnen ins Endlose erstreckt. Wenn Sie dann am Herzbrecherischen Hügel, besser bekannt als Pubertät, ankommen, werden Sie keine Reserven haben, um den Rest der Strecke zu schaffen. Elternsein ist ein Marathon, und wir müssen so laufen, daß wir zwei oder sogar drei Jahrzehnte Schritt halten können. Das ist das Geheimnis, das den Sieg ermöglicht.

Ein ausgeglichenes Leben macht dies möglich!

9

Anregungen für Eltern mit Kindern in der Pubertät

Die Pubertät ist ein faszinierender Lebensabschnitt. Sie erinnert mich in einigem an die frühen Weltraumforschungsraketen, die von Cap Canaveral in Florida aus gestartet wurden. Ich kann mich noch erinnern, wie aufgeregt ich war, als Colonel John Glenn und die anderen Astronauten zu ihren gefährlichen Reisen ins All aufbrachen. Zu dieser Zeit war es ein herrliches Gefühl, Amerikaner zu sein.

Menschen, die diese Jahre erlebten, werden sich erinnern, daß es beim Wiedereintritt in die Erdatmosphäre einen Moment gab, in dem allergrößte Gefahr für die Raumkapsel herrschte. Der Astronaut war völlig davon abhängig, daß der Hitzeschild am Boden der Kapsel ihn vor Temperaturen von mehr als 500 Grad Celsius schützte. Wenn die Kapsel im falschen Winkel heruntergekommen wäre, wäre der Astronaut zu Asche verbrannt. Genau in diesem Moment höchster Angst reicherten sich negative Ionen um die Kapsel herum an und verhinderten für ungefähr sieben Minuten jegliche Kommunikation mit der Erde. Die Welt wartete atemlos auf die Neuigkeit, daß der Astronaut in Sicherheit sei. Schließlich ertönte die beruhigende Stimme von Chris Craft und sagte: »Hier spricht Mission Control. Wir haben Kontakt zu Friendship Sieben. Alles bestens. Die Wasserung steht kurz bevor.« Jubelrufe und Gebete ertönten in Restaurants, Banken, Flughäfen und Millionen von Haushalten im ganzen Land.

Die Analogie zur Pubertät ist nicht schwer zu erkennen. Nachdem das Training und die Vorbereitung in der Kindheit abgeschlossen sind, marschiert ein Sprößling in der Pubertät zur Startrampe. Seine Eltern sehen besorgt zu, wie er in die Kapsel mit Namen »Jugendlicher« klettert und darauf wartet, daß seine Raketen gezündet werden. Sein Vater und seine Mutter wünschen, sie könnten mit ihm gehen, aber im Raumschiff ist nur Platz für eine Person. Außerdem hat niemand sie eingeladen. Ohne Vorwarnung fangen die riesigen Raketentriebwerke an aufzuheulen, und die »Nabelschnur« wird abgekoppelt. »Er hebt ab! Er hebt ab!« schreit der Vater des Jungen.

Der Junior, der gestern noch ein Baby war, ist auf dem Weg an den Rand des Universums. Einige Wochen später erleben seine Eltern die angstvollste Phase ihres Lebens: Sie verlieren jeglichen Kontakt zur Kapsel. »Negative Ionen« haben die Kommunikation zu einem Zeitpunkt gestört, an dem sie sich am allermeisten von der Sicherheit ihres Sohnes überzeugen wollten. Warum will er nicht mit ihnen reden?

Diese Zeit des Schweigens dauert nicht, wie bei Colonel Glenn und seinen Freunden, nur einige Minuten. Sie kann Jahre anhalten. Das gleiche Kind, das immer wie ein Wasserfall redete und Millionen von Fragen stellte, hat seinen Wortschatz jetzt auf neun einsilbige Sätze reduziert. Das sind: »Weiß nicht«, »Vielleicht«, »Hab' ich vergessen«, »Hä?«, »Nein!«, »Nö«, »Ja«, »Wer – ich?« und »Er war es«. Sonst kommt nur Gestöhne, Gegrunze, Gegrummel und Gemecker. Welche sorgenvolle Zeit ist dies für diejenigen, die auf der Erde warten!

Jahre später, wenn Mission Control glaubt, das Raumschiff wäre verschollen, werden unerwartet einige verzerrte Signale von einem entfernten Empfänger aufgenommen. Die Eltern jubeln. War das *wirklich* seine Stimme? Sie ist tiefer und reifer, als sie sie in Erinnerung haben. Da ist sie wieder. Diesmal ist die Absicht unmißverständlich. Ihr raumfahrender Sohn hat die Anstrengung unternommen, sich mit ihnen in Verbindung zu setzen! Er war vierzehn Jahre alt, als er in den Weltraum startete, und jetzt ist er fast zwanzig. Könnte es sein, daß die negative Umgebung hinweggefegt worden ist und man wieder miteinander in Verbindung treten kann? Ja. Bei den meisten Familien geschieht dies so. Nach Jahren in stiller Sorge erfahren die Eltern, daß an Bord des Raumschiffs alles bestens ist. Die »Wasserung«, die in den frühen Zwanzigern stattfindet, kann dann eine wunderbare Zeit für beide Generationen sein.

Gibt es keine Möglichkeit, diese Funkstille und andere Spannungen, die mit der Reise in die Pubertät verbunden sind, zu umgehen? Bei einigen Jugendlichen, vielleicht der Mehrheit, nicht. Dies passiert in den liebevollsten und intelligentesten Familien. Warum? Weil zwei mächtige Gewalten Jungen und Mädchen in den frühen Jahren der Pubertät überwältigen und von ihnen Besitz ergreifen. Lassen Sie uns darüber sprechen.

Die erste und wichtigste ist hormoneller Natur. Ich denke, daß Eltern und sogar Verhaltensforscher die Auswirkungen der biochemischen Veränderungen, die in der Pubertät stattfinden, unterschätzt haben. Wir können den Einfluß, den diese Hormone auf den Körper haben, sehen, aber im Gehirn findet ebenfalls ein dynamischer Prozeß statt. Wie können wir sonst erklären, warum aus einem fröhlichen, zufriedenen, gehorsamen Zwölfjährigen *plötzlich* ein mürrischer, wütender, niedergeschlagener Dreizehnjähriger wird. Manche der verantwortlichen Stellen behaupten, daß der soziale Druck allein für diese Veränderung verantwortlich ist. Das glaube ich einfach nicht.

Die emotionalen Merkmale eines plötzlich rebellierenden Jugendlichen ähneln eher den Symptomen des prämenstruellen Syndroms oder besonders beschwerlichen Wechseljahren bei Frauen oder vielleicht einer stürmischen Midlife-Crisis bei Männern. Offensichtlich finden im Innern schwerwiegende Veränderungen statt! Außerdem wäre, wenn der Aufruhr ausschließlich von Umweltfaktoren ausgelöst würde, sein Auftreten in der Pubertät nicht so genau vorhersagbar. Die emotionalen Veränderungen, die ich beschrieben habe, treten genau nach Plan auf, so berechnet, daß sie genau mit dem Beginn des körperlichen Reifeprozesses zusammenfallen. Ich behaupte, daß beide Veränderungen von einem gemeinsamen hormonellen Sturmangriff verursacht werden. Die menschliche Chemie spielt scheinbar ein paar Jahre verrückt und wirkt sich dabei auf den Verstand genauso wie auf den Körper aus.

Wenn diese Erklärung zutrifft, welche Tragweite hat sie dann für die Eltern von Kindern im Frühstadium der Pubertät? Erstens ist es, wenn man diesen Aufstand der Drüsen versteht, einfacher die auftretenden emotionalen Erschütterungen zu ertragen und mit ihnen umzugehen. Für einige Jahre sind manche Kinder einfach nicht bei Verstand! Genau wie Frauen, die große Probleme in den Wechseljahren haben, ihren unschuldigen und total verblüfften Ehemann der Untreue beschuldigen, kann auch ein durch hormonelle Veränderungen depressiv gewordener Jugendlicher seine Welt nicht rational beurteilen. Sein soziales Urteilsvermögen ist eingeschränkt. Verzweifeln Sie darum nicht, wenn es so aussieht, als ob alles, was Sie Ihrem Kind versucht haben beizubringen, in Vergessenheit geraten ist. Es macht eine Metamorphose durch, die das Unterste zuoberst kehrt. Aber bleiben Sie dran. Es wird wieder Boden unter die Füße bekommen!

Ich rate sehr dazu, daß die Eltern eigenwilliger und rebellischer Mädchen im stillen Buch über ihren Zyklus führen. Sie sollten nicht nur aufschreiben, wann ihre Periode beginnt, sondern auch jeden Tag eine Bemerkung zu ihrer Stimmung machen. Ich denke, Sie werden sehen, daß die Gefühlsausbrüche, die die Familie auseinandersprengen, zyklischer Natur sind. Prämenstruelle Spannungen können in diesem Alter alle achtundzwanzig Tage eine Serie von Wirbelstürmen hervorrufen. Wenn Sie wissen, daß sie kommen, können Sie sich in den sturmsicheren Keller zurückziehen, wenn der Sturm losbricht. Sie können diese Aufzeichnungen auch dazu benutzen, Ihren Mädchen das prämenstruelle Syndrom und den Umgang damit zu erklären. Leider scheinen viele Eltern die Regelmäßigkeit und die Vorhersagbarkeit ernster Auseinandersetzungen mit ihren Töchtern niemals zu bemerken. Wieder rate ich Ihnen, den Kalender im Auge zu behalten. Er wird Ihnen so viel über Ihre Mädchen erzählen.

Das gefühlsmäßige Gleichgewicht bei Jungen in der Pubertät ist nicht so zyklisch, aber ihr Verhalten wird gleichermaßen von Hormonen beeinflußt. Alles, von sexuellem Verlangen bis zu Aggressivität, wird durch die neuen chemischen Verbindungen, die durch ihre Venen strömen, hervorgerufen.

Ich habe schon angedeutet, daß es zwei große Gewalten sind, die sich zusammentun, um während der Pubertät Aufruhr zu stiften; die erste ist hormoneller Natur. Die andere ist sozialer Natur. Es ist allgemein bekannt, daß ein zwölf- oder dreizehn Jahre altes Kind plötzlich in einer für es völlig neuen Welt erwacht, so als würde es seine Augen zum ersten Mal öffnen. Diese Welt wird von Altersgenossen bevölkert, die es vor Angst völlig lähmen. Seine größte Angst, die die vor dem Tod bei weitem übersteigt, ist die Möglichkeit einer Ablehnung oder Demütigung vor den Augen seiner Gruppe. Diese höchste Gefahr wird jahrelang im Hintergrund lauern und es dazu bringen, Dinge zu tun, die für die Erwachsenen, die das beobachten, absolut keinen Sinn ergeben. Es ist unmöglich, die Denkweise der Jugendlichen zu begreifen, ohne diese panische Angst vor der Gruppe zu verstehen.

Ich werde niemals ein verletzliches Mädchen namens Lisa vergessen, das eine meiner Mitschülerinnen war. Sie nahm Unterricht in modernem Tanz und wurde gebeten, bei einer Schulveranstaltung aufzutreten. Lisa hatte noch nicht begonnen, sich körperlich zu entwickeln. Als sie an diesem Tag über die Bühne wirbelte, passierte das Undenkbare! Das trägerlose Oberteil verlor plötzlich den Halt (es hatte nichts, woran es Halt hätte finden können) und rutschte hinab. Die Mitschüler schnappten nach Luft und brüllten vor Lachen. Es war entsetzlich! Lisa stand dort einen Moment lang und versuchte verzweifelt, ihren nackten Oberkörper mit den Händen zu bedecken, und floh dann in Tränen aufgelöst von der Bühne. Sie hat sich von dieser Tragödie schwer erholt. Und Sie können darauf wetten, daß ihre »Freunde« dafür gesorgt haben, daß sie sich daran erinnerte.

So eine Situation würde natürlich auch einen Erwachsenen demütigen, aber sie war für eine Jugendliche wie Lisa schlimmer. Eine Blamage dieser Größenordnung könnte sogar den Lebenswillen fortnehmen; und tatsächlich bringen sich jedes Jahr Tausende von Jugendlichen um. Wir müssen uns fragen, warum. Wie erklären wir diese lähmende soziale Angst in einem Alter, wo andere Arten von Gefahr im Vorübergehen akzeptiert werden? Jugendliche sind dafür bekannt, daß sie Risiken eingehen. Sie fahren in ihren Autos wie die Irren und Berichte über ihre Tapferkeit im Kampf zählen sie mit zu den Besten. Warum also kann man einem Achtzehnjährigen beibringen, ein feindliches MG–Nest anzugreifen oder durch ein Minenfeld zu laufen, und dennoch verliert er in der ruhigen Gemeinschaft seiner Gruppe die Nerven? Woher rührt diese große Verletzlichkeit?

Ich glaube, die Antwort läßt sich wiederum in der Natur der *Macht* und der Art, wie sie das Verhalten beeinflußt, finden. Die Gesellschaft der Jugendlichen ist auf der Ausübung roher Gewalt begründet. Das sind Herz und Seele ihres Wertsystems. Es hat natürlich verschiedene Ausprägungen. Für Mädchen gibt es beispielsweise keine größere soziale Dominanz als körperliche Schönheit. Eine phantastisch aussehende junge Frau ist so mächtig, daß oft sogar die Jungen vor ihr Angst haben. Sie regiert ihr Schulimperium wie eine Königin. Die Art, wie sie diesen Status benutzt, um ihre Untertanen einzuschüchtern, ist in sich selbst eine faszinierende Studie jugendlichen Verhaltens.

Jungen erhalten ebenfalls Macht durch körperliche Attraktivität, aber auch durch besondere Fähigkeiten in bestimmten Sportarten, durch den Besitz schöner Autos und dadurch, daß sie lernen unter Druck »cool« zu bleiben. Macht ist auch abhängig von einfacher Körperkraft.

Erinnern Sie sich, wie die Welt der Jugendlichen für Sie war? Erinnern Sie sich an die Machtkämpfe, die stattfanden – die absolut wettbewerbsorientierte und feindliche Umgebung, in der Sie jeden Tag verbrachten? Können Sie noch immer die Angst spüren, die Sie fühlten, wenn ein beliebter (mächtiger) Mitschüler Sie einen Widerling oder einen Trottel nannte, oder seine große Hand auf Ihr Gesicht legte und Sie aus dem Weg schubste? Er trug ein T-Shirt, das Sie daran erinnerte, daß er einer Klicke angehörte, die Sie lebendig verspeisen würde, wenn Sie so dumm sein sollten, sich zu wehren. Fällt Ihnen ab und zu noch der Schulball ein, bei dem sie entweder von dem Mädchen, daß Sie liebten, abgewiesen oder vom Jungen Ihrer Träume nicht eingeladen wurden? Haben die Schulhelden sich jemals über den einen Fehler, den Sie am allermeisten verbergen wollten, lustig gemacht und dann gedroht, Sie auf dem Heimweg »in die Mangel zu nehmen«?

Vielleicht hatten Sie niemals solche anspannenden Begegnungen. Eventuell waren Sie einer aus der Elite, die den Rest unterdrückte. Aber Ihr Sohn oder Ihre Tochter könnte sich am anderen Ende des Kontinuums befinden. Vor einigen Jahren sprach ich mit einer Mutter, deren Tochter in der siebten Klasse war, und jeden Tag in der Schule fertig gemacht wurde. Sie sagte, daß das Mädchen eine Stunde, bevor sie aufstehen mußte, aufwachte, dalag und darüber nachdachte, wie sie, ohne gedemütigt zu werden, den Tag überstehen könnte.

Typischerweise finden Machtkämpfe bei männlichen Jugendlichen sehr viel mehr auf körperlicher Ebene statt als bei weiblichen. Die Rabauken zwingen ihren Willen im wahrsten Sinne des Wortes den Schwächeren auf. Daran erinnere ich mich am deutlichsten aus meiner eigenen Zeit auf der High-School. Ich hatte damals einige Kämpfe zu bestehen, nur um mich zu behaupten. Da gab es einen Kerl, mit dem ich mich auf keinen Fall anlegen wollte. Er hieß Killer McKeechern, und er war der Schrecken der Stadt. Man glaubte allgemein, daß er jeden vernichten würde, der ihm in die Quere kam. Diese Theorie wurde meines Wissens niemals praktisch erprobt. Das wagte niemand. Wenigstens nicht, bis ich angestolpert kam.

Als ich jung, impulsiv und ein Jahr vor dem Schulabschluß war, hätte ich fast ein langes und fröhliches Mannesleben beendet, bevor es überhaupt begonnen hatte. So wie ich mich erinnere, war während der Nacht ein Schneesturm über unseren Staat hinweggefegt, und eine Gruppe von uns versammelte sich vor der Schule und warf Schneebälle auf vorbeifahrende Autos. (Sagt Ihnen das etwas über unsere Reife zu der Zeit?) Kurz bevor es zum Unterricht klingelte, sah ich, wie McKeechern in seinem »aufgemotzten« 1934er Chevy heranrollte. Es war ein Schrotthaufen, mit einem »Fenster« aus Pappe auf der Fahrerseite. McKeechern hatte eine 8x8 cm große Klappe in die Pappe geschnitten, die er anhob, wenn er nach links abbiegen wollte. Man konnte, kurz bevor er abbog, seine bösen Augen herausschauen sehen. Wenn die Klappe unten war, war er für die Dinge auf der linken Seite seines Wagens blind. Wie das Glück es so wollte, stand ich genau dort mit einem riesigen Schneeball in meiner Hand – und hatte entsetzlich witzige und entsetzlich törichte Gedanken.

Wenn ich zu diesem Tag zurückkehren und mir selbst einen Rat geben könnte, würde ich sagen: »Tu' es nicht, Jim! Du könntest dein liebes Leben verlieren. McKeechern wird dir die Zähne ausschlagen, wenn du ihn mit diesem Schneeball bewirfst. Leg' ihn einfach hin und geh' zu deinem Unterricht. Bitte mein Junge! Wenn du verlierst, verliere ich auch!« Bedauerlicherweise drang kein solcher Rat an diesem Tag an meine Ohren, und ich hatte nicht genug Verstand, die Gefahr, in der ich mich befand, zu erkennen. Ich warf den Schneeball mit aller Kraft in den oberen Teil der Atmosphäre. Er kam genau in dem Moment herunter, als

McKeechern vorbeifuhr, und sauste unglaublicherweise durch die Klappe in seinem Pappfenster. Das Geschoß traf ihn offensichtlich mitten ins Gesicht, denn sein Wagen schlingerte über die ganze Straße. Er fuhr über den Bordstein und kam kurz vor dem Verwaltungsgebäude zum Stehen. Killer schoß aus dem Fahrersitz, in der Laune, jemanden in Stücke zu reißen (mich!). Ich werde den Anblick niemals vergessen. Er hatte das ganze Gesicht voll Schnee. Mein gesamtes Leben lief vor meinen Augen ab, als ich mich in die Menge verdrückte. *So jung!* dachte ich.

Das einzige, was mich an diesem Tag rettete, war, daß McKeechern mich nicht erkannt hatte. Niemand erzählte ihm, daß ich den Schneeball geworfen hatte, und glauben Sie mir, ich habe mich nicht freiwillig gemeldet. Ich entkam unverletzt, obwohl diese Begegnung mit dem Schicksal mich emotional geschädigt haben muß. Ich habe manchmal noch Alpträume wegen des Geschehens vor fünfunddreißig Jahren. In meinem Traum klingelt es, ich gehe, um die Haustür zu öffnen, und da steht McKeechern mit einer Schrotflinte. Und er hat noch immer Schnee im Gesicht. (Wenn du diese Geschichte liest, Killer, hoffe ich, wir können Freunde sein. Wir waren doch nur Kinder, weißt du? Nicht wahr? Was macht's Auto?)

Weshalb habe ich Sie an die Welt der jugendlichen Machtkämpfe erinnert? Weil Ihre Jugendlichen im Moment knietief darin stecken. Deshalb sind sie am ersten Schultag nervöse Wracks oder bevor die Mannschaft das entscheidende Spiel hat oder bei jeder anderen Gelegenheit, wenn ihre Machtposition auf dem Spiel steht. Sie müssen wissen, daß der empfindliche Nerv nicht wirklich Dominanz, sondern Selbstachtung ist. Das Selbstwertgefühl ist in diesem Alter abhängig von der Akzeptanz in der Gruppe, und deshalb hat die Gruppe diesen großen Einfluß auf den einzelnen. Wenn er lächerlich gemacht, nicht respektiert und ausgeschlossen wird – mit anderen Worten, wenn man ihm seine Macht nimmt –, wird sein zartes Ego in Stücke gerissen. Wie wir schon sagten, ist dieses Schicksal schlimmer als der Tod. Soziale Angst ist ein Nebeneffekt dieses Systems. Also, was ist mit Ihren Söhnen und Töchtern? Haben Sie sich gefragt, warum sie so schlecht gelaunt aus der Schule nach Hause kommen? Haben Sie sie gefragt, warum sie den ganzen Abend so nervös und leicht erregbar sind? Sie können Ihnen ihre Gefühle nicht beschreiben, aber es könnte sein, daß sie den ganzen Tag auf die eine oder andere Weise gekämpft haben. Auch wenn sie nicht mit den Fäusten kämpfen mußten, ist es wahrscheinlich, daß sie in eine hochgradig vom Wettbewerb bestimmte, ganz offen feindselige Umgebung hineingezogen worden sind, wo emotionale Gefahren an allen Ecken lauern. Denken Sie, ich übertreibe? Ja, für das Kind, das damit gut zurechtkommt. Was aber die machtlosen jungen Männer und Frauen betrifft, deren Lebensgeschichten habe ich noch nicht einmal begonnen zu erzählen.

Um Eltern zu helfen, mit dieser besonderen Anspannung während der Pubertät umzugehen, lassen Sie mich die folgenden fünf Vorschläge machen, die auch anderen gutgetan haben.

1. Langeweile ist für energiegeladene Jugendliche gefährlich. Halten Sie sie in Bewegung

Der eigenwillige Jugendliche darf einfach keine unausgefüllte Zeit haben. Er wird diese Momente auf zerstörerische Weise zu nutzen wissen. Mein Rat ist, ihn am allerbesten kirchlichen Angebot für Jugendliche teilnehmen zu lassen. Wenn Sie auf einem Pulverfaß sitzen, müssen Sie nach Möglichkeiten suchen, das Pulver trocken zu halten! Das kann nicht nur bei Gemeindeaktivitäten, sondern auch durch Sport, Musik, Pferde oder andere Tiere und Nebenjobs geschehen. Sie *müssen* dafür sorgen, daß die Beine dieses eigenwilligen Kindes in Bewegung bleiben!

2. Bringen Sie das Boot nicht zum Kentern

In meiner Filmserie mit dem Titel »*Turn Your Heart Toward Home*« (Wenden Sie Ihr Herz Ihrem Zuhause zu) gab ich den Eltern von Jugendlichen folgenden Rat: »Sie müssen sie durchbringen«. Das mag sich nicht nach einer umwerfenden Idee anhören, aber ich denke, daß es für die meisten Familien einen Wert hat – besonders für die, die ein oder mehrere dickköpfige Kinder haben. Das Konzept ist etwas undeutlich, deshalb werde ich auf einige Bilder zurückgreifen, um das, worauf es mir ankommt, zu veranschaulichen. Wenn die Eltern eigenwilliger Kinder den Fluß der Pubertät betrachten, erscheint er in ihren Augen etwa so.

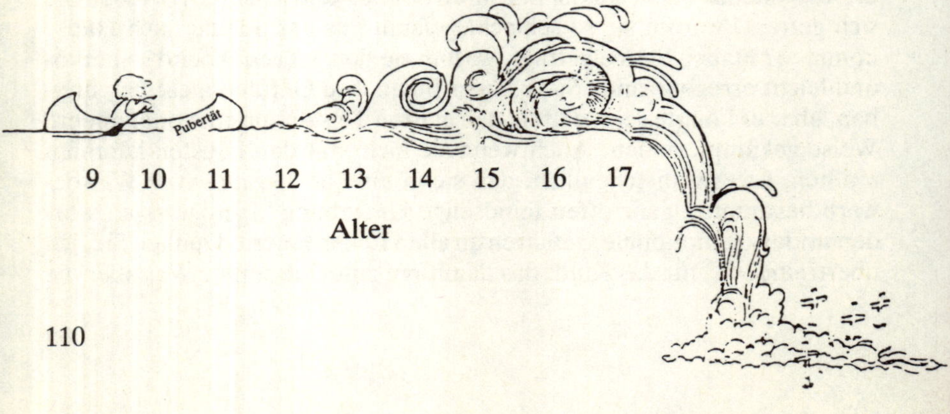

Mit anderen Worten, sie erwarten eine frühe Begegnung mit Stromschnellen, die dann in reißende Strömung und lebensbedrohliche Strudel übergehen. Wenn das Kanu ihrer Jugendlichen dadurch nicht zum Kentern gebracht wird, scheint es ihr Schicksal zu sein, weiter stromab zu ertrinken, wenn sie den Wasserfall hinabstürzen.

Glücklicherweise ist die Reise für gewöhnlich sehr viel sicherer als angenommen. Meistens verläuft sie in dieser Weise.

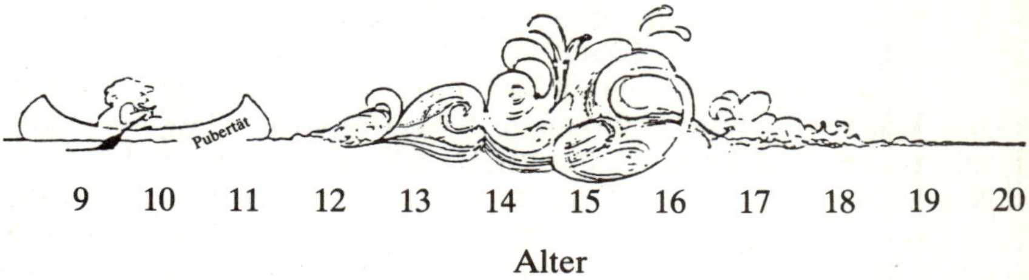

Was ich damit sagen will, ist, daß der Fluß meistens nicht als Wasserfall in die Tiefe stürzt, sondern wieder ruhig zu fließen beginnt. Auch wenn Ihr Jugendlicher aufs Wasser schlägt, strampelt und nach Luft schnappt, ist es nicht wahrscheinlich, daß sein Boot kentert. Es hat bessere Schwimmeigenschaften, als Sie vielleicht denken. Ja, einige wenige Jugendliche stürzen den Wasserfall hinab, in der Regel wegen Drogenmißbrauchs. Sogar einige von diesen klettern wieder ins Kanu und paddeln weiter den Fluß hinunter. Tätsächlich könnte die größte Gefahr, daß das Boot sinkt, von . . . *Ihnen* ausgehen!

Diese Warnung ist insbesondere an idealistische und perfektionistische Eltern gerichtet, die entschlossen sind, ihre Jugendlichen – *allesamt* – dazu zu bringen, sich nach den höchsten Maßstäben zu verhalten, sie zu erreichen und ihnen zu genügen. Ein Perfektionist ist übrigens ein Mensch, der sich sehr mit den Dingen plagt, die er tut, und dieses Plagen dann anderen auferlegt. Indem er sich so verhält, bringt er das Boot, das ohnehin schon durch die Stromschnellen bedroht ist, noch mehr ins Schwanken. Ein anderes Kind könnte vielleicht mit dem zusätzlichen Schlingern umgehen, aber unsere Sorge gilt dem unsicheren Kind – dem, das für eine Weile keinen klaren Kopf hat und sich sogar irrational verhalten könnte. Bringen Sie sein Boot nicht mehr ins Wanken als unbedingt notwendig!

Das erinnert mich an eine Kellnerin, die mich erkannte, als ich das Restaurant betrat. Sie hatte gerade nicht viel zu tun und wollte über ihre zwölfjährige Tochter sprechen. Als alleinerziehende Mutter hatte sie schlimme Kämpfe mit dem Mädchen, das sie als *sehr* eigenwillig beschrieb, durchgestanden.

»Wir haben uns dieses ganze Jahr bis aufs Blut bekämpft, sagte sie. Es ist schrecklich! Wir streiten uns fast jeden Abend, und meistens geht es dabei um ein und dieselbe Sache.«

Ich fragte sie, was den Konflikt ausgelöst habe, und sie antwortete: »Meine Tochter ist noch ein kleines Mädchen, aber sie will sich die Beine rasieren. Ich halte sie noch für zu jung dafür, und darüber wird sie so wütend, daß sie kein Wort mehr mit mir spricht. Dieses Jahr war das schlimmste in unserem Zusammenleben.«

Ich sah die Kellnerin an und rief aus: »Kaufen Sie Ihrer Tochter einen Rasierer!« Dieses zwölfjährige Mädchen paddelte auf einen Lebensabschnitt zu, der ihr Kanu ziemlich durchschütteln würde. Als Alleinerziehende würde die Mutter bald versuchen müssen, dieses trotzige Kind von Drogen, Alkohol, Sex und Schwangerschaft, verfrühter Heirat, Schulversagen und der Möglichkeit, daß sie davonliefe, fernzuhalten. In einem oder zwei Jahren würden wirklich viele ausgehungerte Alligatoren in ihrem Fluß herumschwimmen. Vor dieser Kulisse schien es unklug, sich über etwas im Vergleich damit Unwichtiges aufzuregen. Während ich mit der Mutter einer Meinung war, daß man Kinder nicht zu schnell in die Pubertät drängen sollte, gab es dennoch höhere Ziele als das Einhalten genau festgelegter Entwicklungsschritte.

Ich habe andere Eltern gesehen, die wegen Nichtigkeiten wie dem Kauf eines ersten Büstenhalters für ein flachbrüstiges, gerade am Anfang der Pubertät stehendes Mädchen, das noch nicht einmal seine erste Regel gehabt hatte, ähnliche Kämpfe ausfochten. Um Himmels Willen! Wenn sie ihn so unbedingt möchte, braucht sie ihn vielleicht aus sozialen Gründen. Gehen Sie nicht, rennen Sie ins nächste Kaufhaus und kaufen Sie ihr einen BH. Das Ziel ist, wie Charles und Andy Stanley schrieben, *daß Sie Ihr Kind in Ihrer Mannschaft behalten.* Werfen Sie nicht Ihre Freundschaft wegen eines Verhaltens weg, das keine besondere moralische Bedeutung hat. Es wird genügend wirklich ernste Streitpunkte geben, die Ihnen felsenfeste Standhaftigkeit abverlangen werden. Sparen Sie die schweren Geschütze für diese entscheidenden Konfrontationen auf.

Lassen Sie mich noch einmal ganz deutlich machen, daß dieser Rat nicht für alle Jugendlichen gilt. Mit dem Kind, das Erfolg in der Schule und großartige Freunde hat, sich anständig benimmt und seine Eltern liebt, ist der Umgang weit weniger schwierig. Vielleicht können seine Eltern es dazu bringen, einen noch höheren Standard bei seinen Leistungen und in seinem Leben zu erreichen. Meine Sorge gilt aber dem

Sprößling, der den Wasserfall hinabstürzen *könnte*. Zu Hause ist er besonders wütend und wird von einem Haufen mieser Freunde beeinflußt. Seien Sie vorsichtig mit ihm. Prüfen Sie genau, wofür es sich lohnt zu kämpfen, und geben Sie sich in Punkten, die nicht wirklich wichtig sind, mit weniger als der absoluten Perfektion zufrieden. *Bringen Sie ihn einfach nur durch!*

Was bedeutet das in der Praxis? Es könnte die Bereitschaft meinen, sein Zimmer für eine Weile wie einen Schrottplatz aussehen zu lassen. Überrascht Sie das? Ich mag faule, unordentliche, ungehorsame Kinder genausowenig wie Sie, aber wenn man das mögliche Chaos betrachtet, das diese wütenden Jungen oder Mädchen anrichten könnten, erscheinen Zimmer, die wie geleckt aussehen, nicht ganz so wichtig.

Sie könnten auch einen Kompromiß hinsichtlich der Musik, die Ihr Sprößling hören darf, schließen. Ich sehe *nicht* stillschweigend über Hardrock und Heavy Metal, die heute voll von deutlichen Hinweisen auf illegale sexuelle Praktiken und Gewalt sind, hinweg. Aber Sie können auch nicht verlangen, daß dieser tanzwütige Teenager sich Ihre »erhebenden Klänge« anhört. Vielleicht läßt sich ein Kompromiß finden. Leider ist die populäre Musik, die gerade »in« ist, die Aufforderung an alle rebellischen Jugendlichen, sich zu versammeln. Wenn Sie versuchen, sie völlig zu verbieten, könnten Sie damit sein Kanu dazu bringen, kieloben zu treiben. Sie müssen sich die Frage stellen: »Hat es einen Sinn, alles was wertvoll ist, dafür aufs Spiel zu setzen, daß Sie diesem Sohn oder dieser Tochter einen bestimmten Standard aufzwingen?« Wenn das, worum es geht, wichtig genug *ist*, daß man es um jeden Preis verteidigen muß, dann wappnen Sie sich und beharren Sie auf Ihrem Standpunkt. Aber durchdenken Sie diese unverrückbaren Dinge im voraus, und planen Sie ihre Verteidigung gründlich.

Die Methode, die wir bei unseren Jugendlichen angewendet haben (und die Sie bei Ihren ausprobieren könnten), ließe sich als »loslassen und heranziehen« bezeichnen. Damit meine ich, daß wir versuchten, unseren Griff bei allem, was nicht von dauerhafter Wichtigkeit war, zu lockern; bei allem Wichtigen aber fest zufaßten. Wir sagten »ja«, wann immer wir konnten, um das gelegentliche »Nein« zu unterstützen. Und am allerwichtigsten war für uns, daß wir uns emotional nie zu weit von unseren Kindern entfernten.

Es ist einfach unklug, einen Sohn oder eine Tochter abzuschreiben, egal wie dumm, nervtötend, eigensüchtig oder verrückt ein Kind scheinen mag. Sie müssen dasein, nicht nur während das Kanu dem Kentern nahe ist, sondern auch, wenn der Fluß sich wieder beruhigt hat. Sie haben den Rest Ihres Lebens, um die Beziehung wieder aufzubauen, die momentan in Gefahr ist. Lassen Sie Ihren Ärger nicht zu lange an Ihnen nagen. Machen Sie den ersten Schritt zur Versöhnung. Und versuchen Sie, Ihren Kindern nicht ständig mit irgend etwas in den Ohren zu liegen. Sie *hassen* es, wenn man an ihnen herumnörgelt. Wenn Sie sie mit Klagen verfolgen, sind sie fast gezwungen, sich dadurch zu schützen, daß sie sich taub stellen. Und schließlich, behandeln Sie sie weiterhin mit Respekt, auch wenn Strafen und Verbote notwendig sind. Ab und zu müssen Sie vielleicht sogar sagen: »Es tut mir leid!«

Meinem Vater fiel es sehr schwer, diese Worte zu sagen. Ich erinnere mich, wie ich mit ihm im Alter von fünfzehn im Hof hinter dem Haus arbeitete. An diesem Tag war er aus irgendeinem Grund besonders reizbar. Ich hatte seinen Unwillen wahrscheinlich verdient, aber ich dachte, er sei ungerecht. Er nörgelte an allem, was ich tat, herum, auch als ich mir Mühe gab. Schließlich schrie er mich für irgendeine Kleinigkeit an, und das war es. Er brachte mein Kanu zum Kentern. Ich warf die Harke auf den Boden und machte mich davon. Aufmüpfig ging ich über unser Grundstück und die Straße hinunter, während mein Vater verlangte, daß ich zurückkommen sollte. Das war eines der wenigen Male, daß ich mir so etwas mit ihm erlaubte! Ich trieb mich eine Weile in der Stadt herum und fragte mich, was mir passieren würde, wenn ich schließlich nach Hause käme. Dann schlenderte ich zum Haus meines Cousins am anderen Ende der Stadt. Nachdem ich mehrere Stunden dort verbracht hatte, gestand ich meinem Onkel, daß ich mit meinem Vater einen bösen Streit gehabt hatte und er nicht wußte, wo ich war. Mein Onkel überredete mich, zu Hause anzurufen und meinen Eltern mitzuteilen, daß ich in Sicherheit war. Mit weichen Knien rief ich bei meinem Vater an. »Bleib dort, sagte er. Ich komme hin.«

Zu behaupten, daß ich in den nächsten paar Minuten angespannt war, wäre eine Untertreibung. Nach kurzer Zeit kam Vater an und bat darum, mich alleine zu sprechen.

»Junge, begann er, ich habe dich heute nachmittag ungerecht behandelt. Ich habe ohne Grund auf dir herumgehackt, und ich möchte, daß du weißt, daß es mir leid tut. Deine Mutter und ich möchten, daß du jetzt mit nach Hause kommst.«

Er hat einen Freund fürs Leben gewonnen.

3. Behalten Sie Reservetruppen zurück

Ein guter General wird niemals alle seine Truppen gleichzeitig in die Schlacht schicken. Er behält eine Reserve zurück, die die erschöpften Soldaten ablösen kann, wenn sie in der vordersten Linie zu wanken beginnen. Ich wünschte, die Eltern von Jugendlichen würden dieselbe Strategie anwenden. Statt dessen setzen sie jedes Quentchen Energie und jede Minute ihrer Zeit dafür ein, das normale Leben zu bewältigen, und behalten nichts als Reserve für die Herausforderung des Jahrhunderts. Das ist ein klassischer Fehler, der für Eltern und eigenwillige Jugendliche verhängnisvoll sein kann. Lassen Sie mich dies erklären.

Das Problem beginnt mit einem grundlegenden Mißverständnis im Vorschulalter der Kinder. Ich höre, wie Mütter sagen: »Ich habe nicht vor zu arbeiten, bis die Kinder in den Kindergarten gehen. Dann suche ich mir Arbeit.« Sie scheinen zu glauben, daß die großen Ansprüche, die an sie gestellt werden, wie durch Zauberei zu Ende sein werden, wenn sie das Jüngste in der Schule haben. In der Realität wird die Pubertät bei ihnen genausoviel Anspannung verursachen wie die Vorschulzeit. Ein Jugendlicher stellt das Haus auf den Kopf . . . wörtlich und im übertragenen Sinne. Nicht nur, daß die typische Auflehnung während dieser Jahre eine besonders stressige Erfahrung ist, nein, auch das Herumfahren, Beaufsichtigen, Kochen und Hinterhergeräume, das zur Versorgung eines Jugendlichen notwendig ist, kann anstrengend sein. *Einer* in der Familie muß die Energiereserven haben, um mit dieser neuen Herausforderung fertig zu werden. Mutti ist der Wunschkandidat. Bedenken Sie auch, daß die Wechseljahre und die Midlife-Crisis des Mannes genau mit der Pubertät zusammenfallen, was für eine brisante Mischung sorgt! Die Mutter ist weise, die sich zu einer Zeit, in der zu Hause so viel passiert, nicht verausgabt.

Ich weiß, daß es einfacher ist, über einen weniger vollen Tagesplan zu reden, als ihn in die Tat umzusetzen. Außerdem geht der Ratschlag, daß Mütter keinem Beruf nachgehen sollten, in dieser Zeit an der Realität vorbei. Millionen von Frauen müssen aus finanziellen Gründen arbeiten; die steigende Zahl von alleinerziehenden Eltern in unserer Welt eingeschlossen. Andere wählen freiwillig einen sie sehr in Anspruch nehmenden Beruf. Diese Entscheidung muß von einer Frau und ihrem Mann allein getroffen werden, und ich würde mir nicht anmaßen, ihnen zu sagen, was sie tun sollen.

Aber Entscheidungen haben Konsequenzen, denen man nicht ausweichen kann. In diesem Fall wirken biophysische Kräfte, mit denen man einfach rechnen muß. Wenn zum Beispiel 80 Prozent der Energie, die eine Frau pro Tag zur Verfügung steht, dafür aufgewendet wird, aufzustehen, zur Arbeit zu fahren, acht oder zehn Stunden zu arbeiten und auf dem Heimweg beim Supermarkt anzuhalten – dann bleiben nur noch 20 Prozent für alles andere übrig. Die Versorgung der Familie, sich dem Ehemann mitzuteilen und alle anderen persönlichen Aktivitäten müssen aus dieser sich verringernden Reserve gespeist werden. Es ist kein Wunder, daß ihre Batterien am Ende eines Tages verbraucht sind. Die Wochenenden sollten zum Ausruhen dasein, sind es aber meistens nicht. So müht sie sich Jahr für Jahr auf dem Weg zum Ausbrennen vorwärts.

Das ist es, was ich meine: Eine Frau in dieser Situation hat alle ihre Truppen in der vordersten Kampflinie. Wie wir im vorhergehenden Kapitel über das Ausbrennen gesehen haben, ist sie bereits erschöpft, aber es gibt keine Reserven, auf die sie zurückgreifen könnte. In diesem geschwächten Zustand können die ganz normalen Spannungen bei der Erziehung eines Jugendlichen zuviel sein. Lassen Sie es mich wiederholen. Lebhafte Teenager zu erziehen ist eine aufregende und lohnende, aber auch eine frustrierende Erfahrung. Ihre radikalen Höhen und Tiefen wirken sich auf unsere Stimmung aus. Der Lärm, die Unordnung, die Klagen, die Auseinandersetzungen, die Rivalität unter den Geschwistern, die nicht eingehaltenen Abmachungen, wann sie abends nach Hause kommen sollten, ihr Auf- und Abgerenne, die schlechte Arbeit, der/die abgewiesene Liebhaber/in, die falschen Freunde, das ständige Telefonieren, die Pizza auf dem Teppich, die zerrissene neue Bluse, die Auflehnung, die zugeschlagenen Türen, die gemeinen Worte, die Tränen – all das reicht, um eine ausgeruhte Mutter zum Wahnsinn zu treiben. Aber wie verkraftet es eine berufstätige Frau, die sich schon bei der Arbeit »verausgabt« hat, und dann heim in dieses Chaos kommt? Jede unerwartete Krise oder auch nur ein kleines Ärgernis kann einen stürmischen Gefühlsausbruch auslösen. Es gibt keine Reserve, aus der sie schöpfen könnte. Kurz gesagt sollten die Eltern von Jugendlichen Energie dafür aufsparen, daß sie mit Ärger und Aufregungen fertig werden!

Ob Sie diesen Rat annehmen und anwenden ist Ihre Sache. Meine ist es, ihn anzubieten, und dies ist das Beste, was ich Ihnen bieten kann: Um sich über die Aufregungen der Pubertät hinwegzuhelfen, sollten Sie:

1. Ihren Tagesablauf einfach gestalten.
2. Sich viel Ruhe gönnen.
3. Sich gesund ernähren.
4. Auf den Knien bleiben.

Wenn sich Erwachsene aus Erschöpfung wie jähzornige Teenager benehmen, kann zu Hause alles mögliche geschehen.

4. Väter werden besonders dringend gebraucht

Man stellt, nehme ich an, das Offensichtliche fest, wenn man sagt, daß die Väter rebellischer Jugendlicher in diesen Jahren zu Hause besonders dringend gebraucht werden. Sind sie abwesend, müssen die Mütter mit den Problemen des Gehorsams alleine zurechtkommen. Dies ist heute in Millionen von Familien mit alleinerziehenden Müttern als Oberhaupt der Fall, und ich weiß, wie hart ihre Aufgabe geworden ist. Sie erledigen nicht nur eine Arbeit, die eigentlich von zweien hätte getragen werden sollen; sie müssen sich auch mit Verhaltensproblemen auseinandersetzen, für deren Bewältigung sich Väter besser eignen. Man sagt ganz allgemein, daß die Körpergröße, die tiefere Stimme und das männliche Auftreten es ihm erleichtern, mit dem Trotz der jüngeren Generation umzugehen. Desgleichen glaube ich, daß die Ausübung von Autorität eine Rolle ist, die ihm vom Schöpfer zugeordnet wurde.

Väter werden nicht nur gebraucht, um in der Pubertät für Führung und Disziplin zu sorgen, sie können vielmehr in dieser Periode der Instabilität besonderen Einfluß auf ihre Söhne ausüben. (Wir werden Väter und Töchter in Kürze behandeln.) Jemand hat gesagt: »Geben Sie einen Jungen dem richtigen Mann in die Hände, dann wird nur selten nichts aus ihm.« Ich glaube, das ist wahr. Wenn ein Vater und sein Sohn gemeinsamen Hobbies oder Interessen miteinander nachgehen, können die rebellischen Jahre relativ friedlich verlaufen. Das, was sie miteinander erleben, könnte ihnen ein Leben lang in Erinnerung bleiben.

Welche Gemeinsamkeiten pflegen Sie mit *Ihrem* für Eindrücke empfänglichen Sohn? Manche Väter bauen oder reparieren Autos mit ihnen; manche setzen Modellflugzeuge zusammen oder tischlern Gegenstände in der Werkstatt. Mein Vater und ich jagten und fischten zusammen. Es gibt nichts, womit ich beschreiben könnte, was diese Tage mir bedeuteten, wenn wir in den frühen Morgenstunden den Wald betraten. Wie konnte ich wütend auf diesen Mann werden, der sich Zeit nahm, mit mir zusammenzusein? Wir hatten wunderbare Gespräche nach einem Tag voll Lachen und Spaß auf dem Lande.

Ich habe versucht, diese Art Verbindung zu meinem Sohn Ryan zu halten. Wir restaurieren jetzt zusammen ein altes Auto. Wir haben auch, seit er zwölf wurde, Kaninchen, Wachteln, Fasane und größeres Wild zusammen gejagt. So wie bei mir und meinem Vater, hatten auch Ryan und ich einige bedeutsame Unterhaltungen, während wir zusammen draußen auf den Feldern waren. Im letzten Jahr sind wir zum Beispiel eines Morgens aufgestanden und haben uns vor Tagesanbruch in einem Jagdverhau eingerichtet. Ungefähr zwanzig Meter von uns entfernt war ein Futterplatz. Ryan und ich drängten uns im Verhau dicht aneinander und sprachen leise über alles, was uns in den Sinn kam. Dann sahen wir durch den Nebel eine schöne Hirschkuh leise auf die Lichtung kommen. Sie brauchte fast dreißig Minuten, um zum Futterplatz, bei dem wir uns versteckt hatten, zu kommen. Wir hatten nicht die Absicht, sie zu schießen, aber es machte Spaß, dieses schöne Tier aus der Nähe zu betrachten. Sie war sehr vorsichtig, schnupperte in der Luft und horchte nach Anzeichen von Gefahr. Schließlich näherte sie sich zentimeterweise dem Futterplatz, während sie immer noch unruhig umherblickte, als ob sie unsere Gegenwart spürte. Dann nahm sie ein schnelles Frühstück ein und flüchtete.

Ich flüsterte Ryan zu: »Aus dem, was wir gerade gesehen haben, kann man etwas Wertvolles lernen. Immer wenn du unerwartet auf einen Vorrat von Qualitätsmais triffst, den es mitten im Wald umsonst gibt, sei vorsichtig! Die Leute, die ihn dahin gelegt haben, sitzen möglicherweise in einem Verhau in der Nähe und warten nur darauf, auf dich anzulegen. Halte deine Augen und Ohren offen!«

Ryan wird nicht immer an diesen Ratschlag denken, aber *ich*. Es passiert nicht oft, daß ein Vater seinem jugendlichen Sohn etwas mitteilt, das er für tiefschürfend hält. Eines ist sicher: Dieses Gespräch und die anderen Gedanken, die wir an diesem Tag einander mitteilten, hätte es zu Hause nicht gegeben. Die Gelegenheiten zu dieser Art von Kommunikation müssen geschaffen werden. Und es lohnt sich, daran zu arbeiten.

Bevor wir das Thema vom Umgang der Väter mit ihren Söhnen verlassen, möchte ich mich kurz dem Beitrag, den *Mütter* zu dieser Beziehung leisten, zuwenden. Frauen können helfen, daß die Generationen fest verbunden werden, oder einen Keil zwischen sie treiben. Dieser Gedanke wurde in einem Buch mit dem Titel *Fathers and Sons* (Väter und Söhne) von Lewis Yablonsky sehr schön ausgeführt. Der Autor beobachtete, daß Mütter für ihre Söhne die *bedeutendsten und grundlegendsten* Vermittler der Persönlichkeit, des Charakters und der Integrität des Vaters sind. Mit anderen Worten, die Meinung, die die Söhne von ihren Vätern haben, ist großenteils das Resultat dessen, was die Mütter gesagt haben und was sie ausstrahlen. Im Falle Yablonskys hat seine Mutter den Respekt, den er vor seinem Vater hätte haben können, zerstört. Er schrieb folgendes:

> »Ich erinnere mich lebhaft, wie ich mit meinen beiden Brüdern, Vater und Mutter am Abendbrottisch saß und bei den Angriffen meiner Mutter auf meinen Vater zusammenzuckte. ›Seht ihn euch an‹, sagte sie. ›Seine Schultern hängen herab, er ist ein Versager. Er

hat nicht den Mut, eine bessere Arbeit zu suchen oder mehr Geld zu verdienen. Er ist ein geschlagener Mann.‹ Er hielt seinen Blick auf seinen Teller gerichtet und antwortete ihr nie. Sie lobte niemals seine guten Seiten oder seine Ausdauer oder die Tatsache, daß er so hart arbeitete. Statt dessen konzentrierte sie ihren Blick auf das Negative und schuf so für seine drei Söhne das Bild eines Mannes, der nicht kämpfen konnte und von einer Welt, über die er keine Kontrolle hatte, erdrückt wurde.

Daß er sich nicht gegen ihre ständige Kritik wehrte, hatte den Effekt, daß seine Söhne glaubten, sie habe recht. Und die Art, wie meine Mutter meinen Vater behandelte, sowie das Bild, das sie von ihm vermittelte, machten mir nicht deutlich, daß die Ehe ein fröhlicher Zustand oder daß Frauen eigentlich Menschen waren. Ich wurde durch die Beobachtung meines herabgesetzten Vaters nicht besonders angespornt, selbst die Rolle des Ehemanns und Vaters zu übernehmen.

Meine umfassenden Forschungen ergeben deutlich, daß die Mutter das grundlegende Filter ist und gewaltige Bedeutung in der Vater-Sohn-Beziehung hat.«

Auch wenn Yablonsky dies nicht festgestellt hat, trifft es auch zu, daß Väter der Meinung, die ihre Kinder von der Mutter haben, großen Schaden zufügen können. Ich fand sehr früh heraus, daß, wenn ich mich aus irgendeinem Grund über Shirley geärgert hatte, unser Sohn und unsere Tochter diese Stimmung sofort übernahmen. Sie schienen zu empfinden, daß »wenn Papa Mutti Widerworte geben kann, dann können wir das auch«. Mir wurde deutlich, wie ungeheuer wichtig es war, daß ich meine Liebe und Bewunderung für Shirley zum Ausdruck brachte. Dennoch konnte ich diese Aufgabe, den Respekt vor meiner Frau aufzubauen, *niemals* so gut ausführen, wie sie es für mich tat! Sie machte mich zum König in meinen vier Wänden. Die enge Beziehung, die ich heute zu Danae und Ryan habe, ist größtenteils ein Ergebnis von Shirleys großer Liebe zu mir und der Art, in der sie mich in den Augen unserer Kinder *»darstellte«*. Ich werde ihr dafür immer dankbar sein!

Väter und Töchter

Lassen Sie uns jetzt über Väter und Töchter sprechen. Die meisten Psychologen, und ich bin einer von ihnen, glauben, daß alle zukünftigen romantischen Beziehungen im Leben eines Mädchens durch ihre Einstellung zu und ihren Umgang mit ihrem Vater positiv oder negativ beeinflußt werden. Ist er ein Alkoholiker und Taugenichts, wird sie ihr Leben damit zubringen, ihn in ihrem Herzen zu ersetzen. Wenn er warmherzig und fürsorglich ist, wird sie nach einem Liebsten suchen, der ihm gleicht. Denkt er, sie ist schön, wertvoll und weiblich, wird sie dazu neigen, sich selbst ebenso zu sehen. Aber wenn er sie als unattraktiv und uninteressant ablehnt, wird sie wahrscheinlich bis ins Erwachsenenleben Probleme mit der Selbstachtung mit sich herumtragen.

Ich habe auch beobachtet, daß die Bereitschaft einer Frau, die liebevolle Führung ihres Mannes anzunehmen, entscheidend dadurch beeinflußt wird, wie sie die Autorität ihres Vaters erlebte. Wenn er während ihrer Entwicklungsjahre herrisch, gleichgültig oder launisch war, könnte sie versuchen, ihrem zukünftigen Mann die Zügel aus der Hand zu reißen. Wenn ihr Vater aber Liebe und Gehorsamsforderungen in einer Art verband, die Stärke vermittelte, wird sie bereiter sein, sich der zuversichtlichen Führung ihres Mannes unterzuordnen.

Natürlich sind diese Tendenzen nicht absolut zu sehen. Individuelle Verschiedenheiten können immer Ausnahmen und Widersprüche bewirken. Aber diese Aussage wird schwierig zu widerlegen sein: ein guter Vater wird bei seiner Tochter seine Prägung für den Rest ihres Lebens hinterlassen.

Viele Väter sind auch dazu berufen, während der Pubertät eine weitere lebenswichtige Rolle zu übernehmen. Dies ist der Fall, wenn sich zwischen Müttern und jugendlichen Töchtern Spannungen aufbauen. Dieser Konflikt besteht recht häufig zwischen den Damen des Hauses, und wie Sie sich erinnern, zeigte er sich in den Ergebnissen unserer Untersuchungen zu den Temperamenten. Es können mehrere Jahre vergehen, in denen sie sich nicht einmal besonders *mögen.*

In dieser Zeit werden Väter dringend als Friedensstifter und Vermittler gebraucht. Ich habe herausgefunden, daß Jugendliche, die sich über ein Elternteil ganz besonders ärgern, manchmal versuchen, die Beziehung zum anderen aufrechtzuerhalten. Das ist wie bei einem Land im Krieg auf der Suche nach Verbündeten zu seiner Unterstützung. Wenn die Väter in diesem Dreieck ausgewählt werden, können sie die Gelegenheit nutzen, ihre Töchter zu beruhigen und ihnen ihre Mütter in einem positiveren Licht »darzustellen«. Sie können auch ihren Frauen helfen, ihrem Ärger Ausdruck zu geben und ihnen ihre Rolle, die den Konflikt aufrechterhält, verständlich zu machen. Ohne diesen männlichen Einfluß kann aus ganz gewöhnlichen Gefechten der dritte Weltkrieg werden.

Zusammenfassend habe ich diese Botschaft für die heutigen Väter – besonders diejenigen, die Jugendliche zu Hause haben: lassen Sie diese

Jahre nicht ungenutzt vorübergehen. Das, was Sie Ihren Kindern mitteilen, könnte sich als die bedeutendste Errungenschaft Ihres Lebens herausstellen – oder als den besonders deprimierendsten Fehlschlag. Wenn Sie von Ihrer Wichtigkeit zu Hause immer noch nicht überzeugt sind, lesen Sie den folgenden Artikel.

Daß Vater nach Hause kam, war die wirkliche Freude

von Howard Mann

Als kleiner Junge ging ich nie aus dem Haus, ohne meinen Eltern einen Abschiedskuß zu geben.

Ich küßte meine Mutter gerne, weil sich ihre Wange weich und warm anfühlte und weil sie nach Pfefferminzbonbons roch. Ich küßte meinen Vater gern, weil er sich rauh und stoppelig anfühlte und nach Zigarren und Hamamelis roch.

Als ich etwa zehn Jahre alt war, kam ich zu dem Schluß, daß ich jetzt zu groß sei, meinen Vater zu küssen. Eine Mutter, na gut. Aber einem Vater sollte ein großer Junge die Hand schütteln – unter Männern, verstehen Sie?

Er schien den Unterschied nicht zu bemerken noch zu bedauern. Jedenfalls sagte er niemals etwas darüber. Aber er sagte eigentlich niemals viel, außer über sein Geschäft.

Rückblickend denke ich, daß dies auch meine Methode war, mich an ihm zu rächen. Bis dahin hatte ich immer gefühlt, daß ich für ihn etwas Besonderes war. Fast jeden Tag brachte er mir aus seiner geheimnisvollen Welt eine kleine Freude mit nach Hause, ganz für mich allein. Es konnte ein Miniatur-Baseballschläger oder eine richtige Bienenwabe mit in Honig getränkten waffelartigen Sechsecken sein. Oder es konnte exotischer Rahat, diese herrlichen türkischen Süßigkeiten sein, von Puderzukker umgeben und dicht an dicht in eine kleine hölzerne Schachtel verpackt.

Wie ich mich jeden Abend auf seine Heimkehr freute! Die Tür schwang auf, und da stand er. Ich rannte zu ihm und umarmte ihn, während er mich in seinen Armen hochhob.

Das Beste bekam ich am Tage meines siebten Geburtstags. Ich wachte vor allen anderen in der Familie auf und schlich ins Eßzimmer. Dort, auf dem Mahagonitisch, lag eine kleine viereckige Armbanduhr mit einem braunen Armband ausgestreckt in einer schwarzen Samtschachtel. Sollte die wirklich für mich sein? Ich nahm sie und hielt sie an mein Ohr.

Sie tickte! Keine Spielzeuguhr aus dem Kramladen, sondern eine richtige Uhr, wie die Erwachsenen sie trugen. Ich lief in das Schlafzimmer meiner Eltern und überhäufte ihn mit Küssen. Welcher Junge konnte glücklicher sein als ich?

Später änderte sich dies. Zuerst fiel mir nicht auf, daß es geschah. Ich nahm an, daß ich zu sehr mit der Schule und dem Spielen und der ständigen Suche nach neuen Freunden beschäftigt war. (Wir zogen alle zwei Jahre um, immer mit Blick auf eine niedrigere Miete.)

Der Strom der kleinen Freuden versiegte. Keine Schläger oder Honigwaben mehr. Mein Vater verschwand nach und nach aus meinem Leben. Er kam spät nach Hause, lange nachdem ich schlafen gegangen war. Und er kam mit leeren Händen nach Hause. Ich vermißte ihn sehr, aber ich hatte Angst, etwas zu sagen. Ich hoffte, daß er auf genauso merkwürdige Weise, wie er mich verlassen hatte, zu mir zurückkommen würde. Und schließlich, große Jungen hatten einfach keine Sehnsucht nach ihren Vätern.

Jahre nach seinem Tod sprach meine Mutter darüber, wie die Weltwirtschaftskrise »ihm den Lebensmut genommen hatte«. Diese hatte seinen Traum, ein »großer Mann« zu sein, zerstört. Er hatte kein Geld mehr für kleine Freuden. Er hatte keine Zeit mehr für mich.

Heute tut es mir leid. Ich sehe mir sein Bild – die Fältchen um seine haselnußbraunen Augen – an und wünsche mir, daß er heute hier wäre. Ich würde ihm erzählen, was gerade mit mir passiert, und von Dingen sprechen, die er gerne hören würde – Politik, Geschehnisse im Ausland und wie das Geschäft geht. Und ich würde meinen Arm um ihn legen und sagen: »Papa, du brauchst mir nichts mitzubringen – komm nur früh nach Hause.«

Und ich würde ihn küssen.[15]

5. Der Umgang mit den schwierigsten Fällen

Kehren wir nun zu der Geschichte über die Entschuldigung meines Vaters wegen unserer kurzen Meinungsverschiedenheit im Garten zurück. Er nahm alle Schuld für diese Konfrontation auf sich und erniedrigte sich letztendlich. Ich muß deutlich sagen, daß es nicht immer klug ist, diese Haltung einzunehmen. Ich glaube tatsächlich, daß die meisten Eltern sehr schwieriger Jugendlicher in dieser Richtung zu weit gehen. Es gibt eine Zeit für Eltern, in der sie sich von ihren Knien erheben und *aufhören* müssen, sich zu entschuldigen. Sie haben versucht, den Konflikt zu vermeiden, indem sie quasi gekrochen sind und ihre eigenwilligen

Jugendlichen beschwichtigt haben, und damit haben sie, wie sich herausstellt, einen folgenschweren Fehler begangen. Bitte bedenken Sie diese Tatsache: Bei einem machthungrigen Tyrannen gleich welchen Alters fachen Beschwichtigungsversuche die Gier nach mehr Macht nur noch weiter an. Die Verhaltensforschung hat diesen Zusammenhang zwischen unsicheren, nachsichtigen Eltern und gewalttätigen, straffälligen Jugendlichen bewiesen.

Dr. Henry Harbin und Dr. Denis Madden beobachteten einen bedeutenden Anstieg der Zahl von gewalttätigen Angriffen auf Eltern durch ihre nicht zu bändigenden Kinder. Bei ihrer Arbeit an der Medizinischen Fakultät der Universität von Maryland untersuchten diese Psychiater auch die Umstände, unter denen diese Form familiärer Gewalt auftritt. Überraschenderweise fanden sie heraus, daß »Gewalt gegen Eltern« gewöhnlich dann auftritt, wenn »ein oder beide Elternteile die Führungsposition aufgegeben haben« und wenn keiner das Sagen hat. Keiner, das heißt eigentlich niemand außer dem gewalttätigen Kind.

Harbin und Madden haben beobachtet, daß in den Fällen von Gewalt gegen Eltern deren Unwillen, den Ernst der Situation zuzugeben, »ein fast universelles Element« war. Sie riefen nicht die Polizei, auch wenn ihr Leben in Gefahr war; sie logen, um ihre Kinder zu schützen, und sie gaben weiter nach. Die elterliche Autorität war zusammengebrochen.

Ein Vater wurde fast getötet, als sein wütender Sohn ihn eine Treppe hinunterstieß. Er bestand darauf, daß der Junge keinesfalls jähzornig war. Eine andere Frau wurde von ihrem Sohn durch Messerstiche verletzt. Trotzdem ließ sie ihn weiter zu Hause wohnen.

Dr. Harbin und Dr. Madden schlossen, daß Beschwichtigung und Nachgiebigkeit mit jugendlicher Gewalttätigkeit in Zusammenhang stehen und daß beide Eltern mit Festigkeit leiten sollten. »Jemand muß die Verantwortung haben«, sagten sie.

Ich stimme diesen Psychiatern aus vollem Herzen zu. Da ich in der Nationalen Beratungskommission des Amtes für Jugendrecht und der Verhütung von Straftaten mitwirke, bin ich mit dem Verhaltensmuster jugendlicher Gewalttätigkeit bestens vertraut. Ich habe kaltblütige Mörder gesehen, die nicht älter als dreizehn Jahre waren. Viele von ihnen kamen aus Elternhäusern, wo die Autorität schwach ausgeprägt oder gar nicht vorhanden war. Das ist eine Formel, die besonders hart gesottene Kriminelle in jungen Jahren hervorbringt.

Das bringt uns zu der schwierigsten Frage überhaupt, mit der sich Eltern auseinandersetzen müssen: was kann man tun, wenn die elterliche Führung völlig zusammenbricht? Welche Mittel stehen Müttern und Vätern zur Verfügung, wenn ein Jugendlicher ständig das Gesetz bricht, seine Familie einschüchtert oder angreift und genau das tut, wozu er Lust hat? Wenn Beschwichtigung, wie wir gesehen haben, das Ganze verschlimmert, welche anderen Maßnahmen können wir dann vorschlagen?

Obwohl es leicht gesagt scheint, daß es einfache Antworten auf solche gräßlichen Fragen gibt, glaube ich, daß eine Organisation in den USA sich auf der richtigen Spur befindet. Sie heißt TOUGHLOVE (Harte Liebe) und wurde von Phyllis und David York gegründet. Sie wendet sich an Eltern, die die Kontrolle verloren haben, und hilft ihnen, die Oberhand in ihren eigenen vier Wänden zurückzugewinnen. Der ihr zugrundeliegende Gedanke zielt auf Konfrontation, die dazu dient, einen kampflustigen Jugendlichen wieder zu Verstand zu bringen.

Das TOUGHLOVE-Konzept begann in den frühen achtziger Jahren, nachdem die Berater Phyllis und David York mit ihrer achtzehnjährigen Tochter ernste Probleme gehabt hatten. Sie brach jede Regel und überfiel schließlich einen Kokaindealer. Sie wurde mit vorgehaltener Waffe bei den Yorks zu Hause verhaftet. Das ließ sie aufmerken.

Aus dieser schmerzlichen Erfahrung heraus begannen die Yorks, die TOUGHLOVE-Prinzipien zu formulieren. Sie sind eigentlich ganz einfach: Vergebung und Verständnis sind lobenswerte Reaktionen auf Gehorsam, aber sie haben bei den schwierigsten Fällen keine Wirkung. Wie York sagte: »Ich war anfangs dieser nette Therapeut. ›Laßt mich zuhören, laßt mich wie ein Vater zu euch sein.‹ Und was eigentlich passieren muß, ist, daß man sich diese Kinder greift und sagt: ›Du kannst das wirklich nicht machen. Du mußt dich hier an die Regeln halten, und wenn du es nicht tust, werden wir die Polizei rufen und dich einsperren lassen!‹«

Anstatt zu kriechen und zu jammern, werden die Eltern rebellischer Jugendlicher ermutigt, fest zu bleiben und geeignete Maßnahmen zu ergreifen. Dies kann das Verbot, das Familienauto und das Telefon zu benutzen, und die Weigerung, etwas zu unternehmen, wenn der Jugendliche im Gefängnis ist, einschließen. Es kann auch bedeuten, einen Drogenabhängigen aus seinem Zuhause auszusperren. Eine Notiz an der Haustür teilt ihm mit, daß er dort nur noch willkommen ist, wenn er an einem Therapieprogramm teilnimmt. Ein Jugendlicher, der Stunden nach der abgemachten Zeit heimkommt, könnte eine Notiz finden, die ihn anweist, die Nacht bei einer anderen Familie, die bereit ist, ihn aufzunehmen, zu verbringen.

Das *Time Magazin* vom 8. Juni 1981 zitierte TOUGHLOVE-Mütter wie folgt: »Es ist einfach nur altmodischer Gehorsam, wobei die Eltern zu Hause das Sagen haben und die Familienmitglieder miteinander kooperieren.« Eine andere sagte, daß sie ihren Sohn Jeff der Polizei übergeben habe, als er gestand, ein nahegelegenes Haus ausgeraubt zu haben, um an Geld für seine Drogenabhängigkeit zu kommen. »Die Polizei brachte ihn in einem Drogentherapieprogramm unter«, berichtete das Magazin, »und jetzt ist er wieder zu Hause, arbeitet und geht zu den Anonymen Alkoholikern und Drogenabhängigen.«

Viele ähnliche Beispiele werden im Buch der Yorks zitiert. Aber, wie man erwarten kann, fehlt vielen Eltern das Selbstvertrauen und das Verständnis, das nötig ist, um die Prinzipien alleine durchzuführen. Sie brauchen die Unterstützung anderer Eltern, die dasselbe Trauma durchleben. Deshalb wurde die TOUGHLOVE-Organisation gegründet. Sie stellt Verbindungen zwischen »schikanierten« Eltern untereinander her. Wenn beispielsweise ein Jugendlicher ins Gefängnis kommt, können seine bekümmerte Mutter und sein erschütterter Vater andere Mitglieder der Gruppe bitten, ihn zuerst zu besuchen oder sie zu begleiten.
Der Artikel im *Time Magazin* schloß mit dieser Aussage:

> Diese Organisation bringt Eltern zusammen, damit sie einander bei Versammlungen Mut machen und damit sie die Fortschritte problematischer Sprößlinge verfolgen können. Wenn ein Ausreißer in einem anderen Staat aufgegriffen oder ein Jugendlicher verhaftet wird, sind die Mitglieder der Gruppe bereit, an den Ort des Geschehens zu fahren. Ted Wachtel, der Präsident der Community Service Foundation[16] in Sellersville, Pennsylvanien, sagt: »Wenn ein Kind im Gefängnis landet, ist die emotionale Belastung für die Eltern, als erste dort hinzugehen, zuviel, deshalb machen Mitglieder der Gruppe die Besuche.«

TOUGHLOVE hat nicht immer Erfolg, aber bisher ist es eine effektive Methode gewesen, Eltern zu verbinden, damit sie gegen den gewaltigen Einfluß der Gruppe auf den Jugendlichen, die Drogenkonsum und Auflehnung unterstützt, in Kampfstellung gehen können. Eine ihrer Taktiken ist, eine Liste der engsten Freunde des Jugendlichen zu erstellen und danach zu versuchen, mit den Eltern der Freunde ein Bündnis zu schließen. Die Botschaft: Fühlen Sie sich nicht schuldig; lassen Sie sich nicht auf lautstarke Auseinandersetzungen mit Ihren Sprößlingen ein; seien Sie kein Opfer; überwinden Sie die Enttäuschung. Das TOUGHLOVE-Handbuch zur Selbsthilfe empfiehlt: »Wir waren wirklich nicht auf eine sich so schnell verändernde Kultur vorbereitet, die voller Ablenkungen wie Drogen, Gewalt und einem Freundeskreis steckt, der unseren Kindern mehr bedeutet als ein Zuhause und eine Familie.« In den

Augen von TOUGHLOVE ist die Zeit reif, daß Eltern sich gegen eine feindliche Kultur zur Wehr setzen.

Welche Reaktionen zeigte die Öffentlichkeit auf das TOUGHLOVE-Konzept? 1981 gab es fünfundzwanzig Gruppen, die über die Vereinigten Staaten verstreut waren. Heute sind es mehr als 1500 in allen fünfzig Staaten und Kanada. Es ist eine nationale Bewegung daraus geworden.

Ob ich sie persönlich empfehlen kann? Ja, mit zwei Einschränkungen: 1. TOUGHLOVE ist keine christliche Organisation, obwohl mir nicht bekannt ist, daß man unseren grundlegenden Überzeugungen widerspricht. Ich wünschte, ein ähnliches Programm würde existieren, das das Gebet und die Bibel betont, aber ich kenne keines. In der Zwischenzeit erledigt TOUGHLOVE die Arbeit. 2. Jedes nach dem Schneeballsystem organisierte Programm wird nicht besser sein als die Leute, die es auf lokaler Ebene durchführen. Dennoch möchte ich folgendes anmerken: Ich habe in allen diesen Jahren sehr wenig Kritik am Programm gehört. Hunderte dankbarer Eltern schrieben mir, nachdem die Yorks Gäste in unserer »Familie im Brennpunkt«-Radiosendung waren. Eine Frau sagte: »TOUGHLOVE hat mir im wahrsten Sinne des Wortes das Leben gerettet. Ohne das hätte ich nicht überlebt.«

Ob Sie nun die radikale Unterstützung dieser Organisation benötigen oder nicht, ich lade Sie ein, einen interessanten Artikel darüber zu lesen, den die Kolumnistin Ann Landers geschrieben hat. Dieser Artikel wurde ebenfalls 1981 veröffentlicht, dem Jahr, in dem TOUGHLOVE ins Rampenlicht trat, und war ursprünglich im *Family Circle* Magazin vom 3. November dieses Jahres enthalten. Beachten Sie die Ähnlichkeiten in den Ansichten über das, was wir durch das ganze Buch hindurch besprochen haben. Ganz offensichtlich stimme ich nicht mit Frau Landers Kritik an der Bibel überein, und ich werde mich mit ihrer Mißinterpretation von Sprüche 22, 6 im folgenden Fragen-und-Antwort-Kapitel beschäftigen.

So sieht es Ann Landers:

»Ich habe nie gedacht, daß ich den Tag erlebe, an dem ich tatsächlich der Bibel widerspreche . . . besonders, weil ich häufig genau den Abschnitt zitiert habe, den ich nicht länger für zutreffend halte: ›Gewöhne einen Knaben an seinen Weg, so läßt er auch nicht davon, wenn er alt wird.‹ Dies bedeutet, daß wenn man ein Kind sorgfältig erzieht, aus ihm oder ihr auch etwas wird. Aber, unglücklicherweise haben die letzten 15 Jahre eine Reihe von Beweisen hervorgebracht, die diese biblische

Anweisung widerlegen. Mein Tisch ächzt unter dem Gewicht von Briefen, die so ähnlich wie dieser klingen.

Liebe Ann Landers!
Wir haben unsere Kinder in die Kirche mitgenommen, nicht hingeschickt. Wir hatten nie einen Babysitter. Wenn seine oder meine Mutter nicht zu uns kommen konnte, haben wir die Kinder mitgenommen oder sind nicht weggefahren. Wir haben soviel Liebe und Zeit in unsere Kinder investiert, und doch ließen sie sich auf Schuleschwänzen, Drogen, Ladendiebstahl, eine Schwangerschaft – jede Art von Ärger, den man von Straßenkindern erwartet – ein. Was ist schiefgegangen?

Da ich fest daran glaubte, daß Zweige in die Richtung wachsen würden, in die man sie gebogen hatte, wußte ich nicht, wie ich diesen gramgebeugten, von Schuld gequälten Eltern antworten sollte. Ihre Briefe, die Jahre zärtlicher Liebe beschrieben, paßten nicht mit dem zusammen, was mit ihren Kindern passierte. Viele sorgfältig genährte Zweige schienen in bizarre und nicht vorhersehbare Richtungen zu wachsen. Ich mußte meine Antworten überdenken und dabei etwas Besseres finden.

Vor einigen Jahren veröffentlichte ich einen Brief, der Bände sprach. Er kam von einer Schülerin, die zufällig das Tagebuch ihrer Mutter gefunden hatte; der Brief enthielt einen Eintrag, den die Mutter geschrieben hatte:

›Alle Jugendlichen haben heute Tagebücher. Nun, ich denke, es ist Zeit, daß auch Mütter Tagebücher haben. Wir sollten täglich Buch darüber führen, welchen Kummer Eltern leiden, die ihr Bestes für ihre mißratenen Söhne und Töchter gegeben haben. Nur die Kinder leiden, oder? Nur ihre Gefühle sind verletzt? Also, rückt zur Seite, Kinder, eure Eltern haben es sehr schwer, euch als selbständige ordentliche Bürger aufwachsen zu lassen. Es scheint, daß die Karten zu unserem Nachteil gemischt wurden. Je mehr wir geben, desto weniger bekommen wir zurück.‹

Was ist schiefgegangen? Irgend etwas offensichtlich. Ich gebe nicht vor, alle Antworten darauf zu wissen, aber nachdem ich tausend Briefe von Jugendlichen in Schwierigkeiten, Lehrern, die sie fast jeden Tag sehen, Beratern in der Schule, die ihnen zuhören, und Eltern, die vor Verzweiflung die Hände ringen, gelesen habe, bin ich zu dem Schluß gekommen, daß der Gruppenzwang ein viel entscheidenderer Faktor bei der Ausprägung des Verhaltens Jugendlicher ist als der Einfluß der Eltern.

Die Experten, mit denen ich mich zur Überprüfung meiner Ergebnisse in Verbindung setzte (Jugendbehörden, Drogen- und psychologische Beratungsstellen, einige Psychologen und einige Psychiater), unterstützten meine Ansicht. Ich unterstelle nicht, daß die Erziehung durch die Eltern und Vorbilder bedeutungslos ist. Was ich sagen möchte, ist, daß in unserer heutigen Kultur für einen Jugendlichen das, was sein Freundeskreis über ihn denkt, mehr Gewicht hat, als das, was seine Eltern sagen.

Der dringende Wunsch, akzeptiert zu werden, die Furcht außerhalb der ›erlauchten‹ Gemeinschaft zu stehen, das Verlangen ›in‹ zu sein, ist für heutige Jugendliche von lebensnotwendiger Wichtigkeit. Und, nur zu oft bedeutet dies Trinkgelage, Haschischrauchen, Aufputsch- und Beruhigungsmittel schlucken, Kokain zu schniefen, LSD zu nehmen und sich sexuell auszuleben.

Außerdem ist die Generation, die mit am Fernseher klebenden Augen aufwuchs, ständig auf der Suche nach Möglichkeiten, um die Langeweile zu bekämpfen und den Schmerz des Erwachsenwerdens zu betäuben. Die Teenager (und auch die Erwachsenen) haben entdeckt, daß man mit Alkohol und Drogen Schwierigkeiten auf Eis legen und sich »anders« fühlen kann.

Einem Bericht (in den USA) zufolge, den die Abteilung für Gesundheit, Erziehung und Soziales (jetzt Abteilung für Gesundheit und Dienst am Menschen genannt) 1980 herausgegeben hat, raucht einer von zehn High-School-Kindern regelmäßig Gras[17]. Das heißt, diese Kinder rauchen wenigstens einen oder zwei Joints täglich. Ich bin allerdings der Ansicht, daß diese Zahl zu niedrig angesetzt ist. High-School-Lehrer haben mir geschrieben, daß Montag morgens wenigstens ein Drittel der Unter- und Oberstufenschüler unter Einfluß von Marijuana – also in einem Rauschzustand – in den Unterricht kommt. Und das Personal der Notaufnahmen erzählt, daß etwa 65 Prozent aller tödlichen Unfälle bei Jugendlichen mit Alkohol oder Drogen in Verbindung stehen.

Wie können Eltern äußere Einflüsse bekämpfen, die allem, was sie ihren Kindern versucht haben beizubringen, entgegenstehen? Welche Ratschläge habe ich für sie? Viele. Und ich habe schon Antworten bekommen, die mir mitgeteilt haben, daß es funktioniert. Der folgende Brief öffnete mir die Augen und wies mir eine völlig neue Richtung.

Liebe Ann!
Bitte drucken Sie dies für Eltern mit unerreichbaren, mißratenen, sich ständig in Schwierigkeiten befindenden Teenagern ab. Ich weiß, woher sie kommen. Mein Mann und ich sind dort gewesen, und eine schlimmere Hölle gibt es nicht.
Wir waren auch verzweifelt und ohne Hoffnung. Unser Sohn war ein Taugenichts, hatte Schulden, bestahl uns, nahm Drogen, zerschlug unsere Möbel, verfluchte und schlug uns. Wir waren außer uns vor Angst und Sorge. Wir haben alles versucht, um ihn zufriedenzustellen, und nichts half. Je freundlicher wir waren, desto schlimmer wurde es mit ihm.
Schließlich riefen wir die Polizei an. Sie gaben uns die Telefonnummer einer Organisation, die sich TOUGHLOVE nannte. Von dem Tag an wurden wir Mitglieder eines Gemeinschaftsnetzwerks von Eltern, die erfolgreich mit dem feindseligen, asozialen Verhalten ihrer Kinder fertig werden.
Bevor wir TOUGHLOVE beitraten, schämten wir uns und fühlten uns schwach und schuldig, weil wir gegen unseren Sohn nicht ankamen. Wir dachten, daß niemand von den anderen Eltern in unserer Gemeinde so unglücklich versagt hätte wie wir. Dann trafen wir die anderen Mitglieder und fanden heraus, daß wir nicht länger hilflos waren. Wir hatten die Unterstützung der anderen Eltern, der Polizei, der Schulen, der Gerichte und Rehabilitationseinrichtungen.
Weder mußten wir unseren Sohn aus dem Haus werfen noch uns weiter von ihm quälen lassen. Wir beschlossen eine ganze Reihe neuer Regeln und stellten ihn vor die Wahl. Er konnte sich nach unseren Regeln richten oder gehen. Er beschloß zu bleiben.
Ich lege eine Broschüre bei, die Ihnen mehr über die Organisation erzählt. Bitte, Ann, lassen Sie Ihre Leser daran teilhaben. Es ist die größte Sache, die uns je passiert ist, und wir wollen das weitergeben. Danke für Ihre Hilfe.

Ewig dankbar.

Ich las die Broschüre, und sie klang sehr vernünftig. Sie erklärte ein Programm, das dazu entworfen war, Eltern zu helfen, die wegen ihrer Jugendlichen Kummer und Hilflosigkeit empfinden. In dem Programm werden Eltern gebeten auszuwählen, welchen Weg sie gehen möchten. Werden es Konfrontation, feste Richtlinien und gegenseitiger Respekt oder Ausreden (wie gewöhnlich), Verleugnung, Mutlosigkeit, fortgesetztes Verwöhnen und Bestechung sein? Es ermutigt die

Eltern, sich der Krise zu stellen, Position zu beziehen und Kooperation zu verlangen.

Die nachgiebige Methode der Kindererziehung erschien in den 40er Jahren, erblühte in den 50ern und erlangte in den 60ern absolute Respektabilität. Psychiater und Psychologen erzählten uns, daß, wenn wir mit unseren Kindern sanft sprächen, sie im Arm hielten, schaukelten und mit ihnen schmusten, ihnen überließen, wann sie aufhören wollten, ihre Windeln und Hosen naß zu machen; ihnen erlaubten, ihre Wut auszuleben, darauf achteten, niemals ›Das darfst du nicht‹ zu sagen, außer wenn sie anfingen, das Haus niederzubrennen, dann würden sie ein gesundes Ego entwickeln und sich als junge Männer und Frauen gut in die Gesellschaft integrieren, selbstsicher, hochmotiviert und eine Freude für uns Eltern.

Wir haben unsere natürlichen Instinkte niedergerungen, uns sklavisch nach den Lehren dieser ›Experten‹ gerichtet und dunkle Ringe unter den Augen und hohen Blutdruck bekommen, während unsere Kinder Widerworte gaben, uns anspuckten, ihre Spielsachen zerbrachen und sich in den Supermärkten (oder Warenhäusern) hinschmissen, bis sie ihren Willen bekamen. Diese Kinder stellten sich als selbstsüchtig, verwöhnt, feindselig, respektlos, faul und unmotiviert heraus. Sie hatten keinen Respekt vor uns, ihren Lehrern oder dem Gesetz.

Um dem Schmerz noch Spott hinzuzufügen, berechneten einige Psychiater bis zu 100 Dollar die Stunde für die Mitteilung: ›Es gibt keine mißratenen Kinder . . . nur schlechte Eltern.‹

Die traurige Wahrheit bei dieser Sache ist, daß die Eltern zu viele Jahre lang von ›Experten‹ hinters Licht geführt worden sind, und unausgegorene Theorien aus ›Wie man . . .‹-Büchern aufgesaugt haben, anstatt das Gehirn, das Gott ihnen gegeben hat, zu benutzen und ihren natürlichen Instinkten gemäß zu reagieren, wenn ihre Kinder es bei dem Versuch, die Grenzen herauszufinden, zu weit trieben.

Ich werde niemals den Brief vergessen, den ich vor drei Jahren von einer Neunzehnjährigen erhielt. Sie hatte keine Freunde und konnte keine Stellung behalten, weil sie ihre Zunge nicht im Zaum halten konnte und ihren Bekannten, Kollegen und Chefs immer genau sagte, was sie von ihnen hielt. ›So bin ich erzogen worden . . .‹, erklärte sie. ›Ich durfte jedem alles sagen. Meine Eltern haben mich so aufgezogen, und jetzt bin ich in Schwierigkeiten, und sie haben Schuld daran. Haben Sie irgendwelche Vorschläge, Ann?‹

Ich antwortete: ›Ja, nehmen Sie die Verantwortung auf sich, und hören Sie auf, Ihren Eltern für Ihr loses Mundwerk und Ihre schlechte Laune die Schuld zu geben. Wenn Sie sich, so wie Sie sind, nicht mögen –

arbeiten Sie an sich selbst – und werden Sie anders. Genug von diesem ‚Ihr habt mir Schaden zugefügt. Jetzt kümmert euch um mich'-Unsinn. Das sind nur Ausflüchte. Die Schuld, die ihr Kinder euren Eltern aufdrückt, ist so dick, daß man sie mit dem Messer schneiden könnte – und alles, was dabei herauskommt, ist, daß die finanzielle und gefühlsmäßige Abhängigkeit verlängert und ein Klima von Feindseligkeit und absolutem Versagen geschaffen wird.‹

Was also können Eltern, die mit dem Rücken zur Wand stehen, mit diesen Kindern tun? Sie können sich um 180 Grad drehen und den TOUGHLOVE-Weg gehen. Der Himmel weiß, daß an den Verstand appellieren, bitten, weinen, drohen und bestechen nicht geholfen haben. Es ist an der Zeit, etwas anderes auszuprobieren, und ich glaube, Selbsthilfegruppen gehen am effektivsten an die Problemlösung heran.

Menschen, die dieselben Probleme hatten und sie besiegt haben, geben einander außerordentlich viel Kraft. Sie sagen: ›Ich habe es geschafft; du kannst das auch. Ich helfe und zeige dir wie.‹ Die Eltern von heute treffen allzuoft auf die folgenden Probleme:

- Sie sind verwirrt, wenn ihr Jugendlicher in verschieden starken Rauschzuständen oder völlig berauscht nach Hause kommt – und verneint, Alkohol oder Drogen genommen zu haben, obwohl sie in seinem Zimmer die Beweise dafür gefunden haben.
- Es bereitet ihnen Kummer, und sie wissen nicht, was sie tun sollen, weil ihr Kind in der Schule versagt.
- Ihr Fünfzehnjähriger nimmt Dinge, die anderen gehören.
- Ihr Neuntkläßler lebt in einem schmutzigen Zimmer und weigert sich, irgendwelche Aufgaben im Haushalt zu übernehmen.
- Ihr Supersportler-Sohn kommt mit dem Gesetz in Konflikt.
- Ihre Tochter bleibt über die abgemachte Zeit hinaus weg.

Aus diesen Gründen fragen sich Mütter und Väter, weshalb sie so schlechte Eltern sind, und sagen: ›Ich würde dieses Kind am liebsten dafür umbringen, daß es uns das antut‹ . . . oder ›Viele unserer Freunde haben denselben Ärger, sie sprechen nur nicht darüber.‹ Oder: ›Das ist alles unsere Schuld, deshalb müssen wir uns jetzt um sie kümmern.‹

Unsinn!!!!!!!!!!

Verzweifeln Sie nicht, wenn Sie sich hilflos und unfähig fühlen, mit dem Verhalten Ihrer Jugendlichen fertig zu werden, oder wenn Sie sich von ihnen ausgenutzt fühlen, von sich selbst als Eltern enttäuscht sind oder Schuldgefühle haben, weil Sie denken, daß Sie alles vermurkst haben und Sie sich vor dem Gewaltpotential in Ihnen selbst und in Ihren

Kindern fürchten. Diese Gefühle kennen die Reichen, die Benachteiligten, Familien mit mittlerem Einkommen, die Ungebildeten, Intellektuellen, Alleinstehenden, Geschiedenen, Verheirateten, Nachgiebigen, besonders Strengen . . . jeder.

Denken Sie daran, Sie haben das Recht auf Ihre Nachtruhe, ohne sich zu sorgen, wo Ihr Kind ist – oder von Telefonanrufen der Polizei oder eines Krankenhauses oder eines betrunkenen Teenagers, der weiß wo gelandet ist, geweckt zu werden. Es ist Zeit, daß Sie sich um sich selbst sorgen und Ihre Jugendlichen für ihre Taten selbst die Verantwortung übernehmen lassen. An dieser Stelle kommen Konzepte wie die der TOUGHLOVE-Organisation ins Spiel.

Sie müssen den Mut aufbringen, Ihr Geld, Ihren Einfluß, Ihre Liebe, Ihre Wut, Ihre Schuldgefühle und Ihr Flehen einzustellen, daß sie oder er lernen möge, anständig zu werden. Sie müssen anfangen, echte Forderungen zu stellen, die schwerwiegende Konsequenzen nach sich ziehen. Sie müssen klarstellen, daß Sie nicht in einem Haus mit Menschen zusammenleben wollen, die Sie mißhandeln und sich nicht nach den von Ihnen festgelegten Regeln richten. Sie brauchen nicht die Zustimmung Ihres Teenagers. Sie sind der Chef. Je früher Ihr Sprößling das begreift, desto besser.

Natürlich ist es nicht leicht, nach Jahren, in denen man die Schuldzuweisungen mancher Psychiater auf sich genommen hat, diese Kehrtwendung alleine zu vollziehen. Sie werden Hilfe brauchen. Rufen Sie die Eltern der Freunde Ihrer Kinder an.

Rufen Sie gute Bekannte und Ihren Seelsorger an. Sie brauchen Verbündete in Ihrem Kampf, und sie können helfen. Rufen Sie diejenigen an, die sich um straffällig gewordene Kinder kümmern. Sie wissen, wo es langgeht.

Wenn sie erst einmal eine Gruppe zur Unterstützung gegründet haben, werden andere Eltern ihr beitreten wollen. Die Lehrer könnten interessiert sein. Sie sind genauso begierig zu erfahren, wie sie mit schwierigen Kindern fertig werden können. Noch nie hat es in der Geschichte unseres Landes bei den Kindern soviel Probleme mit Disziplin und Gehorsam gegeben. Natürlich ist es unrealistisch zu erwarten, daß schwer zu bändigende, asoziale Kinder sich über Nacht ändern. Einige reagieren extrem feindselig und widerspenstig, wenn sie herausfinden, daß sie nicht mehr die Kontrolle haben. An dieser Stelle setzt die Unterstützung durch Freunde ein.

Natürlich sind nicht alle Kinder in Schwierigkeiten. Wir sehen viele Kinder, die sich ans Gesetz halten, großzügig und freundlich sind und die man gern um sich hat. Sie befinden sich nicht im Drogenrausch; sie laufen nicht von zu Hause weg und machen ihre Eltern nicht wahnsinnig. Die Wahrscheinlichkeit ist groß, daß sie nicht nach Büchern erzogen wurden. Sie wurden anhand von deutlich definierten Richtlinien aufgezogen. Wenn sie diese übertraten, waren ihnen Konsequenzen sicher und folgten auf dem Fuße.

Wenn Sie ein Kind in Schwierigkeiten haben, für das Sie immer alles getan haben, fühlen Sie sich nicht schuldig. Die meisten Lehren zur Kindererziehung haben in den letzten fünfundzwanzig Jahren die Eltern ermutigt, Kinder als ebenbürtig zu behandeln und sie dadurch lernen zu lassen, daß sie ihren eigenen Weg gingen.

Bedenken Sie auch, wie ich schon vorher erwähnte – Gruppenzwang beeinflußt die meisten Kinder mehr als das, was ihre Eltern sagen. Es gibt unzählige Faktoren, über die Eltern keine Kontrolle haben.

Die Wirtschaft eines Landes, beispielsweise der Wirtschaftsboom nach dem zweiten Weltkrieg, und das Fernsehen, das uns all die wundervollen Dinge zeigt, ohne die wir einfach denken, nicht leben zu können . . . all dies hat zu einer sich im Kaufrausch befindenden Gesellschaft geführt.

Und nicht zu vergessen in Amerika: Vietnam – der größte Fehler, den dieses Land jemals gemacht hat. Die wohlverdiente Schande, gegen ein kleines Land zu verlieren, hat nicht nur eine ganze Generation junger Leute wütend gemacht, sondern hat sie antiamerikanisch werden lassen und ihnen eine Ausrede geliefert, wie Landstreicher auszusehen. Es hat ihnen dabei geholfen, sich abgrundtief mit Drogen einzulassen.

Aber das ist Geschichte, und wir müssen den Blick jetzt auf die Zukunft richten. Wir müssen uns auf das Wesentliche besinnen und unsere Kinder genug lieben, um aufzuhören, sie vor ihrem zerstörerischen, selbstvernichtenden Verhalten zu schützen. Denn wenn wir ihnen erlauben, sich selbst zu zerstören, werden sie uns letztlich mitzerstören.«[18]

10

Fragen und Antworten

Bis zu diesem Augenblick haben wir uns mit einigen gewichtigen und schwierigen Punkten beschäftigt. Andere Themen waren verwickelt und schwer zu erklären. Um die losen Fäden aufzunehmen und die Gebiete klarer darzustellen, die wir nur oberflächlich behandelt haben, gestalten wir dieses Kapitel im Frage-und-Antwort-Stil. Wir werden die vorangegangenen Erörterungen überfliegen, um die Fragen vorauszusehen, die gestellt worden wären, wenn wir direkt mit den Eltern gesprochen hätten, anstatt ihnen zu schreiben.

Lassen Sie uns jetzt mit der ersten Frage, die sich auf die Bibelstelle bezieht, die Ann Landers mißverstanden hat, beginnen.

F: *Sie haben gesagt, daß Kinder gläubiger Eltern manchmal schlimm rebellieren und niemals zu dem Glauben zurückfinden, in dem sie unterwiesen worden sind. Ich habe gesehen, wie das einigen wunderbaren Familien passierte, die den Herrn liebten und sich in der Kirche engagierten. Dennoch scheint dies im Widerspruch zur Bibel zu stehen. Wie interpretieren Sie Sprüche 22, 6, wo es heißt: »Gewöhne einen Knaben an einen Weg, so läßt er auch nicht davon, wenn er alt wird«? Bedeutet dieser Vers nicht, wie er andeutet, daß die Kinder treuer christlicher Eltern niemals verloren sein werden? Verspricht er nicht, daß alle abtrünnigen Sprößlinge früher oder später in den Schoß der Familie zurückkehren werden?*

A: Ich wünschte, Salomos Botschaft an uns könnte mit solcher Zuversicht interpretiert werden. Ich weiß, daß das allgemeine Verständnis dieser Passage dahin geht, sie als göttliche Garantie aufzufassen, aber sie wurde nicht in diesem Zusammenhang gesagt. Der Psychiater John White, der darüber in seinem Buch »Eltern im Schmerz« schrieb, hat mir geholfen zu verstehen, daß die Sprüche niemals als absolute *Verheißungen* Gottes gedacht waren. Statt dessen sind sie Möglichkeiten; Dinge, die wahrscheinlich passieren werden. Salomo, der die Sprüche schrieb, war zu der Zeit der weiseste Mann auf der Erde. Es war seine Absicht, seine von Gott eingegebenen Beobachtungen, wie die menschliche Natur und Gottes Universum funktionieren, weiterzugeben. Von bestimmten Gegebenheiten kann man erwarten, daß sie gewisse Konsequenzen zur Folge haben. Mehrere dieser Beobachtungen, Sprüche 22, 6 eingeschlossen, wurden aus diesem Zusammenhang herausgenommen, und man hat sie einzeln als göttliche Verheißungen hingestellt. Wenn wir auf dieser Interpretation beharren, müssen wir erklären, weshalb so viele andere Sprüche sich nicht als unfehlbar zutreffend erweisen. Zum Beispiel:

> Lässige Hand macht arm; aber der Fleißigen Hand macht reich (10, 4). (Haben Sie je einen fleißigen . . . aber armen . . . Christen getroffen? Ich schon.)
> Der Segen des HERRN allein macht reich, und nichts tut eigene Mühe hinzu (10, 22).
> Die Furcht des HERRN mehrt die Tage; aber die Jahre der Gottlosen werden verkürzt (10, 27). (Ich habe einige Kinder mit einem christlichen Zeugnis auf den Lippen sterben sehen.)
> Es wird dem Gerechten kein Leid geschehen, aber die Gottlosen werden voll Unglücks sein (12, 21).
> Die Pläne werden zunichte, wo man nicht miteinander berät; wo aber viele Ratgeber sind, gelingen sie (15, 22).
> Graue Haare sind eine Krone der Ehre; auf dem Weg der Gerechtigkeit wird sie gefunden (16, 31).
> Der Mensch wirft das Los; aber es fällt, wie der HERR will (16, 33).
> Wenn ein Fürst ohne Verstand ist, so geschieht viel Unrecht; wer aber unrechten Gewinn haßt, wird lange leben (28, 16).

Uns allen fallen Ausnahmen zu den oben genannten Aussagen ein. Um es zu wiederholen, sie geben eher Wahrscheinlichkeiten als Absolutes zusammen mit Gottes persönlicher Garantie wieder. Diese Auslegung der Sprüche ist unter Laien etwas umstritten, aber weniger unter biblisch Geschulten. Der Kommentar zur Bibel, der von der Fakultät des Theologischen Seminars in Dallas erstellt wurde, akzeptiert beispielsweise die Verstehensweise, die ich vorgeschlagen habe. Dieser Kommentar wird wegen seiner starken Verpflichtung zur wörtlichen Auslegung des Wortes Gottes geschätzt. Die Theologen schrieben folgendes:

> ». . . Einige Eltern haben versucht, dieser Direktive zu folgen, allerdings ohne dieses Resultat. Ihre Kinder sind von der christlichen Erziehung, die ihre Eltern ihnen angedeihen ließen, abgewichen. Das macht die Merkmale eines ›Spruches‹[19] anschaulich. Ein

Spruch ist ein literarisches Mittel, mit dem man eine allgemeine Wahrheit auf eine bestimmte Situation beziehen kann. Viele der Sprüche Salomos sind keine absoluten Garantien, weil sie Wahrheiten aussprechen, die notwendigerweise durch die herrschenden Umstände bestimmt sind . . . Obwohl die Sprüche sich im allgemeinen und für gewöhnlich bewahrheiten, lassen sich gelegentliche Ausnahmen beobachten. Das kann am Eigenwillen oder an dem absichtlichen Ungehorsam eines einzelnen liegen, der lieber seinen eigenen Weg geht – den Weg des Unverstands – anstelle des Weges der Weisheit. Dafür wird er zur Verantwortung gezogen. Dennoch trifft es im allgemeinen zu, daß die meisten Kinder, die in einem christlichen Elternhaus unter dem Einfluß gläubiger Eltern aufwachsen, die Gottes Werte vermitteln und vorleben, sich nach diesen Maßstäben richten.«

Offensichtlich hat das humanistische Konzept des Determinismus sogar Eingang in die Auslegung der Bibel gefunden. Diejenigen, die glauben, daß Sprüche 22, 6 eine Garantie dafür bietet, daß die nächste Generation errettet wird, sind im Grunde überzeugt, daß man ein Kind so gründlich programmieren kann, daß sein Weg *determiniert,* d. h. vorbestimmt ist. Ihre Aufgabe ist, das Kind so »an seinen Weg zu gewöhnen, daß es nicht davon läßt«. Aber denken Sie einen Moment darüber nach. Ist nicht der Schöpfer in unendlicher Weisheit und Liebe mit Adam und Eva umgegangen? Er hat keine Fehler beim »Erziehen« begangen. Sie waren außerdem in einer perfekten Umgebung zu Hause, ohne all den Druck, dem wir ausgesetzt sind. Sie hatten keine Probleme mit den angeheirateten Verwandten, keine Geldnot, keine frustrierenden Arbeitgeber, kein Fernsehen, keine Pornographie, keinen Alkohol oder Drogen, keinen Gruppenzwang und keine Sorgen. Sie hatten keine *Ausreden!* Trotzdem beachteten sie die ausdrückliche Warnung Gottes nicht und stolperten in die Sünde hinein. Wenn es je möglich gewesen wäre, die Verstrickungen des Bösen zu umgehen, so wäre es in dieser sündenfreien Welt geschehen. Tat es aber nicht. Gott gab Adam und Eva in seiner Liebe die Wahl zwischen Gut und Böse, und sie mißbrauchten sie. Wird er Ihren Kindern nun die gleiche Freiheit vorenthalten? Nein. Letztendlich werden sie für sich selbst entscheiden. In dieser Zeit der Entscheidung stockt den Eltern der Atem, wenn alles, was sie gelehrt haben, auf dem Spiel zu stehen scheint. Aber das steht uns allen bevor.

F: *Sie bringen dieser Mißinterpretation der Schrift starke Gefühle entgegen. Wie wirkt sie sich aus?*

A: Ich sorge mich am meisten um die engagierten und ernsthaften gläubigen Eltern, deren erwachsene Kinder sich gegen Gott und ihre eigenen Familien auflehnen. Diese Mütter und Väter haben ihr Bestes gegeben, um ihre Kinder ordentlich zu erziehen, aber sie haben sie trotzdem verloren. Diese Situation an sich ruft enorme Schuldgefühle hervor; von der Auslegung der Schrift ganz abgesehen. Dann lesen sie in den Sprüchen Salomos, daß Gott verheißen – absolut dafür garantiert hat –, daß es den Kindern von Eltern, die sie ordentlich erzogen haben, geistig gutgehen soll. Was sollen sie also im Licht der andauernden Rebellion und Sünde der nächsten Generation daraus schließen? Man kann der Botschaft nicht entrinnen! Es muß ihr Fehler sein. Sie haben ihre Kinder der Verdammnis anheimgegeben, weil sie ihre Hälfte der Abmachung nicht eingehalten haben. Durch ihre Fehler als Eltern haben sie ihre geliebten Kinder in die Hölle geschickt. Dieser Gedanke ist für einen sensiblen Gläubigen so schrecklich, daß er tatsächlich seine geistige Gesundheit untergraben könnte.

Ich glaube einfach nicht, daß Gott beabsichtigt hat, die *absolute* Verantwortung für die Sünden der Kinder auf den Rücken verletzlicher Eltern zu laden. Wenn wir die Bibel als Ganzes betrachten, finden wir für diesen extremen Standpunkt keine Unterstützung. Die Ermordung Abels durch Kain wurde nicht seinen Eltern zur Last gelegt. Joseph war ein gottesfürchtiger Mann und seine Brüder waren Schurken, aber ihre Eltern (Jakob und Rahel) wurden nicht für die Unterschiede zwischen ihnen verantwortlich gemacht. Der fromme Samuel zog rebellische Kinder groß, dennoch wurde ihm ihre Sünde nicht vorgeworfen. Und im Neuen Testament wurde der Vater des verlorenen Sohnes nie beschuldigt, seinen unternehmungslustigen Sohn nicht ordentlich erzogen zu haben. Der Junge war offensichtlich alt genug, um seine eigene dickköpfige Entscheidung zu treffen, und sein Vater stand ihm dabei nicht im Weg. Dieser brave Mann tat niemals für eine Verfehlung Buße – das brauchte er auch nicht.

Es ist nicht mein Wunsch, Eltern damit davonkommen zu lassen, daß sie während ihrer Jahre der Kindererziehung nachlässig und wenig engagiert waren. Wenigstens ein biblisches Beispiel gibt es, in dem Gottes Zorn einen Vater trifft, der versäumt hat, seinen Söhnen Gehorsam beizubringen und sie zu unterweisen. Dieses Geschehnis wird in 1. Samuel 2, 22–36 beschrieben, wo der Priester Eli seinen Söhnen erlaubte, den Tempel zu entweihen. Sie wurden alle drei vom Herrn zum Tode verurteilt. Offensichtlich nimmt er unsere Aufgaben als Eltern ernst und erwartet, daß wir dies auch tun. Aber er möchte nicht, daß wir für

Umstände schuldgebeugt herumlaufen, die außerhalb unserer Kontrolle liegen!

F: *Mit Bezug auf das, was Sie über Jungverheiratete sagten, die sich übernehmen, warnten Sie vor dem Versuch, zuviel zu schnell erreichen zu wollen. Ich möchte diesen Fehler nicht begehen, aber ich hoffe, daß ich heiraten und mein Studium fortführen kann. Könnten Sie die Ratschläge, die sie Menschen wie mir geben würden, näher ausführen?*

A: Es scheint erst gestern gewesen zu sein, daß ich selbst mit ähnlichen Fragen konfrontiert war. Ich war das dritte Jahr auf dem College, hatte die Hoffnung, den Doktortitel zu erwerben, zu heiraten, Kinder zu haben, ein Haus zu kaufen und in den nächsten paar Jahren für unseren Unterhalt zu sorgen. Weil ich jung war, dachte ich, es gäbe keine Grenzen für das, was ich erreichen könnte. Aber dann hörte meine Tante eines Tages den Vortrag eines christlichen Psychologen namens Clyde Narramore. Dieser bot an, mit jedem vielversprechenden Studenten, der das Gebiet der Psychologie studieren wollte, einen Nachmittag zu verbringen. »Wir brauchen bei dieser Arbeit Christen«, sagte er, »und ich will denen helfen, die interessiert sind.« Ich rief Dr. Narramore einige Tage später an, und er stimmte einem Besuch von mir zu. Dieser beschäftigte Mann schenkte mir zwei Stunden seiner Zeit. Ich erinnere mich noch dreißig Jahre später an seine Worte. Unter anderem warnte er mich, nicht zu schnell zu heiraten, wenn ich die Ausbildung beenden und Psychologe werden wollte.

Er sagte: »Schneller als Sie denken, wird ein Baby dasein, und Sie werden finanziell unter enormen Druck geraten. Sie werden deshalb aufhören wollen. Sie werden die Nächte durchwachen und für ein krankes Kind sorgen und dann vielleicht viel Geld für Arztrechnungen ausgeben. Ihre Frau wird frustriert sein, und Sie werden sich versucht fühlen, Ihre Träume aufzugeben. Ziehen Sie sich nicht selbst diese Zwangsjacke an.«

Ich nahm Dr. Narramores Rat an und wartete, bis ich vierundzwanzig war und meine Abschlußarbeit fast beendet hatte, bevor Shirley und ich getraut wurden. Wir warteten mit dem ersten Kind noch weitere fünf Jahre, bis ich die Kurse für meinen Doktortitel absolviert hatte. Es war ein weiser Entschluß. Das Leben ist ein Tauschgeschäft, wie man so sagt.

Obwohl Dr. Narramore dies nicht ausdrücklich gesagt hat, versichere ich Ihnen, daß Eheprobleme nicht zu umgehen sind, wenn sich die Paare in den ersten Jahren übernehmen. Das Zusammenwachsen, das in den ersten zehn Jahren stattfinden soll, braucht gemeinsam verbrachte Zeit – Zeit, die nicht zur Verfügung steht, wenn sie anderweitig verbraucht wird. Mein Rat an Sie ist, an Ihren Träumen festzuhalten, aber sich etwas mehr Zeit für ihre Erfüllung zu nehmen. Der Erfolg wartet, aber eine glückliche Familie nicht. Das erstere zu erreichen und das letztere zu verlieren wäre im besten Fall ein leerer Sieg.

Lassen Sie mich diesen Gedanken noch nachträglich einwerfen. Ich habe kürzlich in der *Los Angeles Times* einen Artikel über einen Mann namens J. R. Buffington gelesen. Sein Lebensziel war, in seinem Garten Zitronen zu züchten, die alle Rekorde brechen würden. Er erfand eine Formel, die genau dies lieferte. In jenem Frühling gebar der kleine Baum zwei riesige Zitronen, von denen eine über fünf Pfund wog. Aber jede andere Zitrone am Baum war eingeschrumpft oder mißgestaltet. Herr Buffington arbeitet noch an seiner Formel.

Ist das nicht genau wie im Leben? Große Investitionen, die in ein bestimmtes Unternehmen fließen, haben die Tendenz, andere ihrer Ausbaufähigkeit zu berauben. Ich hätte lieber einen Baum voller saftiger Zitronen als rekordverdächtige, aber abnorme Früchte, Sie nicht auch? *Gleichgewicht* heißt das Wort. Es ist der Schlüssel zu einem erfolgreichen Leben . . . und zu erfolgreicher Erziehung.

F: *Bei meinem dreijährigen Sohn kann man damit rechnen, daß er sich, immer wenn wir zum Einkaufen oder in ein Restaurant gehen, wie ein verzogenes Balg benimmt. Er scheint zu wissen, daß ich ihn dort vor allen Leuten nicht bestrafen werde. Wie sollte ich dieser Taktik begegnen?*

A: Man sagt, daß ein Waschbär einen Hund für gewöhnlich töten kann, wenn er ihn in einem See oder Fluß erwischt. Er zieht den Hund einfach unter das Wasser, bis er ertrinkt. Die meisten Tiere würden es ebenfalls vorziehen, auf dem Gelände ihrer Wahl zu kämpfen. Bei kleinen Kindern ist dies ganz genauso. Wenn sie mit Mutter oder Vater einen Streit anfangen wollen, tun sie dies lieber in der Öffentlichkeit. Sie sind schlau genug zu wissen, daß sie vor anderen Leuten »sicherer« sind. Sie nehmen sich einfach Süßigkeiten oder reden ungezogen, was sie zu Hause nie versuchen würden. Nochmals, die erfolgreichsten Generäle sind diejenigen, die den Feind in einem für ihre Truppen vorteilhaften Terrain überraschen. Öffentliche Gebäude stellen für ein aufmüpfiges Vorschulkind das »ideale Gebiet« dar.

Sie könnten zu den Eltern gehören, die in diese Falle getappt sind. Um nicht in der Öffentlichkeit strafen zu müssen, haben Sie ungewollt »Schutzzonen« geschaffen, in denen die alten Regeln nicht durchgesetzt werden. Mit absoluter Sicherheit wird sich Ihr eigenwilliger Sohn oder Ihre eigenwillige Tochter in diesen neutralen Zonen herausfordernd und ungehorsam benehmen. Irgend etwas im Kind zwingt es fast dazu, in Situationen, wo die Entschlossenheit der Erwachsenen in Frage steht,

»die Grenzen auszuprobieren«. Aus diesem Grund rate ich Ihnen, daß Sie vor dem Betreten einer solchen »öffentlichen Arena« eine strenge Warnung aussprechen, die klarstellt, daß dieselben Regeln gelten. Wenn es sich dann schlecht benimmt, gehen Sie mit ihm zurück zum Auto oder um die Ecke und verfahren Sie so, wie Sie es zu Hause getan hätten. Sein Verhalten in der Öffentlichkeit wird sich drastisch verbessern.

F: *Ich könnte einen Rat für ein kleines Problem, das wir haben, brauchen. Tim, mein Sechsjähriger, liebt es sehr, immer wenn er mit meinem Mann oder mit mir spricht, dumme Namen zu benutzen. Diese Woche war es beispielsweise »Du dicker Hot Dog«. Fast jedesmal, wenn er mich jetzt sieht, sagt er: »Hallo, Hot Dog.« Davor war es »Doofie«, dann »Elch« (nachdem er E wie Elch in der Schule gehabt hatte).*

Ich weiß, es ist dumm, und es ist kein großes Problem, aber es ärgert einen nach so langer Zeit. Er macht das jetzt seit einem Jahr. Wie können wir ihn dazu bringen, respektvoller mit uns zu reden und uns Mutti und Vati zu nennen, statt Hot Dog und Elch?

Ich bin Ihnen für jeden Rat dankbar.

A: Was wir hier haben, ist ein nahezu klassischer Machtkampf, fast genau wie die, die wir vorher erörtert haben. Und im Gegensatz zu dem, was Sie sagten, ist er nicht so unbedeutend. Unter anderen Umständen wäre es keine große Sache, wenn ein Kind seinen Eltern spielerisch Namen gibt. Darum geht es hier aber nicht. Statt dessen tut Tim fortwährend etwas, von dem er weiß, daß es Sie und Ihren Mann ärgert, und dennoch können Sie ihn nicht dazu bringen aufzuhören. Das ist der Punkt. Er hat Spaß ein ganzes Jahr lang als Taktik für seine Auflehnung benutzt. Es ist an der Zeit, daß Sie sich hinsetzen und ein kleines Gespräch mit dem lieben Timothy führen. Sagen Sie ihm, daß er sich respektlos verhält und daß er, wenn er Ihnen das nächste Mal irgendeinen komischen Namen gibt, bestraft wird. Sie müssen darauf vorbereitet sein, die Drohung wahr zu machen, weil er Sie solange weiter herausfordern wird, bis es ihm keinen Spaß mehr macht. So ist er eben. Wenn diese Reaktion niemals kommt, werden seine Beleidigungen wahrscheinlich deutlicher und enden in einem Alptraum während der Pubertät. Für ein eigenwilliges Kind ist Beschwichtigung eine Einladung zum Krieg.

Vergessen Sie niemals diese Tatsache: das klassische eigenwillige Kind ist vom Trotzalter an oder schon früher machthungrig. Da seine Mutter der nächste Erwachsene ist, der die Zügel in der Hand hat, schlägt es solange nach ihr, bis sie ihn selbst kutschieren läßt. Ich erinnere mich an eine Mutter, die mir von einer Auseinandersetzung mit ihrer vierjährigen

Tochter berichtete. Das Kind wollte seinen Kopf durchsetzen, und die Mutter kämpfte um ihre Autorität.

»Jenny«, sagte die Mutter, »du mußt tun, was ich dir sage. Gott hat mir die Verantwortung gegeben, dich zu führen, und das werde ich tun!«

Jenny dachte darüber eine Minute lang nach und fragte dann: »Wie lange muß das so sein?«

Veranschaulicht das die Sache nicht wunderbar? Schon mit vier Jahren erwartete dieses Kind einen Tag der *Freiheit,* an dem niemand ihr sagen konnte, was sie zu tun hatte. Tief in ihrer Seele gab es etwas, was sich nach Macht sehnte. Achten Sie bei Ihrem Kind auf dasselbe Phänomen. Wenn es ein Dickkopf ist, wird es sich bald zeigen.

F: *Sie haben die Gefahren von Macht sowohl für Kinder als auch für Erwachsene erklärt. Aber es ist auch keine große Tugend, absolut machtlos zu sein, oder? Was bedeutet es für jemanden, ohne Einfluß oder Glaubwürdigkeit in der heutigen Gesellschaft zu leben?*

A: Sie haben eine einsichtsvolle Frage gestellt. Es besteht Grund dazu, sich um diejenigen zu sorgen, denen heutzutage alle soziale Macht genommen ist. Die Alten, die Behinderten, die Verarmten, die Obdachlosen, die Kranken und die Sterbenden sind oftmals unter ihnen.

Mein Vater erhielt gegen Ende seines Lebens einen kleinen Einblick in ihre Not. Ich werde nie vergessen, wie ich ihn nach einem schweren Herzanfall zum letzten Mal im Krankenhaus besuchte. Ich kam an dem Abend mit dem Flugzeug aus Cincinnati und eilte an sein Bett. Ich saß bis spät in die Nacht bei ihm, und wir sprachen darüber, wie er sich fühlte. Er war in nachdenklicher Stimmung. Vater erzählte mir, daß das Pflegepersonal ihn gut versorgt habe, daß sie es aber irgendwie fertigbrachten, ihm gegenüber Respektlosigkeit auszustrahlen. Er war nicht wütend, und er bat mich nicht, für ihn einzuschreiten. Darum ging es ihm nicht. Er hatte einfach eine Beobachtung gemacht, die ihm Sorgen bereitete. Er sagte, daß die jungen Ärzte und Schwestern so auf ihn eingingen, als wäre er ein alter Mann. Damals war er erst sechsundsechzig Jahre alt und immer noch ganztägig beschäftigt. Er war ein sehr energischer Mann gewesen, bis der Zeiten Hippe ihr niederträchtiges Werk tat. Jetzt ging das Leben schnell dem Ende zu, und er schien dies zu wissen.

Dann sagte er: »Ich habe in diesen letzten paar Tagen gesehen, was es heißt, die absolute Machtlosigkeit des Alters zu erleben – wenn man völlig auf jemanden angewiesen ist, der einen als Person nicht wertschätzt. Ich verstehe zum ersten Mal die Respektlosigkeit, die mit dem fortschreitenden Alter einhergeht. Es ist beängstigend.

Millionen älterer Menschen wissen genau, was mein Vater damit ausdrücken wollte. Machtlosigkeit ist schwer zu ertragen, selbst wenn sie von Liebe und Verständnis begleitet wird. Abhängigkeit ist furchtbar, wenn man von Respektlosigkeit umgeben ist. Ich glaube, daß Jesus deshalb gekommen ist, um den Ausgeschlossenen, den Verletzten, Lahmen und Kranken zu helfen. Er berührte den Aussätzigen, der seit Jahren nicht berührt worden war. Und er sagte seinen Jüngern: »Die Starken bedürfen keines Arztes, sondern die Kranken . . .« (Mark. 2, 17). Er ermahnte uns alle: ». . . Wahrlich, ich sage euch: Was ihr getan habt einem von diesen meinen geringsten Brüdern, das habt ihr mir getan« (Matth. 25, 40). Welch unglaubliches Mitleid hatte er mit denjenigen, die Schmerzen litten – für die machtlosen Menschen der Welt. Ich wünschte, ich könnte sie alle auf ihn hin ausrichten. Er ist ein Freund, der mehr als ein Bruder zu einem hält.

F: *Der größte Machtkampf bei uns zu Hause betrifft die Schule und besonders die Hausaufgaben. Unser Fünftkläßler will sie einfach nicht machen! Wenn wir ihn zwingen zu lernen, sitzt er da und starrt vor sich hin, malt rum, steht auf, um sich Wasser zu holen, und schlägt einfach nur die Zeit tot. Außerdem wissen wir nie mit Sicherheit, was er zu tun hat. Was würden Sie uns raten?*

A: Lassen Sie mich einen kleinen Diskurs über Erfolg in der Schule geben, der auf jahrelangem Umgang mit Eltern beruht. Ich habe als Lehrer und als Beratungslehrer an einer Schule gearbeitet. Glauben Sie mir, ich kenne die Erregung, die Mütter und Väter empfinden, wenn ihre Kinder die Fähigkeiten, die Gott ihnen gegeben hat, nicht nutzen wollen. Sie sind mit folgender Situation konfrontiert. Die Selbstdisziplin, die notwendig ist, um in der Schule Erfolg zu haben, scheint bei Kindern eines Kontinuums von einem Extrem zum anderen verteilt zu sein. Die Schüler am positiven Ende der Skala (Typ I, wie ich sie nenne) sind ihrer Natur nach ordentliche Menschen, die auf Details achten. Sie nehmen den Ausbildungsprozeß sehr ernst und übernehmen die volle Verantwortung für erteilte Aufgaben. Sie machen sich auch über ihre Noten Sorgen oder sind sich wenigstens ihrer Bedeutung bewußt. Eine schlecht ausgefallene Arbeit würde sie für mehrere Tage deprimieren. Sie mögen außerdem die Herausforderung, die im Unterricht geboten wird. Die Eltern solcher Kinder brauchen ihre Fortschritte nicht zu überwachen, damit sie arbeiten. Sie leben eben so . . . und das stimmt mit ihrem Temperament überein.

Am anderen Ende des Kontinuums befinden sich die Jungen und Mädchen, die sich nicht gut in die Klasse und den Unterricht einfügen (Typ II). Wo ihre Typ-I-Geschwister mit einem »cum laude« die Schule verlassen, machen diese Kinder ihren Abschluß »so lala«. Sie sind schlampig, unordentlich und gedankenlos. Sie haben eine natürliche Abneigung gegen Arbeit und spielen gerne. Sie können einen Erfolg nicht abwarten und eilen ohne ihn weiter. So wie Bakterien, die allmählich immun gegen Antibiotika werden, werden die klassischen schlechten Schüler unempfindlich gegen den Druck der Erwachsenen. Sie trotzen alle paar Wochen einem Sturm elterlichen Protests und fallen dann, wenn niemand hinsieht, in Apathie zurück. Sie hören die Hausaufgaben, die sie in der Schule erteilt bekommen, nicht einmal, und es scheint ihnen nichts auszumachen, wenn sie sie nicht erledigen können. Und Sie können sicher sein, daß sie ihre Eltern zur Verzweiflung treiben.

Es gibt einige wichtige Einsichten zu Typ I- und Typ II-Kindern, die Eltern helfen könnten, mit deren Unterschieden umzugehen. Erstens sind diese Eigenheiten nicht besonders intelligenzabhängig. Damit meine ich, daß es intelligente Kinder gibt, die am gedankenlosen Ende der Skala stehen, und langsam lernende, die hochmotiviert sind. Der grundlegende Unterschied zwischen ihnen ist mehr eine Sache des Temperaments und der Reife als des IQs.

Zweitens sind die Typ II-Kinder dem Typ I nicht unterlegen. Ja, es wäre wundervoll, wenn jeder Schüler das Talent, das er besitzt, auf das beste nutzen würde. Aber jedes Kind ist eine einmalige Persönlichkeit. Sie müssen nicht alle aus einem Guß sein. Ich weiß, daß Bildung heutzutage wichtig ist, und wir wollen, daß es unsere Kinder schulisch so weit bringen, wie sie können. Aber lassen Sie uns unsere Ziele in angemessenem Rahmen halten. Es ist möglich, daß der schlechte Schüler auf lange Sicht den supergescheiten übertrifft. Es gibt unzählige Beispiele dafür. Schreiben Sie ein unordentliches, offensichtlich faules Kind nicht als lebenslangen Versager ab. Es könnte Sie noch überraschen.

Drittens werden Sie *niemals* einen Typ II-Sprößling durch Nörgeln, Antreiben, Drohen oder Strafen zum Typ I-Schüler machen. Das liegt ihm einfach nicht. Wenn Sie versuchen, ihn zu etwas zu zwingen, was er nicht ist, werden Sie nur Kummer für sich selbst und Wut beim Kind hervorrufen. Der Versuch kann zu Hause für viele Konflikte sorgen. Ich habe den Schluß gezogen, daß er den Preis, den man dafür bezahlt, nicht wert ist.

Andererseits rate ich ganz sicher nicht dazu, daß man Kindern erlaubt, sich einfach treiben zu lassen, Verantwortung aus dem Wege zu gehen und ihre Möglichkeiten nicht zu nutzen. Die Art und Weise, in der ich mit schlechten Schülern umgehe, läßt sich in diesen Vorschlägen zusammenfassen: 1. Ihm fehlt die Selbstdisziplin, sein Leben zu ordnen. Helfen Sie ihm, sie zu entwickeln. Bringen Sie System in die Zeit, in der er lernt. Sehen Sie seine Hausaufgaben nach, ob sie sauber und vollständig usw. sind. 2. Halten Sie so eng wie möglich Kontakt zur Schule. Je mehr Sie und der Lehrer Ihres Kindes miteinander sprechen, desto besser. Nur dann können Sie für die nötige Ordnung sorgen. 3. Vermeiden Sie Spannungen in der Beziehung zum Kind. Sie helfen nicht. Die Eltern, die am frustriertesten und wütendsten werden, glauben gewöhnlich, daß die Verantwortungslosigkeit ihres Kindes Absicht ist. Gewöhnlich ist es nicht so. Behandeln Sie das Problem als vom Temperament abhängig, statt als Ungehorsam. Wenn Sie Ihr Teil zur Hilfe beigetragen haben, nehmen Sie an, was dabei herauskommt. Schwimmen Sie mit dem Strom und halten Sie nach anderen Gebieten Ausschau, auf denen Ihr Kind erfolgreich sein könnte. Lassen Sie es mich noch einmal sagen: Nicht jeder Mensch ist aus demselben Guß. Auf dieser Welt ist Raum für kreative »Seelen«, die sich danach sehnen, frei zu atmen. Ich wette, daß einige von Ihnen als Eltern das Leben aus derselben Richtung angegangen haben.

F: *Wie denken Sie über Hausaufgaben, die in der Schule aufgegeben werden? Denken Sie, das ist sinnvoll? Wenn ja, wieviel und wie oft?*[20]

A: Da ich Bücher über Disziplin geschrieben habe und als Verfechter der elterlichen Autorität bekannt bin, wird meine Antwort Sie vielleicht überraschen: Ich glaube, daß Hausaufgaben, wenn man nicht sorgfältig damit umgeht, zerstörerisch und hemmend wirken können. Ich sorge mich besonders wegen der vielen Hausaufgaben, die in der Grundschule routinemäßig aufgegeben werden. Man verlangt von kleinen Kindern, daß sie sechs oder mehr Stunden jeden Tag dem Unterricht folgen. Und dann setzt man sie an einen Schreibtisch und befiehlt ihnen, noch mehr Aufgaben zu erledigen. Für ein lebhaftes, hyperaktives Kind oder sogar für eines, das nur ein bißchen Spaß möchte, ist das einfach zuviel. Das Lernen wird für sie schrecklich langweilig, anstatt, wie es sein sollte, eine aufregende Vielfalt zu bieten.

Ich erinnere mich an eine Mutter, die zu mir kam, weil ihr Sohn Probleme in der Schule hatte. »Er muß jeden Abend ungefähr drei Stunden Hausaufgaben machen«, sagte sie. »Was kann ich tun, damit er sie *gern* macht?«

»Sie scherzen wohl?« sagte ich zu dieser Mutter. »So viele Hausaufgaben würde ich auch nicht machen wollen!«

Als ich mich erkundigte, fand ich heraus, daß die Schule vehement verneinte, ihm so viele Hausaufgaben aufzugeben. Oder vielmehr, sie gaben den *anderen* Schülern nicht soviel auf. Man erwartete, daß die langsameren Jungen und Mädchen die Aufgaben, die sie nicht im Unterricht erledigt hatten, zu Hause fertig machten und zusätzlich die

Hausaufgaben erledigten. Für die, die sich wie dieser Kleine abmühten, bedeutete das jeden Abend einige Stunden Arbeit. Für sie gab es den ganzen Tag lang kein Entrinnen vor den Büchern. Was für ein Fehler!

Zu viele Hausaufgaben während der Grundschuljahre können potentiell auch das Familienleben beeinträchtigen. Wir versuchten bei uns zu Hause in der beschränkten Zeit, die wir füreinander hatten, viele Dinge zu tun. Ich wollte, daß unsere Kinder an Gemeindeaktivitäten teilnahmen, Zeit mit der Familie verbringen und auch mal fünfe gerade sein lassen und eine oder zwei Stunden verplempern konnten. Kinder brauchen Zeit für nicht vorgeschriebenes Spielen – schaukeln und Steine werfen und mit dem Ball spielen.

Hausaufgaben verursachen auch für die Eltern beachtlichen Streß. Ihre Kinder wollen die Aufgaben entweder nicht erledigen, oder sie werden müde und jammern deswegen. Spannungen bauen sich auf, und ärgerliche Worte werden geäußert. Ich bin davon überzeugt, daß die Kindesmißhandlung für einige Kinder an diesem Punkt beginnt. Als Shirley eine zweite Klasse unterrichtete, kam ein kleines Mädchen mit zwei blauen, verschwollenen Augen in die Schule. Sie sagte, ihr Vater habe sie geschlagen, weil sie nicht lernen konnte, die aufgegebenen Wörter zu buchstabieren. Heute ist das strafbar, aber damals war es das nicht. Die arme Kleine wird ein Leben lang an diese Prügel denken und sich immer als »dumm« ansehen.

Dann gibt es Eltern, die die Hausaufgaben *für* ihre Kinder machen, nur um ihnen über den Berg zu helfen. Haben auch Sie sich dadurch schon mal strafbar gemacht? Schämen Sie sich! Oder genauer, haben Sie schon einmal zwei Wochen lang für Ihren wenig wissenschaftsbegeisterten Elfjährigen an einer Erdkundeaufgabe für Fünftkläßler gesessen – und dann später erfahren, daß Sie dafür eine Drei bekommen haben?! Das ist die absolute Demütigung.

Kurz gesagt, glaube ich, daß Hausaufgaben in der Grundschule sehr eingeschränkt werden sollten. Sie sind angemessen, um das »Kleine Einmaleins« und das Wortebuchstabieren zu lernen und um sich auf Klassenarbeiten vorzubereiten. Sie helfen auch dabei, Kinder daran zu gewöhnen, Aufgaben zu behalten, Bücher dazu mit nach Hause zu nehmen und sie wie verlangt zu erledigen. Aber wenn man sie jeden Abend mit eintönigen Aufgaben überhäuft, riskiert man, daß sie beim Lernen ausbrennen.

In der Unterstufe sollte vielleicht eine Stunde jeden Abend das Maximum sein. In der Oberstufe können die Schüler, die das Abitur machen wollen, mehr Aufgaben erledigen. Aber auch da gilt, daß dies in Maßen geschieht. Die Schulbildung ist ein überaus wichtiger Teil im

Leben unserer Kinder, aber sie ist nur *ein* Teil. Das Gleichgewicht zwischen diesen miteinander konkurrierenden Zielen ist das Entscheidende.

F: *Darf ich noch einmal auf die Geschichte von der trotzigen Zweijährigen im Flugzeug zurückkommen? Sie haben sie beim Anschnallen als nicht zu bändigen und widerspenstig beschrieben. Wie hätten Sie in dieser Situation gehandelt?*

A: Nun, ich denke, ich erwähnte, daß ein paar kurze Klapse auf die Beinchen ihren Wutanfall beendet und der Mutter die Kontrolle zurückgegeben hätten. Andererseits hätte diese Krise niemals stattfinden müssen. Die Mutter hätte die Situation vorhersehen und einige Bonbons oder ein paar interessante Spielsachen mitbringen sollen. Das wäre so einfach gewesen. Statt dessen waren Mutter und Tochter wie zwei Züge, die auf demselben Gleis aufeinander zufahren. Ein heftiger Zusammenstoß war unvermeidlich. Ich war lediglich dabei und habe den Zusammenprall beobachtet.

F: *Sie haben eine Menge über Neugeborene gesagt und darüber, ob sie mit komplexen Temperamenten oder als »unbeschriebene Blätter« auf die Welt kommen. Nachdem alles gesagt und getan ist, was macht es für einen Unterschied? Kinder sind Kinder, und wir nehmen sie so, wie wir sie vorfinden. Was macht es aus, ob sie mit »etwas« oder mit »nichts« angefangen haben?*

A: Man kann leicht verstehen, wie Sie zu der Annahme kommen konnten, daß diese Frage nur von wissenschaftlichem Interesse ist, ohne einen praktischen Nutzen zu haben. Nichts wäre weiter von der Wahrheit entfernt. Diese einander entgegengesetzten Betrachtungsweisen von Kindern haben weitreichende Auswirkungen und werden die erzieherischen Maßnahmen der Eltern die ganzen Entwicklungsjahre hindurch beeinflussen. Lassen Sie mich dies erklären.

Die Theorie vom »unbeschriebenen Blatt« vertritt die Ansicht, daß Kinder neutral geboren werden, aber einen Hang zum Guten haben. Ihre natürliche Neigung ist zu lieben, zu geben, zu arbeiten, zu gehorchen und zu lernen. Das Versagen des einzelnen, sich in dieser Weise positiv zu verhalten, ist nicht auf irgendwelche inneren Schäden, sondern auf eine korrupte und fehlgeleitete Gesellschaft zurückzuführen. Schlechte *Erfahrungen* sind für schlechtes Verhalten verantwortlich. Deshalb ist die Aufgabe der Eltern, eine liebevolle Umgebung zu schaffen und sich dann herauszuhalten. Natürliches Gutsein wird daraus hervorgehen. So lange größere Fehler vermieden werden, wird es keine negativen Reize geben, die das sich entwickelnde Individuum verdrehen oder verbiegen könnten. Rebellion und Ungehorsam gehen nicht aus Liebe hervor. Aus diesem Grund sind die Gehorsamsforderungen der Eltern weniger bedeutend, weil man keiner inneren Natur entgegentreten muß.

Dies ist die humanistische Betrachtungsweise der kindlichen Natur. Millionen von Amerikanern, zweifellos die Mehrheit, halten sie für wahr. Die meisten Psychologen haben sie während des zwanzigsten Jahrhunderts ebenfalls akzeptiert und gelehrt. Nur eines ist an dem Konzept falsch: es trifft absolut nicht zu.

Man kann die menschliche Natur unmöglich verstehen, ohne das »Eigentümer-Handbuch« zu Rate zu ziehen. Nur der Schöpfer der Kinder kann uns sagen, wie er sie gemacht hat, und das hat er in der Schrift getan. Sie lehrt, daß wir in Sünde geboren werden und eine ungehorsame Natur von Adam geerbt haben. David sagte: ». . . und meine Mutter hat mich in Sünde *empfangen*« (Ps. 51, 7), was bedeutet, daß diese Neigung zu sündigen genetisch weitergegeben wurde. Sie hat alle Personen infiziert, die je gelebt haben. »(Denn) sie sind *alle* Sünder und ermangeln des Ruhmes, den sie bei Gott haben sollten« (Röm. 3, 23). Aus diesem Grund neigt ein Kind, mit oder ohne schlechte Erfahrungen, seiner Natur nach zur Rebellion, Selbstsucht, Unehrlichkeit, Aggression, Ausbeutung und Gier. Man muß ihm diese Verhaltensweisen nicht erst beibringen. Sie sind ein unumgänglicher Ausdruck seiner menschlichen Natur.

Obwohl man sich über diese Sichtweise des Menschen heutzutage in der säkularen Welt lustig macht, gibt es genügend Beweise, um sie zu bestätigen. Wie wollen wir sonst die streitsüchtige und verstockte Natur jeder einzelnen Gesellschaft auf der Erde erklären? Seit mehr als 5000 Jahren standen blutige Kriege im Mittelpunkt der Weltgeschichte. Menschen aller Rassen und Religionen rund um den Globus haben Jahrhundert für Jahrhundert versucht, einander auszuplündern, zu verbrennen, in die Luft zu sprengen und zu töten. Der Frieden war lediglich eine momentane Pause, wenn sie nachladen mußten! Plato sagte vor mehr als 2350 Jahren: »Nur die toten Männer haben das Ende des Krieges erlebt.« Er hatte recht, zumindest für so lange, bis der Friedefürst kommt.

Außerdem findet man mitten unter diesen kriegführenden Nationen eine deprimierende Häufigkeit von Mord, Drogenmißbrauch, Kindesmißhandlung, Prostitution, Ehebruch, Homosexualität und Unehrlichkeit. Wie erklären wir das um sich greifende Böse in einer Welt voll Menschen, die die natürliche Neigung zum Guten haben? Sind sie tatsächlich trotz ihrer angeborenen Neigungen in diese asozialen Verhaltensweisen hineingeraten? Wenn dem so ist, konnte doch sicherlich *eine*

Gesellschaft auf der Welt das Gute erhalten, mit dem die Kinder geboren werden. Wo ist es? Gibt es so einen Ort? Nein, auch wenn einige Gesellschaftsformen sich moralischer benehmen als andere, spiegelt keine die Harmonie wider, die man nach der »unbeschriebenes Blatt«-Theorie erwarten dürfte. Warum nicht? Weil die Prämisse falsch ist.

Was bedeutet also die biblische Sehweise für Eltern? Sollen sie ihre Kleinkinder als schuldig ansehen, bevor sie etwas Falsches getan haben? Natürlich nicht. Kinder sind für ihre Sünden so lange nicht verantwortlich, bis sie in einem Alter sind, wo man sie zur Rechenschaft ziehen kann – und Gott kennt diesen Zeitpunkt am besten. Andererseits wäre es klug, wenn die Eltern trotziges Verhalten voraussehen und, wenn es auftritt, entsprechend handeln würden. Und es *wird* auftreten, wahrscheinlich mit achtzehn Monaten oder früher. Jeder, der einmal beobachtet hat, wie ein Kind im Trotzalter einen heftigen Wutanfall hat, weil es seinen Willen nicht bekam, gerät in ziemliche Bedrängnis, wenn er erklären soll, wie dieses »unbeschriebene Blatt« so durcheinandergeraten konnte! Haben seine Mutter oder sein Vater ihm den Wutanfall vorgemacht, indem sie sich sabbernd, strampelnd, heulend und brüllend auf den Boden warfen? Ich hoffe nicht. So oder so muß man es dem Kind nicht erst vormachen. Der Trotz kommt auf ganz natürliche Weise.

Eltern können und müssen ihre Kinder während der Entwicklungsjahre unterweisen, formen, korrigieren, leiten, bestrafen, belohnen, anleiten, warnen, lehren und lieben. Ihr Ziel ist es, diese innere Natur unter Kontrolle zu bringen und davon abzuhalten, die gesamte Familie zu tyrannisieren. Aber letztendlich kann nur Jesus Christus sie rein und dem Meister »ganz gefällig« machen.

Wissen Sie was? Ich glaube, ich habe eine Predigt gehalten. Und ich bin noch nicht einmal Pastor.

F: *Ganz allgemein gesprochen, wie würden Sie einen Teenager bestrafen, der einem gewohnheitsmäßig das Leben schwermacht?*

A: Lassen Sie mich zusätzlich zu dem, was ich zu diesem Thema schon geschrieben habe, folgenden Gedanken anbieten: Die allgemeine Regel ist zu handeln – statt sich zu ärgern –, um sich verständlich zu machen. Jedesmal, wenn es Ihnen gelingt, Jugendliche dazu zu bringen, das zu tun, was nötig ist, ohne wütend auf sie zu werden, gehen Sie bei diesem Spiel in Führung. Lassen Sie mich einige Beispiele geben, wie man dies bewerkstelligen könnte.

1. Man erzählte mir, daß in Rußland Jugendliche, die des Drogenmißbrauchs überführt worden sind, auf Jahre hinaus keinen Führerschein bekommen. Das ist eine sehr effektive Vorgehensweise.

2. Meine Tochter hatte als Teenager die Angewohnheit, meinen Rasierer, meine Rasiercreme, meine Zahnpasta oder meinen Kamm »auszuleihen«. Natürlich brachte sie nie etwas zurück. Dann entdeckte ich, nachdem sie zur Schule gegangen war, daß die Gegenstände fehlten. Da stand ich nun mit nassem Haar oder belegten Zähnen und versuchte, den konfiszierten Gegenstand zu finden. Es war nichts Weltbewegendes, aber damals ziemlich ärgerlich. Kommt Ihnen das bekannt vor?

Ich habe Danae ein Dutzendmal gebeten, es nicht zu tun, aber ohne Erfolg. Deshalb schlug eines kalten Morgens das Phantom zu. Ich versteckte alles, was sie brauchte, um sich zurechtzumachen und ging ins Büro. Meine Frau erzählte mir, sie hätte noch nie solches Gejammer und Gezeter gehört wie an diesem Tag. Unsere Tochter wühlte verzweifelt in allen Badezimmerschubladen auf der Suche nach ihrer Zahnbürste, dem Kamm und dem Fön. Das Problem ist nie wieder aufgetreten.

3. Eine Familie, die nur einen kleinen Heißwasserspeicher hatte, ärgerte sich über das endlose Duschen ihres Jugendlichen. Ihn anzubrüllen half nicht. Wenn er erst mal im Bad war, blieb er in der dampfenden Kabine, bis der letzte Tropfen warmes Wasser verbraucht war. Die Lösung? Mitten drin stoppte der Vater den Heißwasserzulauf, indem er das Ventil am Speicher schloß. Plötzlich schoß kaltes Wasser aus dem Duschkopf. Der Junior war innerhalb von Sekunden mit einem Satz aus der Dusche heraus.

4. Eine alleinerziehende Mutter konnte ihre Tochter morgens nicht aus dem Bett bekommen, bis sie einen neuen Grundsatz ankündigte: Das heiße Wasser würde pünktlich um 6.30 Uhr abgestellt werden. Das Mädchen könne entweder rechtzeitig aufstehen oder in eisigem Wasser duschen. Eine andere Mutter hatte jeden Morgen Probleme damit, ihren Achtjährigen aus dem Bett zu bekommen. Dann begann sie jeden Morgen eisgekühlte Murmeln unter seine Bettdecke zu schütteln. Er stand ziemlich schnell auf.

5. Statt auf dem Parkplatz zu stehen und die Schüler, die zu schnell fahren, zu bestrafen, hat die Schulverwaltung jetzt künstliche Buckel quer über die Straße bauen lassen, die jedem die Zähne aufeinanderschlagen lassen, der sie mißachtet. Das funktioniert ganz prima.

6. Sie als Eltern haben das Auto, das ein Jugendlicher braucht, das Geld, das er schätzt, und die Autorität, Privilegien zu vergeben oder sie zu verweigern. Wenn es hart auf hart geht, kann man diese Trumpfkarten gegen die Verpflichtung eintauschen, sich verantwortungsvoll zu betragen, bei der Arbeit im Haus(halt) mitzuhelfen und den kleinen Bruder in Ruhe zu lassen. Diese Art Handel funktioniert auch bei kleineren Kindern. Mir gefällt das »eine für eine«-Geschäft bei der Zeit, die

ferngesehen werden darf. Es erlaubt dem Kind für jede Minute, die es liest, eine Minute fernzusehen.

Die Möglichkeiten sind unbegrenzt.

F: *Würden Sie jemals unter irgendwelchen Umständen erlauben, daß ein Sohn oder eine Tochter einen Zimmergenossen des anderen Geschlechts zum Wohnen mit in Ihr Haus bringt?*

A: Nein. Das wäre unehrenhaft vor Gott und eine Verletzung der moralischen Prinzipien, nach denen Shirley und ich unser Leben ausgerichtet haben. Ich lege mich für meine Kinder krumm, aber nicht so weit.

F: *Gibt es Zeiten, zu denen gute, liebevolle Eltern ihre eigenen Kinder nicht besonders mögen?*

Ja, genau wie es in einer guten Ehe Zeiten gibt, zu denen Ehemänner und -frauen einander für eine Weile nicht mögen. Was Sie in beiden Situationen tun sollten, ist dranbleiben. Suchen Sie nach Möglichkeiten, um die Beziehung zu verbessern, aber geben Sie niemals Ihr Engagement füreinander auf. Das gilt besonders für die Teenagerzeit, wenn die Person, die wir sehen, in ein paar Jahren *ganz* anders sein wird. Warten Sie geduldig darauf, bis sie erwachsen geworden ist. Sie werden froh darüber sein.

Beachten Sie: Der folgende Punkt wurde ursprünglich in meinem früheren Buch »Gemeinsam oder einsam« (Editions Trobisch) veröffentlicht, wird aber hier wegen seiner Relevanz für das Thema eingeschlossen. *Irgend jemand* muß diese Nachricht unbedingt lesen! Sind Sie es?

F: *Meine Frau und ich sind seit kurzem gläubig und erkennen jetzt, daß wir unsere Kinder nach den falschen Prinzipien erzogen haben. Sie sind nun erwachsen, aber wir machen uns immer noch Sorgen wegen der Vergangenheit und empfinden großes Bedauern für unsere Fehler als Eltern. Können wir zu diesem späten Zeitpunkt noch etwas tun?*

A: Lassen Sie mich zunächst etwas zu den schrecklichen Schuldgefühlen sagen, die Sie offensichtlich mit sich herumtragen. Es gibt kaum Eltern, die nicht einiges bedauern und schmerzliche Erinnerungen an ihr Versagen als Mutter oder Vater haben. Wie gesagt, Kinder sind unendlich komplex, und wir können genausowenig perfekte Eltern wie perfekte Menschen sein. Die Anforderungen des täglichen Lebens verursachen Streß, und wir werden müde und ärgerlich; wir werden von unserem Körper und unseren Gefühlen beeinflußt, was uns manchmal davon abhält, die richtigen Dinge zu sagen und das Vorbild zu sein, das wir sein sollten. Wir gehen mit unseren Kindern nicht immer so ruhig um, wie wir uns das im nachhinein wünschen, und es geschieht häufig, daß wir ein oder zwei Jahre später zurückblicken und sehen, wie falsch wir das Problem angegangen sind.

Jeder von uns macht solche Erfahrungen des Versagens! Deshalb sollte jeder von uns im stillen dem Schöpfer der Eltern und Kinder sagen: »Herr, Du kennst meine Unzulänglichkeiten. Du kennst meine Schwächen, nicht nur bei der Erziehung, sondern überall in meinem Leben. Ich habe mein Bestes gegeben, aber es war nicht gut genug. So wie Du die Fische und Brotlaibe gebrochen hast, um die Fünftausend satt zu machen, nimm jetzt meine unzulänglichen Bemühungen und gebrauche sie, um meine Familie zu segnen. Mach Du die Dinge wieder gut, die ich falsch angefangen habe. Befriedige Du die Bedürfnisse, die ich nicht befriedigt habe.

Ich weiß, Gott wird dieses Gebet belohnen, sogar bei den Eltern, deren Aufgabe beendet ist. Der Herr möchte nicht, daß Sie Schuldgefühle für Geschehnisse empfinden, auf die Sie keinen Einfluß mehr haben. Die Vergangenheit ist die Vergangenheit. Lassen Sie sie sterben, ohne daß sie jemals wieder aufersteht. Übergeben Sie Gott die Situation, ein für allemal. Ich denke, Sie werden überrascht sein zu erfahren, daß Sie nicht mehr allein sind! ». . . Ich vergesse, was dahinten ist, und strecke mich aus nach dem, was da vorne ist, und jage nach dem vorgesteckten Ziel, dem Siegespreis der himmlischen Berufung Gottes in Jesus Christus« (Phil. 3, 13–14).

Für die entmutigte Mutter eines eigenwilligen Kindes im Trotzalter, die sich fühlt, als ob sie bald verrückt würde, gebe ich hier Teile zweier Briefe auszugsweise wieder, die ich vor einigen Jahren zugesandt bekam. Der erste wurde von einer Mutter geschrieben, die außer sich war, weil sie meinte, daß sie in meinem Buch »Das eigenwillige Kind« nicht die Hilfe fand, die sie brauchte. Der zweite Brief kam fünf Jahre später von derselben Frau. Der erste Brief (vom 14. Oktober 1978) lautete:

> Sehr geehrter Dr. Dobson,
> nachdem ich Ihr neues Buch erstanden habe, muß ich Ihnen gestehen, daß ich enttäuscht war. Der Anfang war ermutigend, aber der Rest war allgemeinen Erziehungsmethoden gewidmet. Ich dachte, das ganze Buch sei über eigenwillige Kinder geschrieben. Sind Sie sicher, daß Sie wissen, was das ist? Fast jedes Kind hat einen eigenen Willen, aber nicht jedes Kind ist *eigenwillig!*
> Unsere dritte (und letzte) Tochter ist *eigenwillig!* Sie ist jetzt einundzwanzig Monate alt, und es gab Zeiten, zu denen ich gedacht habe, sie sei nicht normal. Wenn Sie mein erstes Kind gewesen wäre,

hätte es in dieser Familie keine weiteren gegeben. Sie hatte sechs Monate lang Tag und Nacht Koliken, dann haben wir einfach aufgehört, das so zu nennen. Sie war die ganze Zeit einfach unzufrieden. Sie fing mit acht Monaten an zu laufen und schikanierte es ihre Schwestern erbarmungslos. Sie zog sie an den Haaren, biß, schlug sie, kniff und schubste sie mit aller Kraft. Sie riß ihrer Schwester ein Büschel ihrer langen schwarzen Haare aus.

Anmerkung: Diese Mutter fuhr fort, die Eigenheiten ihrer tyrannischen Tochter zu beschreiben, die ich schon oft gehört hatte. Sie schloß damit, daß sie mir riet, bei dieser Art von Kindern größeres Gewicht auf Schläge als auf Bestrafung zu legen. Ich antwortete ihr mit einem freundlichen Brief und sagte ihr, daß ich ihre Frustration verstehen könne. Fünf Jahre später schrieb sie mir noch einmal wie folgt:

Sehr geehrter Dr. Dobson,
dieser Brief ist schon lange überfällig, aber trotzdem vielen Dank! Vielen Dank dafür, daß Sie sich die Mühe gemacht haben, auf einen nicht gerade netten Brief einer entmutigten Mutter zu antworten. Vielen Dank für Ihren Zuspruch, den ersten, den ich seit langer Zeit bekam.
Vielleicht sind Sie am neuesten Bericht über unsere Sally Ann interessiert. Als ich Ihnen damals schrieb, hätte sie wahrscheinlich in bezug auf Eigenwillen glatte 100 Prozent erreicht. »Schwierig« ist ein sehr oberflächliches Wort, um sie als Kleinkind zu beschreiben. Als christliche Eltern haben wir jede biblische Methode ausprobiert, die wir finden konnten, um mit ihr fertig zu werden. Ich hatte entschieden, daß sie nicht normal sei. Bei etwas so Harmlosem, wie ihr morgens ihren Saft (den sie sehr gern mochte) im falschen Glas anzubieten, bekam sie einen Wutanfall – und das war, bevor sie richtig sprechen konnte! Gemeinsam mit der Familie eingenommene Mahlzeiten waren ein Alptraum.
Bevor sie zwei war, fiel Sally Ann regelmäßig über ihre größeren Schwestern im Alter von vier, acht und zwölf Jahren her, so daß sogar die zwölfjährige oft weinte. Wenn ich ihr den Hintern versohlte, hielt sie das nicht im mindesten davon ab. Schließlich zeigte mir der Herr im Gebet eines ganz deutlich: daß ich ihren Schwestern erlauben mußte, sich zu wehren; ich war strikt dagegen (und bin es noch!). In diesem Fall allerdings kann ich nur sagen, daß es funktioniert hat. Ich habe meinen vier Mädchen (mit Sally Ann auf meinem Schoß) genau und deutlich erklärt, was sie das nächste Mal

tun sollten, wenn sie von ihrer kleinsten Schwester angegriffen würden: sie sollten ihr einen ordentlichen Klaps neben ihrer Windel auf ihren kleinen dicken Oberschenkel geben. Sally kapierte das, innerhalb von zwei Tagen hörten ihre Angriffe auf.

Unsere Jüngste zum Gehorchen zu bringen war niemals einfach, aber mit Gottes Hilfe hatten wir die Ausdauer dazu. Wenn wir sie durch Schläge bestrafen mußten, konnten wir mit bis zu einer Stunde dauernden Wutanfällen rechnen. Es wäre so einfach gewesen, nachzugeben und den Ungehorsam zu ignorieren, aber ich bin überzeugt, daß Sally ohne dies im besten Fall eine schreckliche Landplage und im schlimmsten geisteskrank geworden wäre. Sagen Sie Ihren Hörern, daß Gehorsamsforderungen und Strafen *sich lohnen,* wenn man sie nach dem Wort Gottes anwendet.

Heute ist Sally ein Schatz und eine Freude für die ganze Familie. Sie ist immer noch recht eigenwillig, aber innerhalb normaler Grenzen! Sie ist sehr klug und hat ein sanftes, schöpferisches und mitfühlendes Wesen, was bei jemandem, der so jung ist, selten vorkommt. Ich weiß, daß der Herr Großes mit ihr vorhat. Sie hat Jesus schon in ihr Leben kommen lassen und weiß, wie sie ihn rufen kann, wenn sie ihn braucht (wenn sie Angst durch einen Alptraum hat usw.).

Zusammenfassend denke ich immer noch, daß Sie in Ihrem Buch nicht weit genug gegangen sind, liebevolle Bestrafung ist sicherlich der Schlüssel. Mit Ausdauer!

Vielen Dank und möge Gott Sie, Ihre Angehörigen und Ihr Amt weiterhin durch Jesus Christus, unseren Herrn, segnen.

In seiner Liebe,
Mrs. W. W.

Schlußbemerkung: Ich danke auch Ihnen, Mrs. W. Es war eine besondere Freude, noch einmal von Ihnen zu hören. Sie sind mit Sally Ann auf dem richtigen Weg. Liebevolle Bestrafung war Gottes Idee. Oh, und übrigens, *dieses* Buch ist für Sie geschrieben worden. Habe ich es diesmal getroffen?

11

Das erwachsene Kind loslassen

Wir kommen nun zu der letzten Aufgabe, die sich Müttern und Vätern stellt . . . die erwachsenen Kinder loszulassen und ihnen einen Start in die Erwachsenenwelt zu geben. Sie ist mit eine der schwierigsten. Vor einigen Jahren haben wir dieses Thema näher untersucht, indem wir eine weitere informelle Umfrage bei den Hörern der *Focus on the Family*-(Familie im Brennpunkt)-Radiosendung durchgeführt haben. Ich bat sie um Reaktionen auf diese Frage: »Was sind die größten Probleme, die Sie mit Ihren Eltern oder Schwiegereltern haben, und was werden Sie im Umgang mit Ihren erwachsenen Kindern anders machen als Ihre Eltern mit Ihnen?« In den nächsten Tagen überfluteten Mengen an Post mein Büro; schließlich kamen über 2600 detaillierte Antworten zusammen.

Wir haben jeden Brief gelesen und die Antworten nach groben Themen katalogisiert. Wie bei solchen Umfragen üblich, wurden wir alle durch die Ergebnisse überrascht. Wir waren überzeugt davon, daß Klagen über die angeheirateten Verwandten die größte Kategorie von Problemen ausmachen würden. Statt dessen lagen sie nur an fünfter Stelle in der Häufigkeit und machten nur zehn Prozent der bei uns eingegangenen Briefe aus. Das am vierthäufigsten erwähnte Problem betraf mit elf Prozent Krankheit, Abhängigkeit, Senilität und andere medizinische Probleme in der älteren Generation. An dritter Stelle lag mit 19 Prozent die allgemeine Sorge um das geistige Wohlergehen nichtchristlicher Eltern. Die zweithäufigste Antwort, mit 21 Prozent, brachte Ärger und Wut auf Eltern zum Ausdruck, die sich um ihre Kinder oder Enkelkinder nicht kümmerten. Sie kamen nie zu Besuch, wollten nicht auf die Kinder aufpassen und schienen einer »Ich zuerst«-Philosophie anzuhängen.

Das bringt uns zum Spitzenreiter der Hitparade von Problemen zwischen Erwachsenen und ihren Eltern. Der Gewinner ist: Die Unfähigkeit oder die Weigerung von Eltern, ihre erwachsenen Kinder loszulassen und ihnen zu gestatten, ihr eigenes Leben zu führen. Unglaublicherweise bezogen sich 44 Prozent der eingegangenen Briefe auf dieses Unvermögen der Eltern, die erwachsenen Kinder loszulassen. Es war, als ob einige der Briefschreiber seit Jahren darauf gewartet hatten, daß genau diese Frage gestellt wurde. Hier sind einige ihrer Äußerungen:

1. »Als ich aus dem Haus ging, empfand meine Mutter das als persönliche Beleidigung. Sie konnte nicht loslassen und nicht begreifen, daß ich unabhängig werden mußte. Sie verstand nicht, daß ich nicht länger darauf angewiesen war, daß sie mich versorgte, obwohl ich sie als Mensch brauchte. Ganz unbeabsichtigt verzögerte sie mein Erwachsenwerden um 35 Jahre.«
2. »Eines der größten Probleme ist, meine Eltern dazu zu bringen, mich als Erwachsenen zu betrachten und nicht als ein Kind, das nicht weiß, wie man etwas am besten macht. Als Kind spielte ich in meiner Familie eine bestimmte Rolle. Jetzt als Erwachsener möchte ich die Rolle wechseln, aber sie lassen es nicht zu.«
3. »Unsere Eltern schienen nicht in der Lage zu sein, die Tatsache zu begreifen, daß wir von abhängigen Kindern zu handlungsfähigen, verantwortungsbewußten Erwachsenen herangewachsen waren. Sie haben unsere Fähigkeiten, die von uns übernommene Verantwortung oder unsere Beiträge für die Allgemeinheit weder erkannt noch anerkannt.«
4. »Ich bin 54 Jahre alt, aber wenn ich meine Mutter besuche, darf ich bestimmte Dinge immer noch nicht tun, weil ich sie nicht richtig mache. Unsere Beziehung ist immer noch die Eltern-Kind-Beziehung. Ich werde immer noch regelmäßig kritisiert, heruntergeputzt, und sie erinnert mich ständig an die schrecklichen Dinge, die ich vor 50 Jahren getan habe. Wir sprechen hier nicht von wirklichen kriminellen Handlungen, nur von normalem kindlichen Ungehorsam im Vorschulalter. Ich war die Jüngste von Fünfen und die einzige Tochter und höre immer noch: ›Ich hätte lieber noch vier Jungen großgezogen als die eine Tochter.‹ Beten Sie bitte für mich. Ich brauche Jesu Hilfe, um vergeben und vergessen zu können.«

Wir haben im wahrsten Sinne des Wortes Hunderte von Briefen bekommen, die diese Sorge zum Ausdruck brachten. Die Schreiber wünschten sich verzweifelt, frei zu sein, als Erwachsene angesehen zu werden und, ganz besonders, von ihren Eltern respektiert zu werden. Gleichzeitig sagten sie ihnen: »Ich liebe dich immer noch. Ich brauche dich immer noch. Ich möchte dich immer noch zum Freund. Aber ich brauche dich nicht mehr als die Autorität in meinem Leben.«

Ich erinnere mich, wie ich in meinem eigenen Leben so eine Phase durchmachte. Meine Eltern gingen in jenen Jahren weise mit mir um, und es kam selten vor, daß sie in die gewöhnlichen elterlichen Fehler verfielen. Wir waren allerdings eine eng miteinander verbundene Familie gewesen, und es war schwierig für meine Mutter, neu Tritt zu fassen, als ich das Gymnasium verließ. In jenem Sommer reiste ich von zu Hause fort und ging an eine Universität in Kalifornien. Ich werde nie das erregende Gefühl von Freiheit vergessen, das in diesem Herbst über mich kam. Nicht, daß ich irgend etwas Schlechtes oder vormals Verbotenes tun wollte. Ich fühlte mich einfach für mein eigenes Leben verantwortlich und mußte mein Handeln meinen Eltern nicht erklären. Es war wie eine frische kühle Brise an einem Frühlingsmorgen. Junge Erwachsene, die auf diesen Moment nicht gründlich vorbereitet wurden, spielen in Abwesenheit einer Autorität manchmal verrückt, aber ich nicht. Allerdings wurde ich schnell von dieser Freiheit abhängig und war nicht geneigt, sie aufzugeben.

Im Dezember trafen sich meine Eltern und ich in den Weihnachtsferien im Haus von Verwandten. Plötzlich befand ich mich mit meiner Mutter im Konflikt. Sie reagierte wie vor sechs Monaten, als ich noch zu Hause war. Zu diesem Zeitpunkt war ich auf dem Weg zum Erwachsensein schon weit vorangekommen. Sie fragte mich, wann ich abends nach Hause kommen würde, und drängte mich, mit dem Auto vorsichtig zu fahren, und achtete darauf, was ich aß. Sie meinte es nicht böse, wissen Sie. Es war meiner Mutter nur nicht aufgefallen, daß ich mich verändert hatte und sie selbst sich auf die neuen Gegebenheiten einstellen mußte. Schließlich gab es ein kurzes Wortgefecht zwischen uns, und ich lief eingeschnappt aus dem Haus. Ein Freund holte mich ab, und ich sprach über meine Gefühle, als wir im Auto fuhren. »Verflixt nochmal, Bill!« sagte ich. »Ich *brauche* keine Mutter mehr!«

Dann überkam mich eine Welle von Schuldgefühlen, als ob ich gesagt hätte: »Ich liebe meine Mutter nicht mehr.« Das meinte ich überhaupt nicht. Was ich empfand, war der Wunsch, mit meinen Eltern gut Freund zu sein, statt mich ihrer Autorität zu beugen. Meinem Wunsch wurde danach von meiner Mutter und meinem Vater entsprochen.

Die meisten Eltern in unserer Gesellschaft verstehen die Andeutung nicht so leicht. Ich bin überzeugt, daß viele Mütter und Väter zu den besten zählen. Sie kümmern sich leidenschaftlich gern um die Kinder und würden alles tun, um ihre Bedürfnisse zu befriedigen. Aber diese Eltern gehören zu den schlechtesten, wenn es darum geht, Söhne und Töchter loszulassen. Tatsächlich stehen diese beiden Charakteristika miteinander in Verbindung. Dieselbe Verpflichtung, die uns dazu bringt, so gut zu handeln, wenn die Kinder klein sind (Hingabe, Liebe, Fürsorge, Engagement), veranlaßt uns, sie zu festzuhalten, wenn sie heranwachsen. Ich gebe meine eigenen Schwierigkeiten auf diesem Gebiet zu. Ich verstand die Wichtigkeit des Loslassens, bevor unsere Kinder geboren wurden. Ich habe ausführlich über dieses Thema geschrieben, als sie noch klein waren. Ich bereitete eine Filmserie vor, in der alle richtigen Prinzipien zum Ausdruck kamen. Aber als es Zeit wurde, meine Hand zu öffnen und die Vögel fliegen zu lassen, hatte ich mächtig zu kämpfen!

Warum? Nun, Furcht und Widerstreben spielten eine Rolle. Wir wohnen in Los Angeles, wo jeden Tag des Jahres merkwürdige Leute merkwürdige Dinge tun. Beispielsweise wurde unsere Tochter eines Abends auf dem Gelände der Universität mit der Waffe bedroht. Der Angreifer warnte Danae, sich nicht zu rühren oder einen Laut von sich zu geben. Sie rechnete sich bessere Überlebenschancen aus, wenn sie ihm nicht gehorchte, als wenn sie es täte. Sie lief davon. Der Mann hat nicht auf sie geschossen. Wer weiß, was er mit ihr vorhatte?

Ein paar Tage später schob mein Sohn sein Fahrrad über eine belebte Straße in der Nähe unseres Hauses, als ein Sportwagen mit hoher Geschwindigkeit um die Kurve kam. Ryan sah, daß er überfahren werden würde, sprang über den Lenker und versuchte in Sicherheit zu kriechen. Der Wagen brach heftig aus und schleuderte auf unseren Sohn zu. Er kam nur Zentimeter von ihm zum Stehen, und dann raste der Fahrer ohne auszusteigen davon. Vielleicht hatte er PCP oder Kokain genommen. Tausende von Süchtigen wohnen hier in Los Angeles, und unschuldige Leute kommen durch sie Tag für Tag zu Schaden.

Diese Dinge, die fast ins Auge gegangen wären, wecken in mir den Wunsch, meine Kinder bei mir zu behalten, und sie nie einem Risiko auszusetzen. Natürlich ist dies unmöglich und wäre unklug, auch wenn sie sich dem fügen würden. Das Leben als solches ist ein Risiko, und Eltern müssen zulassen, daß sich ihre Kinder gewissen Gefahren aussetzen. Trotzdem bin ich noch immer versucht zu sagen: »Sieh zu, daß du die blanke Seite oben und die mit dem Gummi unten behältst!«, wenn Danae oder Ryan mit dem Auto fahren.

Aus welchen Gründen schränken *Sie* die Freiheit Ihrer erwachsenen oder fast erwachsenen Kinder ein? Manchmal brauchen wir sie, wenn wir ehrlich sind, zu sehr, um sie gehen zu lassen. Sie sind eine Erweiterung unseres Selbst geworden, und unser Ego ist unlösbar mit dem ihren verbunden. Deshalb versuchen wir nicht nur, sie bei uns zu behalten, sondern manipulieren sie, um die Kontrolle zu behalten. Wie in Kapitel 7 beschrieben, benutzen wir Schuldgefühle, Bestechung, Drohungen, Einschüchterung, Furcht und Wut, um ihre Freiheit zu beschränken. Und traurigerweise sind wir *und* unsere Sprößlinge die designierten Verlierer, wenn wir bei diesem Spiel gewinnen.

Viele der Briefe, die wir als Antwort auf unsere Umfrage erhielten, waren von jungen Erwachsenen geschrieben, die sich noch nicht von zu Hause gelöst hatten. Einige der Geschichten, die sie erzählten, waren in einer Kultur, die ihre Kinder vor dem Gesetz in so jungen Jahren unabhängig macht, fast schwer zu glauben. Betrachten Sie diesen Auszug, der von einer jungen Dame mit sehr besitzergreifenden Eltern stammt:

> Ich bin 23 und die älteste von drei Kindern. Meine Eltern behüten mich noch immer viel zu sehr. Sie wollen mich nicht loslassen. Ich habe einen Beruf und eine sehr sichere Stellung, aber sie wollen mir nicht erlauben auszuziehen. Sie versuchen noch immer, mich mit Schlägen zu bestrafen, wobei sie einen Gürtel benutzen, und sie verlangen, daß ich um 10 Uhr abends zu Hause bin. Findet etwas außerhalb der Stadt statt, oder ist es unmöglich für mich, zu dieser Zeit zu Hause zu sein, darf ich nicht weggehen. Ich habe hohe christliche Moralvorstellungen, und sie trauen mir, aber sie behüten mich einfach zu sehr.

Können Sie sich die Eltern vorstellen, wie sie diese dreiundzwanzigjährige Frau wegen unbedeutender Übertretungen und Ungehorsams schlagen? Obwohl ich weder das Mädchen noch ihre Eltern kenne, scheint es, daß sie ein klassisches Abhängigkeitsproblem haben, das bei einem sehr willigen Kind häufig auftritt. Keine eigenwillige Persönlichkeit, die Selbstrespekt besitzt, würde solche Dominanz und Respektlosigkeit ertragen – ein nachgiebiges Mädchen vielleicht, während sie abgrundtiefe Ablehnung ständig mit sich herumträgt.

In gewisser Hinsicht ist diese Dreiundzwanzigjährige genauso verantwortlich für ihre mangelnde Freiheit. Sie hat ihren Eltern gestattet, sie wie ein Kind zu behandeln. Im 1. Brief an die Korinther 13, 11 steht: »Als ich ein Kind war, da redete ich wie ein Kind und dachte wie ein Kind und war klug wie ein Kind; als ich aber ein Mann wurde, tat ich ab, was kindlich war.« Was könnte kindischer sein, als wenn eine junge Dame sich dafür verprügeln läßt, daß sie später als um 10 Uhr zu Hause ist? Ich denke sicherlich, daß junge Erwachsene auch weiter auf die angesammelten Erfahrungen ihrer Eltern hören und sie mit Respekt behandeln sollten. Dennoch muß sich die Beziehung nach der Pubertät ändern. Und wenn die Eltern diese Veränderung nicht vornehmen können oder wollen, hat der Sohn oder die Tochter das Recht, respektvoll darauf zu bestehen, daß sie geschieht. Dieses Losreißen bereitet dem sehr willigen Kind extreme Schwierigkeiten!

Eltern, die sich weigern loszulassen, zwingen ihre Söhne und Töchter oft, zwischen zwei schlechten Alternativen zu wählen. Die erste ist, ihre Vorherrschaft und Manipulation zu akzeptieren. Genau dies hat das dreiundzwanzigjährige Mädchen getan. Instinktiv wußte sie, daß ihre Eltern unrecht hatten, aber sie hatte nicht den Mut, ihnen dies zu sagen. Auf diese Weise blieb sie einige Jahre zu lang unter ihrer Schirmherrschaft. Sie war wie ein ungeborenes Kind im zehnten oder elften Schwangerschaftsmonat. Zugegeben, im Mutterleib war sie sicher und warm, aber sie konnte nicht weiterwachsen, bis sie die Schmerzen und Demütigungen der Geburt hinter sich gebracht hatte. Sie war überreif, in die Möglichkeiten und die Verantwortung des Erwachsenenlebens »entbunden« zu werden.

Um unser nun schon bekanntes Thema zu wiederholen: besonders das willige Kind fügt sich oft in die Tyrannei der Einschüchterung. Einige bleiben dort vierzig oder mehr Jahre eingeschlossen. Auch wenn sie heiraten, gestehen ihre Eltern ihnen die Eigenständigkeit nicht kampflos zu und bereiten damit den Schauplatz für lebenslange Probleme mit der angeheirateten Verwandtschaft vor.

Die andere Alternative ist, wie ein Vulkan zu reagieren, dessen Gipfel explodiert. Heiße Lava strömt über alles, was ihr in den Weg kommt, hinweg. Viel Wut und Ärger kennzeichnen die Eltern-Kind-Beziehung über Jahre hinaus und hinterlassen Narben und Wunden bei beiden Generationen. Die Eigenwilligen wählen typischerweise diese Antwort auf elterliche Dominanz. Sie lassen nicht zu, daß irgend jemand ihnen ihre Freiheit beschneidet, aber im Befreiungsprozeß verlieren sie die Unterstützung und Kameradschaft der Familie, die sie brauchen.

Die legendären Beatles sangen oft, neben anderen Themen des Antiestablishments, von Drogengebrauch und Revolution. Aber gelegentlich war ihre Musik umwerfend scharfsinnig. Einer ihrer besten Titel wurde 1967 aufgenommen. Er traf genau den Mittelpunkt bei diesem Vorgang des Sich-Befreiens. Der Text des Liedes beschreibt eine junge Frau, deren Eltern sie zu lange festgehalten hatten, und sie damit zwangen, sich in den frühen Morgenstunden davonzustehlen. Vielleicht empfinden Sie den Schmerz der Eltern, wenn Sie die Worte von *She's Leaving Home* (Sie verläßt ihr Zuhause) lesen.

Mittwoch morgen um fünf Uhr, bei Tagesanbruch
Schließt (sie) leise ihre Schlafzimmertür,
Hinterläßt eine Nachricht, von der sie hofft,
daß sie mehr sagt.

Sie geht nach unten in die Küche und umklammert
ihr Taschentuch
Geht hinaus, sie ist frei.
Sie (Wir haben ihr fast unser ganzes Leben gegeben)
Geht fort (Opferten fast unser ganzes Leben)
Von zu Hause (Wir haben ihr alles gegeben, was man
für Geld kaufen kann).
Sie verläßt ihr Zuhause, nachdem sie so viele Jahre
allein gelebt hat. Macht's gut.

Vater schnarcht, während seine Frau den Morgenmantel
anzieht
Den Brief aufhebt, der dort liegt
Allein oben an der Treppe steht (und)
zusammenbricht und ihrem Mann zuruft
»Vati, unser Kind ist fort!«
Warum sollte sie uns so gedankenlos behandeln?
Wie konnte sie mir das antun?
Sie (Wir haben nie an uns selbst gedacht)
geht fort (Niemals an uns selbst gedacht)
Von zu Hause (Wir haben unser ganzes Leben hart gearbeitet,
um durchzukommen).
Sie verläßt ihr Zuhause, nachdem sie so viele Jahre
allein gelebt hat. Macht's gut.

Freitag morgen um neun Uhr ist sie weit weg.
Wartet, um ihre Verabredung einzuhalten
Trifft sich mit einem Mann aus dem Motorengewerbe.
Sie (Was haben wir bloß falsch gemacht?)
hat (Wir wußten nicht, daß es falsch war)
Spaß (Spaß ist das einzige, das man für Geld nicht
kaufen kann).
Etwas in ihrem Innern, das niemals zugegeben wurde
so viele Jahre lang. Macht's gut.
Sie verläßt ihr Zuhause. Macht's gut.[21]

Es muß einen besseren Weg geben, um einen Sohn oder eine Tochter nach der Pubertät ins Leben zu entlassen, und natürlich gibt es auch einen. Die Verantwortung der Eltern ist, ihren Griff zu lösen und dem Jugendlichen die Freiheit zu geben, es aus eigener Kraft zu schaffen. Aber leider scheitert die Freiheit manchmal nicht daran, daß die Eltern sie vorenthalten, sondern weil unreife Söhne und Töchter sich weigern, sie anzunehmen. Sie haben nicht die Absicht, erwachsen zu werden. Warum sollten sie? Das Nest zu Hause ist zu bequem. Das Essen wird gemacht, die Temperatur reguliert, die Wäsche gewaschen und alle Rechnungen bezahlt. Es gibt keinen Anreiz, sich der kalten realen Welt auszusetzen, und sie sind entschlossen, sich nicht zu rühren. Einige weigern sich sogar zu arbeiten. Sie haben einen Lebensrhythmus wie Hamster, bleiben die ganze Nacht auf (und aus) und schlafen dann den halben Tag. Sie lungern im Haus herum, hören Musik und warten darauf, daß in der Küche die Teller klappern. Die schmutzige Wäsche und wer weiß was noch wird unter das Bett gestopft. Das Leben ist ein Jux, wenn auch ein langweiliger. Und wenn sie für eine Weile ausziehen, geht ihnen unweigerlich das Geld aus, und sie kommen zu den Mahlzeiten wieder angeschoben. Ihre Eltern erinnern mich an einen Mann mit einem neuen Bumerang. Es wäre ihm gutgegangen, nur leider wurde er verrückt, als er den alten wegzuwerfen versuchte.

Ich erhielt vor einigen Jahren einen Brief von der Mutter eines dieser ewigen Schmarotzer. Lassen Sie mich Ihnen mitteilen, was sie fragte und wie ich ihr antwortete.

F: *Wir haben einen einundzwanzigjährigen Sohn, der immer noch zu Hause wohnt. Er weigert sich, sich uns unterzuordnen, und bricht alle Regeln, die wir als minimale Verhaltensstandards aufgestellt haben. Er dreht seine Stereoanlage so weit auf, daß es mich verrückt macht, und kommt jede Nacht nach ein Uhr früh nach Hause. Ich weiß, er braucht seine Freiheit, aber ich mache mir um unsere jüngeren Kinder Sorgen, die versuchen, dieselben Dinge durchzusetzen, die ihr großer Bruder macht. Wie würden Sie die Rechte und Privilegien dieses jungen Erwachsenen mit unseren Bedürfnissen als Familie in Einklang bringen?*

A: Für einen eigenwilligen Einundzwanzigjährigen ist es sehr schwer, weiter zu Hause zu wohnen, und es wird mit jedem Jahr, das vergeht, noch unruhiger werden. Die Forderung nach Freiheit und Unabhängigkeit gerät in diesen Fällen fast immer in Konflikt mit den Erwartungen und Wünschen der Eltern. Die Weigerung Ihres Sohnes, Ihre Bitten zu respektieren, ist ein sicheres Zeichen, daß er das Leben alleine meistern muß. Außerdem ist das schlechte Beispiel, das er seinen jüngeren Geschwistern gibt, eine ernstzunehmende Sache. Ich denke, es ist Zeit, daß Sie ihm packen helfen. Zumindest sollte ihm klargemacht werden, daß er nur unter gewissen Bedingungen weiter zu Hause wohnen darf. Entweder richtet er sich nach den Regeln – oder er zieht aus.

Ich weiß, daß es schwierig ist, Kinder hinauszudrängen. Sie sind wie wuschelige Welpen, die um die Hintertür herumstreichen und auf ein Schälchen Milch warten. Wie könnten Sie jemanden, der so verloren und bedürftig ist, verscheuchen? Aber sie Jahr um Jahr bleiben zu lassen, besonders, wenn sie keinem Beruf nachgehen oder sich zu Hause ungezogen benehmen, heißt, ihre Weigerung Verantwortung zu übernehmen und ihre Abhängigkeit noch zu unterstützen. Das ist keine Liebe, auch wenn es so aussieht.

Wir stimmen also überein, daß man denjenigen, die jenseits der Pubertät sind, Unabhängigkeit und Freiheit gewähren muß. Aber wie soll man das in die Tat umsetzen? Die Amish[22] gehen dies auf einzigartige Weise an. Ihre Kinder sind während der Kindheit der absoluten Autorität der Eltern unterstellt. Von klein auf werden sehr strenge Maßstäbe an Gehorsam und anständiges Verhalten angelegt. Wenn sie allerdings sechzehn werden, beginnt ein total neuer Lebensabschnitt: Plötzlich werden alle Einschränkungen aufgehoben, sie dürfen trinken, rauchen, sich verabreden, heiraten oder sich so verhalten, daß es ihren Eltern graust. Einige tun das auch. Aber die meisten nicht. Sie haben sogar das Recht, die Amish-Gemeinschaft zu verlassen, wenn sie wollen. Aber wenn sie bleiben, müssen sie sich nach den Regeln der Gemeinschaft richten. Die Mehrheit akzeptiert das Erbe der Vorväter, nicht weil sie müssen, sondern weil sie es so wollen.

Obwohl ich die Amishs und viele ihrer Erziehungsansätze bewundere, glaube ich, daß dieses Konzept vieles überstürzt. Ein Kind über Nacht von völliger Dominanz der Eltern in absolute Freiheit zu entlassen, heißt, die Anarchie einzuladen. Vielleicht funktioniert dies in der kontrollierten Umgebung des Amish-Gebiets, aber für den Rest von uns ist es für gewöhnlich verhängnisvoll. Ich habe gesehen, wie Familien dieser Idee des »plötzlichen Erwachsenseins« nacheiferten und die elterliche Führung über Nacht aufgaben. Das Resultat ähnelte dem, was in den afrikanischen Kolonien geschah, als die europäische Führung sich plötzlich zurückzog. Oft wurden blutige Revolutionen im zu Kopfe gestiegenen Geist der Freiheit ausgefochten.

Ich glaube, es ist besser, in den Vorschuljahren damit zu beginnen, die Kinder loszulassen und ihnen die Unabhängigkeit zu gewähren, die ihrem Alter und ihrer Reife entspricht. Wenn ein Kind seine Schuhe zubinden kann, lassen Sie es – ja, erwarten Sie, daß es dies tut. Wenn es in gewissem Rahmen seine eigene Kleidung aussuchen kann, lassen Sie es eine eigene Wahl treffen. Wenn es sicher allein zur Schule gehen kann, gestehen Sie ihm dieses Privileg zu. Jedes Jahr werden dem Kind mehr *Verantwortung* und *Freiheiten* (sie sind Gefährten) zugestanden, so daß schließlich das endgültige Loslassen bei den jungen Erwachsenen nur die letzte Lockerung der Autorität ist. Zumindest theoretisch. Das in die Praxis umzusetzen ist manchmal ziemlich schwierig.

Wie Sie es auch anfangen, die Zügel der Autorität – die Grundzüge der Macht – an ihre Kinder zu übergeben, die Aufgabe sollte bis zum 20. und nicht später als bis zum 22. Lebensjahr abgeschlossen sein. Sie länger festzuhalten bedeutet, sie zur Rebellion aufzufordern.

12

Ein letzter Gedanke

Vielleicht können wir unsere Diskussion über Elternschaft und ihre schwierigen Dimensionen zusammenfassen, indem wir eine Frage beantworten, die mir kürzlich von einer ratlosen Mutter gestellt wurde. Sie lautete etwas so:

»Sagen Sie mir, weshalb aus einigen Kindern, die jeden Vorteil und alle Möglichkeiten haben, nichts wird, während aus anderen, die in schrecklichen Elternhäusern aufwachsen, Säulen der Gesellschaft werden? Ich kenne beispielsweise einen jungen Mann, der unter erbärmlichen Umständen aufwuchs, und doch ist er heute ein großartiger Mensch. Wie haben es seine Eltern fertig gebracht, einen so verantwortungsbewußten Sohn aufzuziehen, wo es ihnen doch völlig gleichgültig zu sein schien?«

Merkwürdige Fälle dieser Art sind um uns herum nicht gerade selten, und sie rechtfertigen das Thema dieses Buches. Wie wir gesehen haben, sind Einflüsse aus der Umgebung nicht für das Verhalten, das wir an unseren Mitmenschen beobachten, verantwortlich. Da gibt es noch etwas anderes – etwas aus dem Innern, was auch dafür sorgt, uns zu dem zu machen, was wir sind. Manches Verhalten wird hervorgerufen und manches offensichtlich nicht.

Erst letzten Monat habe ich mit einem Elternpaar zu Abend gegessen, das einen dreizehnjährigen Jungen inoffiziell »adoptiert« hat. Dieser junge Mann war mit ihrem Sohn eines Nachmittags nach Hause gekommen und fragte, ob er über Nacht bleiben könne. Wie sich herausstellte, blieb er fast eine Woche bei ihnen, ohne daß seine Mutter auch nur anrief. Später erfuhren sie, daß sie mehr als zwölf Stunden am Tag arbeitet und kein Interesse an ihrem Sohn hat. Ihr alkoholkranker Mann hat sich vor etlichen Jahren von ihr scheiden lassen und verschwand spurlos aus der Stadt. Der Junge war den größten Teil seines Lebens mißhandelt, nicht geliebt und mißachtet worden.

Was denken Sie, vor diesem Hintergrund betrachtet, ist er heute für ein Kind? Ein Drogensüchtiger? Ein Straffälliger mit unflätiger Ausdrucksweise? Ein fauler, unverschämter Gammler? Nein. Er ist Erwachsenen gegenüber höflich; er arbeitet hart; er hat in der Schule gute Noten und hilft gern im Haushalt. Dieser Junge ist wie ein verlorengegangener Welpe, der sich verzweifelt um ein gutes Zuhause bemüht. Er hat die Familie gebeten, ihn offiziell zu adoptieren, damit er einen richtigen Vater und eine liebende Mutter hätte. Seiner richtigen Mutter würde das wenig ausmachen.

Wie kann es sein, daß dieser Jugendliche trotz mangelnder Anleitung so gehorsam und wohlerzogen war? Ich weiß es nicht. Das steckte einfach in ihm. Er erinnert mich an meinen großartigen Freund David Hernandez. David und seine Eltern kamen vor mehr als vierzig Jahren illegal aus Mexiko nach Amerika und wären fast verhungert, bevor sie Arbeit fanden. Sie überlebten schließlich, indem sie halfen, Kartoffelernten in Kalifornien einzubringen. Während dieser Zeit lebte David unter Bäumen auf dem offenen Feld. Sein Vater machte aus einem Ölfaß einen halb mit Erde gefüllten Herd. Das offene Lagerfeuer war ihr Zuhause. David hatte nie ein Dach über dem Kopf, bis seine Eltern in einen verlassenen Hühnerstall zogen. Seine Mutter tapezierte die Wände mit billiger Tapete, und David dachte, sie lebten im Luxus. Dann erklärte eines Tages die Stadt San Jose das Gebiet für unbewohnbar, und Davids »Haus« wurde abgerissen. Er konnte nicht verstehen, weshalb die Gemeinde ein so schönes Gebäude zerstörte.

Betrachtet man diesen Anfang, wie erklärt man dann, was für ein Mann aus David Hernandez wurde? Er schloß die High-School fast an der Spitze seiner Klasse ab und erhielt ein Stipendium fürs College. Wieder erreichte er sehr gute Noten und schrieb sich vier Jahre später an der Medizinischen Fakultät der Loma Linda Universität ein. Auch hier war er unter den ersten 10 Prozent seines Jahrgangs und wechselte in eine Praxis für Kinder- und Frauenheilkunde. Schließlich wurde er Professor für Kinder- und Frauenheilkunde sowohl an der Loma Linda Universität als auch an der Medizinischen Fakultät der Universität von Südkalifornien. Auf dem Gipfel seiner Karriere geriet sein Leben dann aus allen Fugen.

Ich werde nie den Tag vergessen, als mich Dr. Hernandez anrief. Er war gerade aus dem Krankenhaus entlassen worden, wo man eine Reihe Laboruntersuchungen vorgenommen hatte. Die Diagnose? Eine Lebererkrankung, die unweigerlich zum Tode führt. Wir haben diesen guten Ehemann, Vater und Freund sechs Jahre später im Alter von dreiundvierzig Jahren verloren. Ich habe ihn wie einen Bruder geliebt und vermisse ihn heute noch.

Wiederum frage ich, wie konnte solche Selbstdisziplin und solches Genie unter diesen ungünstigen Voraussetzungen entstehen? Wer hätte gedacht, daß dieser unterprivilegierte Mexikanerjunge eines Tages der beliebteste und respektierteste Chirurg seiner Zeit werden würde? Woher kam diese Motivation? Aus welcher Quelle sprudelten sein Ehrgeiz und sein Wissensdurst hervor? Er besaß keine Bücher, machte keine Bildungsreisen, kannte keine Wissenschaftler. Dennoch griff er nach den Sternen. Weshalb passierte dies bei David Hernandez und nicht bei dem jungen Mann, der jeden Vorteil und jede Möglichkeit hatte? Weshalb haben so viele Kinder prominenter und liebevoller Eltern, die unter idealen Bedingungen aufgewachsen sind, all das für die Straßen von San Francisco oder New York zurückgewiesen? Darauf gibt es einfach keine guten Antworten. Offensichtlich läuft es auf folgendes hinaus: Gott beschließt, einzelne Menschen auf einzigartige Weise zu gebrauchen. Über diese rätselhafte Beziehung hinausgehend müssen wir einfach zu dem Schluß kommen, daß manche Kinder dazu geboren zu sein scheinen, es zu schaffen, und andere zum Scheitern bestimmt sind. Jemand erinnerte mich kürzlich daran, daß das gleiche kochende Wasser die Karotte weich werden läßt, das Ei dagegen hart. Genauso reagieren einige Menschen positiv auf bestimmte Umstände und andere negativ. Wir wissen nicht warum.

Eines ist mir klar: Die Verhaltensforscher waren bei ihrer Erklärung des menschlichen Verhaltens viel zu einfach. Wir sind mehr als die Ansammlung unserer Erfahrungen. Wir sind mehr als die Qualität unserer Nahrung. Wir sind mehr als unser genetisches Erbe. Wir sind mehr als unsere Biochemie. Und sicherlich sind wir mehr als der Einfluß unserer Eltern. Gott hat uns als einzigartige Individuen erschaffen, die zu unabhängigem und rationalem Denken fähig sind, das keiner Quelle zuzuschreiben ist. Das ist es, was die Aufgabe, Eltern zu sein, so herausfordernd und lohnend macht. Gerade wenn Sie denken, Sie könnten Ihre Kinder jetzt einschätzen, wappnen Sie sich lieber! Es kommt etwas Neues auf Sie zu.

Ich habe mehr als mein halbes Leben damit verbracht, Kinder zu beobachten, und doch versetzen meine eigenen Kinder mich immer wieder in Erstaunen und faszinieren mich. Ich erinnere mich, wie ich vor einigen Jahren aus einer Stadt in Georgia, wohin ich zu einem Vortrag gereist war, zu Hause anrief. Danae, die damals dreizehn Jahre alt war, nahm ab, und wir hielten ein warmherziges Vater–Tochter Schwätzchen. Dann sagte sie: »Oh, übrigens Vati, ich werde nächsten Sonnabend an einem Laufwettbewerb teilnehmen.« »Tatsächlich«, sagte ich. »Welche Distanz hast du dir ausgesucht?« »Die 800-Meter-Strecke«, antwortete sie. Mir stockte der Atem. »Danae, daß ist ein sehr anstrengendes Rennen. Weißt du, wie weit es ist?« »Ja«, sagte sie. »Fast ein Kilometer.«

»Bist du vorher schon einmal so weit gelaufen?« fragte ich. Sie sagte nein, sie wäre nicht einmal im Training so weit gelaufen. Ich fuhr fort, nach Informationen zu bohren, und bekam heraus, daß neun Schulen an dem Wettbewerb teilnehmen würden, der in nur drei Tagen stattfinden sollte. Meine Tochter hatte die Absicht gegen ein Feld von anderen Läuferinnen anzutreten, die vermutlich seit Wochen trainiert hatten. Ich war besorgt.

»Danae«, sagte ich, »du hast einen großen Fehler gemacht. Du wirst dich lächerlich machen, und ich möchte, daß du es dir nochmal überlegst. Du solltest zu deinem Trainer gehen und ihn bitten, daß du über eine kürzere Distanz laufen kannst. Bei dem Tempo werden die 800 Meter für dich mörderisch sein!« »Nein, Vati«, sagte sie mit Entschlossenheit. »Keiner sonst hat sich für dieses Rennen gemeldet, und ich möchte es laufen.« »Also gut«, antwortete ich, »aber es ist meines Erachtens nicht richtig.«

Ich dachte den Rest der Woche an meine geliebte Tochter und fragte mich, welcher Demütigung sie ausgesetzt sein würde. Ich rief am Sonnabendnachmittag wieder an. »Rate, was passiert ist, Vati!« sagte Danae fröhlich. »Ich habe heute das Rennen gewonnen!« Sie war tatsächlich als Erste ins Ziel gekommen, mehrere Meter vor der nächsten Läuferin. Im folgenden Jahr gewann sie, auch ohne zu trainieren, dasselbe Rennen mit einem großen Vorsprung und stellte einen Schulrekord auf, der möglicherweise noch besteht.

»Junge, Junge!« sagte ich zu mir selbst. *»Dieses Kind hat Talent. Sie wird einmal eine großartige Läuferin.«* Wieder falsch. Sie lief und gewann zwei Rennen in der neunten Klasse, kam beim nächsten als Zweite ins Ziel und verlor dann das Interesse am Laufen. Ende der Geschichte.

Soviel zu väterlicher Weisheit in all ihrem Glanz.

Offensichtlich habe ich großen Respekt vor der menschlichen Persönlichkeit und der atemberaubenden Vielschichtigkeit sogar unserer jüngsten Mitmenschen. In gewissem Sinne gibt dieses Buch ein Zeugnis für sie und für diejenigen von Ihnen, die sie hingebungsvoll versorgen. Ich bewundere jeden von Ihnen sehr, und ich hoffe, daß wir Ihnen bei der Erfüllung ihrer ehrfurchtgebietenden Verantwortung eine Hilfe sein konnten. In diesen das Buch beschließenden Absätzen würde ich jetzt gerne zwei oder drei abschließende Gedanken direkt an die Mütter und Väter von besonders trotzigen Kindern richten. Um sie bin ich besonders besorgt.

Erstens, ich weiß, daß Ihre Aufgabe schwer ist und es Zeiten gibt, wo Sie sich danach fühlen, das Handtuch zu werfen. Aber Sie müssen standhaft bleiben. Eines Tages werden Sie auf diese schwierige Zeit der Konflikte zurückblicken und dankbar dafür sein, daß Sie den Weg weitergegangen sind – daß Sie weiterhin das getan haben, was für diese Kinder, die Gott Ihnen eine Zeitlang anvertraut hat, das Richtige war. Diese Zeit wird so schnell vorbeigehen, und die momentanen Streßsituationen werden Ihnen unbedeutend und fern erscheinen. Was Ihnen dann wichtig sein wird, sind die liebevollen Beziehungen, die Sie innerhalb Ihrer Familie aufgebaut haben, auch wenn andere Eltern davongelaufen sind oder sich in ihre Arbeit geflüchtet haben.

Sie werden auch wissen, daß Sie in den Augen des Schöpfers selbst Ihre Aufgabe gut erfüllt haben.

Deshalb hoffe ich, daß Sie der Versuchung, sich wegen des schwierigen Temperaments Ihres Sohnes oder Ihrer Tochter betrogen oder benachteiligt zu fühlen, widerstehen. Sie sind sicherlich nicht alleine. Bei einer früheren Studie mit Eltern fanden wir heraus, daß 85 Prozent der Familien wenigstens ein eigenwilliges Kind hatten. Also sind Sie keine Ausnahme oder das Opfer eines grausamen Scherzes. Dies *ist* Elternschaft. Dies ist die menschliche Natur. Die meisten von uns, die Kinder aufgezogen haben, haben dieselben Streßmomente durchlebt, die Sie jetzt erleben. Wir haben es überstanden, und Sie werden das auch. Sie *können* mit dieser Aufgabe fertig werden.

Lassen Sie mich die Gedanken, denen wir uns bei der weitgefächerten Betrachtung von Kindern zugewendet haben, rückblickend zusammenfassen:

1. Sie haben an dem Temperament, mit dem Ihr Kind geboren wurde, keine Schuld. Es ist einfach schwieriger, mit ihm umzugehen, und Sie haben die Aufgabe, sich der Herausforderung zu stellen.

2. Es *ist gefährdeter,* weil es die Neigung hat, Grenzen auszuprobieren und Schutzmauern zu überklettern. Äußerste Sorgfalt und Weisheit Ihrerseits wird nötig sein, um mit ihm umzugehen.

3. Wenn es Ihnen nicht gelingt, seine Gier nach Macht und Unabhängigkeit zu verstehen, könnten Sie Raubbau an Ihren Reserven treiben und sich in Schuldgefühlen festfahren. Damit ist niemandem geholfen.

4. Wenn es nicht zu spät ist, übernehmen Sie unbedingt die Verantwortung für ihre Kinder. Halten sie die Zügel der Autorität in den ersten Jahren fest und bauen Sie während der kurzen Phase, in der alle Möglickeiten offen sind, beim Kind eine respektvolle Einstellung auf. Sie werden jedes Quentchen »Ehrfurcht« brauchen, das Sie während der kommenden Jahre erreichen können. Wenn Sie Ihr Recht zur Führung deutlich gemacht haben, lassen Sie systematisch Jahr für Jahr los.

5. Geraten Sie nicht in Panik, auch nicht während der Stürme in der

Pubertät. Es kommen bessere Zeiten. In den frühen Zwanzigern findet gewöhnlich eine radikale Wende statt.

6. Bleiben Sie in der Mannschaft Ihres Kindes, auch wenn sie die Verlierermannschaft zu sein scheint. Sie werden den Rest Ihres Lebens gegenseitige Freundschaft genießen, wenn Sie jetzt bei Frustrationen nicht überreagieren.

7. Geben Sie ihm Zeit zu sich zu finden, auch wenn es nicht zu suchen scheint.

8. Als Wichtigstes dränge ich Sie, Ihre Kinder, während sie zu Hause wohnen, in Gebeten vor Gott zu bringen. Ich bin überzeugt, daß es keine andere Quelle der Zuversicht und Weisheit für Eltern gibt. In Büchern, auch nicht in den meinen, ist nirgends genug Wissen, um dem Bösen, das unsere Kinder heute umgibt, entgegenzuwirken. Unsere Jugendlichen sind überall, wo sie hingehen, mit Drogen, Alkohol, Sex und üblen Ausdrücken konfrontiert. Und natürlich unterstehen sie einem enormen Gruppenzwang. Wir müssen sie jeden Tag ihres Lebens in Gebeten baden. Der Gott, der unsere Kinder erschaffen hat, *wird* unsere Bitten erhören. Er hat es versprochen. Schließlich liebt er sie mehr, als Sie selbst es tun.

Schließlich habe ich ein ermutigendes Wort besonders für diejenigen, die heute niedergeschlagen sind. Es ist eine Botschaft, geschrieben von einer liebenden Mutter namens Joan Mills, die eine ganz besondere Frau sein muß. Sie brachte ihre Gefühle für ihre Kinder in einem Artikel zum Ausdruck, der ursprünglich in einer 1981er Ausgabe von *Readers Digest* erschien. Er heißt *Season of the Empty Nest* (»Zeit des leeren Nestes«), und ich glaube, daß die Wärme dieser Worte Sie anrühren wird.

»Erinnern Sie sich, wie die Kinder Zelte aus Decken bauten, um darin zu schlafen? Und dann im Mondlicht in ihre eigenen Betten krochen, wo sie vor Bären in Sicherheit waren? Und wie stolz und eifrig sie waren, als sie in den Kindergarten kamen? Aber nur bis zu dem Moment, wo sie dort ankamen? Und das Mal, als sie so beleidigt die Pappkoffer packten? »Du siehst uns nie wieder!« schrien sie. Sie gingen aus dem Haus und kehrten am Ende des Grundstücks wieder um, weil sie vergessen hatten, auf die Toilette zu gehen.

Genauso ist es, wenn sie 20 oder 22 sind und anfangen, ihre eigenen Wege in der Welt der Erwachsenen zu gehen. Wagemut, Gewissensbisse, falsche Anfänge und Bauchlandungen. Sie sind halb drin und halb draußen. »Tschüß, mach's gut! Mach dir keine Sorgen Mutti!« Sie kommen am ersten Wochenende zurück, um sich den Farbroller und eine Sicherung und einen Besen zu borgen. Sie durchstöbern den Dachboden und beschlagnahmen die Steppdecke, die der Hund angenagt hat und die schrecklichen alten Sofakissen. »Genau was ich brauche!« jubeln sie und beladen das Auto.

»Tschüß, mach's gut!« soll für immer bedeuten. Aber sie erscheinen ohne Vorankündigung zum Abendbrot und seufzen gefühlsvoll, wenn sie die bekannten gefüllten Teller sehen. Sie gehen dann wieder, bis auf weiteres abgesichert durch vier Tüten Lebensmittel, die Bratpfanne und ein Kochbuch.

Sie rufen zu Hause mit R-Gesprächen an, aber nicht so oft, wie Eltern von ihnen hören müßten. Und ihre Neuigkeiten lassen das schnell ergrauende Haar zu Berge stehen: ». . . also vergaß er die Bremse anzuziehen, und er sagt, daß mein Wagen drei Häuserblocks weit rückwärts den Berg runtergerollt ist, bevor er aufprallte!« ». . . klarer Fall von als letzter eingestellt, als erster gefeuert, keine große Sache.« »Ich hab' die Stereoanlage verkauft und . . .« »Mutti! Jeder in der Stadt hat welche! Da gibt es dieses Zeug gegen Ungeziefer, das man unter die Spüle tut. Es ist . . .«

In jenen Tagen umklammerte ich den Telefonhörer mit beiden Händen und wünschte, ich könnte meine Kinder mit allem, was sie je gewollt hatten, bestechen, damit sie zurückkommen – Schlagzeugunterricht, einem unbegrenzten Verzehrkonto beim Schnellimbiß, irgend etwas. Ich kämpfte mit dem unangebrachten Drang, ihnen wieder einmal etwas über richtiges Frühstück und das Straßenüberqueren und trockene Socken an nassen Tagen zu erzählen. »Ich bin so beeindruckt davon, wie du damit fertig wirst!« sagte ich statt dessen.

Die Kinder zerstreuen sich in alle Richtungen, und die Eltern rücken zusammen und erinnern sich an süßaussehende Säuglinge, die schwer in ihren Armen lagen, an geflickte Jeans, Windpocken, die Nacht, in der der Unfall passierte, die Rituale von Weihnachten. Mit wehmütigem Stolz und einer Ader für das Komische bewachen sie ihre Sprößlinge aus mühsam aufrechterhaltener Entfernung. Das ist die Zeit des leeren Nests.

Langsam, ganz langsam, gibt es Veränderungen. Etwas Wunderbares scheint in der Luft zu liegen, kaum zu hören; sichtbar nur in kurzen, leuchtenden Augenblicken. Wenn sie die Kinder besuchen, sind die Eltern sich dessen fast sicher.

Ein Sohn breitet ein Handtuch auf dem Tisch aus und bügelt eine perfekte Falte in seine beste Hose. *(Bügelbrett,* denkt seine Mutter, als Zusatz auf ihrer in Gedanken aufgestellten Einkaufsliste.) »Ich gehe mit dir zum Abendessen in ein französisches Restaurant, gibt der junge Mann bekannt. Ich habe einen Tisch reserviert.« »Bin ich dafür ordentlich angezogen?« fragt seine Mutter, voll plötzlicher Schüchternheit. Er führt sie mit seiner Ausstrahlung von Selbstsicherheit durch die Straßen. Sein Arm liegt leicht um ihre Schultern.

Oder eine Tochter bietet ihren verehrten Gästen die einzigen zwei Stühle an, die sie besitzt, und läßt sich auf einem haremsähnlichen Haufen von Kissen auf dem Boden nieder. Sie hat Pflanzen aus Ablegern gezogen, eine Wand voller selbstgerahmter Drucke gehängt und drei Wochenenden damit verbracht, die kleine Anrichte wieder aufzuarbeiten, die jetzt in einem Sonnenstrahl glänzt.

Ihre Eltern betrachten sie voll erstaunter Liebe. Der Raum ist durch ihre Hand verzaubert worden. »Alles ist ganz reizend, sagen sie ihr ehrlich. Es ist ein richtiges Zuhause.«

So? *Ist es das?* Ja. Das wundervolle Etwas senkt sich herab. Die Generationen lächeln einander zu, als ob sie sich gegenseitig gratulieren wollten. Die Kinder sind keine Kinder mehr. Die Eltern sind ergriffen, daß sie Erwachsene entdecken.

Es *ist* wunderbar, auf eine Art und Weise, in der meine Vorstellungskraft noch nicht einmal begonnen hatte zu träumen. Wie hätte ich ahnen können – wie hätten sie ahnen können –, daß von meinen Dreien die Schüchterne eine verblüffende Reihe von Fähigkeiten wie aus der Luft greifen und im Fernsehn auftreten würde, wo sie sich formvollendet unterhält? Daß der, der seine Pubertät zum dritten Weltkrieg machte, seine Rolle im mühsamen, einfühlsamen Dienst an den Menschen finden würde? Oder daß der wenig Lernbegeisterte, der Faxenmacher, der Quälgeist seiner Lehrer sich zum Wissenschaftler entwickeln würde, die Armut eines Studenten auf sich nehmen und bis spät in die Nacht hinein schreiben würde?

Ich hatte nicht vermutet, daß meine eigenen jungen Erwachsenen in einem Augenblick so überschwenglich lustig und im nächsten so vielsagend einsichtig sein würden: so offenherzig und vorbehaltlos. Oder daß das Erwachsenwerden sie dazu anregen könnte, Lebensversicherungen abzuschließen und dreiteilige Anzüge zu kaufen und den Geschwistern Geld zu leihen, denen sie früher die Lutscher weggenommen haben. Oder daß ich beim Umhergehen in ihren Wohnungen Mozart vom Plattenspieler hören und Bücher finden würde, die sie mir zum Ausleihen herausgelegt haben.

Einmal, vor langer Zeit, habe ich jedesmal neun Monate gewartet, um zu sehen, wer sie sein würden, neuerschaffene, rätselhafte Babys. *»Oh, schau!«* sagte ich und verliebte mich. Jetzt kommen mir meine Kinder auf andere Weise rätselhaft neu vor. Ich habe mich wieder verliebt.

Meine Tochter und ich teilen die vielschichtige Welt unseres eigenen Innern, und alle anderen Welten, die wir kennen, einander offen mit. Angerührt bemerke ich, wie ihr Rhythmus und ihre Gesten an die ihrer Großmutter oder an meine erinnern. Wir sind durch unbewußte Geheimnisse miteinander verbunden und werden wohlwollend von Geistern beobachtet. Ich drehe den Kopf, um sie anzusehen. Sie erwidert meinen Blick und lächelt.

Ein Sohn fliegt für seine einzigen Ferien innerhalb eines langen Jahres quer übers ganze Land. Er geht mir in der Küche nach, probiert aus den Töpfen, reicht die Teller herunter. Wir bräunen in der Sonne. Lesen in stiller Eintracht Bücher. Er joggt. Ich kümmere mich um den Blumengarten. Wir gehen wie auf Wolken. Wir reden und reden und spielen später bis nach Mitternacht Schach. Ich bin überglücklich.

»Aber es sind deine Ferien!« erinnere ich ihn. »Was wollen wir Besonderes tun?« »Dies«, sagt er. »Genau dies.«

Als meine Kinder zuerst auf und davon gingen, hatte ich das Empfinden, sie wären auf einem Flug in den fernen Weltraum und folgten einer Bahn von Licht und Zeit in so unbekannte Gegenden, daß mein Herz bei dem Versuch, ihnen zu folgen, sicherlich mutlos werden würde. Ich dachte, dies wäre das Ende der Elternschaft, und dachte nicht an das, was es wirklich ist – der beste Teil; das letzte, festeste Zusammenwachsen; das Ziel und der Lohn.[23]

ANHANG

Fragebogen für Eltern zu Ihren Kindern, die sie für eigenwillig oder willig halten

1. Die Fragen in diesem Teil beziehen sich auf Sie als Eltern.

A. Wer füllt diesen Fragenbogen aus:
Mutter ( ) Vater ( ) Die Eltern gemeinsam ( )

B. Mutter (wenn Sie als Vater für die Mutter antworten, machen Sie einen Kreis um die Nummer, die sie Ihrer Meinung nach eingekreist hätte).

Als Kind war ich:

sehr eigen-willig	eigen-willig	keines von beiden	willig	sehr willig
1	2	3	4	5

C. Vater (wenn Sie als Mutter für den Vater antworten, machen Sie einen Kreis um die Nummer, die er Ihrer Meinung nach eingekreist hätte).

Als Kind war ich:

sehr eigen-willig	eigen-willig	keines von beiden	willig	sehr willig
1	2	3	4	5

2. Auch wenn dieser Fragebogen nur Ihr ältestes eigenwilliges oder williges Kind (wenn Sie eines haben) betrifft, ist es wichtig zu wissen, wie Sie die Temperamente aller Ihrer Kinder einschätzen.

Bitte ordnen Sie sie anhand der untenstehenden Skala ein.

	erstes	zweites	drittes	viertes	fünftes	sechstes	siebtes
Geschlecht M/W	______	______	______	______	______	______	______
Jetziges Alter	______	______	______	______	______	______	______

Bitte kreisen Sie eines der untenstehenden Merkmale ein:

Kinder	sehr willig	kooperativ	durchschnittl.	nicht kooperativ	sehr eigenwillig
erstes	1	2	3	4	5
zweites	1	2	3	4	5
drittes	1	2	3	4	5
viertes	1	2	3	4	5
fünftes	1	2	3	4	5
sechstes	1	2	3	4	5
siebtes	1	2	3	4	5

3. Die Fragen in diesem Teil betreffen Ihr(e) Kind(er), das/ die Sie entweder als eigenwillig oder willig einstufen. Es ist möglich, daß Sie mehr als ein Kind in jeder Kategorie haben. Wenn dem so ist, beantworten Sie die Fragen bitte für das älteste eigenwillige und/oder das älteste willige Kind. Wenn Sie nur ein Kind in einer der Kategorien hatten, beachten Sie die andere bitte nicht.

	eigenwilliges Kind		williges Kind	
A. Geschlecht:	M( )	W( )	M( )	W( )
B. Jetziges Alter:	________		________	
C. Reihenfolge (erstes, zweites, . . .):	________		________	

D. Alter, in dem das Temperament erstmals zu erkennen war:

	eigenwilliges Kind	williges Kind
Geburt bis 3 Monate:		

____

____

3 bis 6 Monate:	________	________
6 bis 12 Monate:	________	________
1 bis 3 Jahre:	________	________
3 bis 6 Jahre:	________	________

E. *Erziehungsstil des Vaters (wenn Sie als Mutter für den Vater antworten, machen Sie einen Kreis um die Nummer, die er Ihrer Meinung nach eingekreist hätte):*

Beim eigenwilligen Kind

nachsichtig	ziemlich locker	durchschnittlich	ziemlich streng	streng und unnachgiebig
1	2	3	4	5

Beim willigen Kind

nachsichtig	ziemlich locker	durchschnittlich	ziemlich streng	streng und unnachgiebig
1	2	3	4	5

F. *Erziehungsstil der Mutter (wenn Sie als Vater für die Mutter antworten, machen Sie einen Kreis um die Nummer, die sie Ihrer Meinung nach eingekreist hätte):*

Beim eigenwilligen Kind

nachsichtig	ziemlich locker	durchschnittlich	ziemlich streng	streng und unnachgiebig
1	2	3	4	5

Beim willigen Kind

nachsichtig	ziemlich locker	durchschnittlich	ziemlich streng	streng und unnachgiebig
1	2	3	4	5

G. *Der Grad von Streß, den das Temperament des Kindes bei den Eltern verursacht.*
(Anmerkung: »1« gibt an, daß es eine Freude war, das Kind aufzuziehen, und die Eltern kaum unter Disharmonie oder Aufregung litten; »2« bedeutet, daß das Kind meistens angenehm und leicht zu erziehen war; »3« bedeutet durchschnittlich; »4«, daß die Erziehung des Kindes meistens schwierig war, »5« bedeutet, daß es ein unangenehmes Kind war, das große Disharmonie und Aufregung zu Hause verursachte.)

Beim eigenwilligen Kind

absolute Freude	meistens erfreulich	durch-schnittlich	schwierig	un-erfreulich
1	2	3	4	5

Beim willigen Kind

absolute Freude	meistens erfreulich	durch-schnittlich	schwierig	un-erfreulich
1	2	3	4	5

H. Welcher Elternteil konnte in den verschiedenen Altersstufen am besten mit dem Kind umgehen und zurechtkommen?

Beim eigenwilligen Kind

Alter	die Mutter	der Vater	nur ein Elternteil	kein Elternteil hatte Erfolg
0–2	1	2	3	4
2–4	1	2	3	4
4–6	1	2	3	4
6–13	1	2	3	4
13–20	1	2	3	4
20 bis heute	1	2	3	4

Beim willigen Kind

Alter	die Mutter	der Vater	nur ein Elternteil	kein Elternteil hatte Erfolg
0–2	1	2	3	4
2–4	1	2	3	4
4–6	1	2	3	4
6–13	1	2	3	4
13–20	1	2	3	4
20 bis heute	1	2	3	4

I. Grad der Auflehnung gegen die Autorität und die Werte der Erwachsenen in jeder Altersstufe:

Beim eigenwilligen Kind

Alter	völlige Akzeptanz	ziemlich kooperativ	durchschnittliche Reaktion	ziemlich ungehorsam	absolute Ablehnung
0–2	1	2	3	4	5
2–4	1	2	3	4	5
4–6	1	2	3	4	5
6–13	1	2	3	4	5
13–20	1	2	3	4	5
20 bis heute	1	2	3	4	5

Beim willigen Kind

Alter	völlige Akzeptanz	ziemlich kooperativ	durchschnittliche Reaktion	ziemlich ungehorsam	absolute Ablehnung
0–2	1	2	3	4	5
2–4	1	2	3	4	5
4–6	1	2	3	4	5
6–13	1	2	3	4	5
13–20	1	2	3	4	5
20 bis heute	1	2	3	4	5

J. Beschreiben Sie das Temperament Ihres Kindes in jeder Altersstufe bis heute (oder, wenn zutreffend, bis zum 24. Lebensjahr).

Beim eigenwilligen Kind

Alter	sehr willig	kooperativ	durch-schnittlich	nicht kooperativ	sehr ungehorsam
1–2	1	2	3	4	5
3–4	1	2	3	4	5
5–6	1	2	3	4	5
7–8	1	2	3	4	5
9–10	1	2	3	4	5
11–12	1	2	3	4	5
13–14	1	2	3	4	5
15–16	1	2	3	4	5
17–18	1	2	3	4	5
19–20	1	2	3	4	5
21–22	1	2	3	4	5
23–24	1	2	3	4	5

Beim willigen Kind

Alter	sehr willig	kooperativ	durchschnittlich	nicht kooperativ	sehr ungehorsam
1–2	1	2	3	4	5
3–4	1	2	3	4	5
5–6	1	2	3	4	5
7–8	1	2	3	4	5
9–10	1	2	3	4	5
11–12	1	2	3	4	5
13–14	1	2	3	4	5
15–16	1	2	3	4	5
17–18	1	2	3	4	5
19–20	1	2	3	4	5
21–22	1	2	3	4	5
23–24	1	2	3	4	5

K. Hat Ihr erwachsenes Kind (20 Jahre oder älter) Ihre Wertvorstellungen akzeptiert und zu Ihnen als Eltern eine gute Beziehung?

Beim eigenwilligen Kind

Ja	Nein	Ungefähr	Nicht merklich
1	2	3	4

Beim willigen Kind

Ja	Nein	Ungefähr	Nicht merklich
1	2	3	4

L. Einfügung in die Gemeinschaft in jeder Altersgruppe:

Beim eigenwilligen Kind

Alter	keine sozialen Probleme	allgemein beliebt	durchschnittliche Reaktion	allgemein unbeliebt	viele soziale Probleme
4–6	1	2	3	4	5
6–13	1	2	3	4	5
13–20	1	2	3	4	5
20 bis heute	1	2	3	4	5

Beim willigen Kind

Alter	keine sozialen Probleme	allgemein beliebt	durchschnittliche Reaktion	allgemein unbeliebt	viele soziale Probleme
4–6	1	2	3	4	5
6–13	1	2	3	4	5
13–20	1	2	3	4	5
20 bis heute	1	2	3	4	5

M. Einfluß von Gruppenzwängen in jeder Altersstufe:

Beim eigenwilligen Kind

Alter	kein Einfluß der Gruppe	kaum Einfluß der Gruppe	durchschnittliche Reaktion	großer Einfluß der Gruppe	extremer Einfluß der Gruppe
4–6	1	2	3	4	5
6–13	1	2	3	4	5
13–20	1	2	3	4	5
20 bis heute	1	2	3	4	5

Beim willigen Kind

Alter	kein Einfluß der Gruppe	kaum Einfluß der Gruppe	durchschnittliche Reaktion	großer Einfluß der Gruppe	extremer Einfluß der Gruppe
4–6	1	2	3	4	5
6–13	1	2	3	4	5
13–20	1	2	3	4	5
20 bis heute	1	2	3	4	5

N. Meinung über sich selbst:

Das eigenwillige Kind

Alter	ausgezeichnetes Selbstbild	akzeptierte sich im allgemeinen	durchschnittl. Reaktion	mochte sich meistens nicht	extremer Selbsthaß
4–6	1	2	3	4	5
6–13	1	2	3	4	5
13–20	1	2	3	4	5
20 bis heute	1	2	3	4	5

Das willige Kind

Alter	ausgezeichnetes Selbstbild	akzeptierte sich im allgemeinen	durchschnittl. Reaktion	mochte sich meistens nicht	extremer Selbsthaß
4–6	1	2	3	4	5
6–13	1	2	3	4	5
13–20	1	2	3	4	5
20 bis heute	1	2	3	4	5

O. Erfolg in der Schule, im allgemeinen in jeder Altersstufe: (Anmerkung: Bewerten Sie nach der in der Schule gültigen Notenskala: »1« für sehr gut; »3« für befriedigend; »5« für mangelhaft.)

	eigenwilliges Kind					williges Kind				
Vorschulalter	1	2	3	4	5	1	2	3	4	5
Klasse 1–6	1	2	3	4	5	1	2	3	4	5
Klasse 7–9	1	2	3	4	5	1	2	3	4	5
Klasse 10–12	1	2	3	4	5	1	2	3	4	5
Ausbildung/Abitur/Grundstudium	1	2	3	4	5	1	2	3	4	5
danach	1	2	3	4	5	1	2	3	4	5

P. Bei Ihrem erwachsenen Kind; wieviel hat es im Leben erreicht:

Das eigenwillige Kind war

sehr erfolgreich	ziemlich erfolgreich	durch-schnittlich	recht wenig erfolgreich	gar nicht erfolgreich
1	2	3	4	5

Das willige Kind war

sehr erfolgreich	ziemlich erfolgreich	durch-schnittlich	recht wenig erfolgreich	gar nicht erfolgreich
1	2	3	4	5

Q. Kreisen Sie die Nummer des Satzes ein, der ganz allgemein gesprochen die Gefühle, die Sie bei der Erziehung Ihres besonders eigenwilligen Kindes haben, beschreibt:

1. Es ist ein Kampf gewesen, der mich oft niedergeschlagen, erschöpft und von Schuldgefühlen geplagt zurückgelassen hat.
2. Es war schwierig, aber auch spannend und lohnend.
3. Es war eine sehr positive Erfahrung.
4. Er/sie war in den ersten Jahren schwierig, aber die Pubertät war dann weniger stürmisch und schwierig.

R. Kreisen Sie die Nummer des Satzes ein, der ganz allgemein gesprochen die Gefühle, die Sie bei der Erziehung Ihres besonders willigen Kindes haben, beschreibt:

1. Es ist ein Kampf gewesen, der mich oft niedergeschlagen, erschöpft und von Schuldgefühlen geplagt zurückgelassen hat.
2. Es war schwierig, aber auch spannend und lohnend.
3. Es war eine sehr positive Erfahrung.
4. Er/sie war in den ersten Jahren eine wahre Freude, aber die Pubertät war für beide Generationen mit sehr viel Anspannung verbunden.

ANMERKUNGEN

1 An den meisten amerikanischen Universitäten war es damals üblich, daß Männer und Frauen in getrennten Wohnheimen untergebracht wurden. Diese Wohnform gibt es heute noch.

2 Bill Cosby ist ein amerikanischer Komiker, der hier in Deutschland durch die Fernsehserie »Bill Cosbys Familien-Bande« bekannt geworden ist.

3 Erma Brombeck ist hier in Deutschland u.a. durch ein Buch über krebskranke Kinder bekannt geworden.

4 Übersetzt nach H. Menge: Die Heilige Schrift des Alten und Neuen Testaments, Stuttgart: Privileg, Bibelanstalt. Alle andere Bibelstellen nach der revidierten Lutherbibel der Deutschen Bibelgesellschaft, Stuttgart 1984.

5 Ich weiß, daß ich mich theologisch gesprochen aufs Glatteis begebe. Jakob wurde von Gott nicht abgelehnt, und dennoch war er, genau wie Esau, sündig und ungehorsam. Wer unter uns kann erklären, warum Gott den einen mehr verurteilt als den anderen? Bezugnehmend auf die Analogie zwischen Jakob und Esau und kindlichen Temperamenten möchte ich betonen, daß das eigenwillige Kind nicht schlechter oder gottloser als seine braveren Geschwister ist. Seine Neigung zum Ungehorsam mag größer sein, aber ich stelle dieser Neigung nicht die Begriffe »gut« gegen »böse« gegenüber. Sie sind einfach verschieden, und mit dem einen ist schwieriger umzugehen als mit dem anderen.

6 Von der Altersstufe her entspricht dies in etwa den letzten beiden Klassen der Mittelstufe (Hauptschul- erweiterter Hauptschul-, bzw. Realschulabschluß).

7 Vom der Altersgruppe her entspricht dies in etwa der Gymnasialen Oberstufe und dem Grundstudium.

8 Christliche Schulen, ebenso wie Gemeinden, werden von den Gemeindegliedern finanziert und verwaltet. Der Abschluß, um den es hier geht, ist der Abschluß der Junior-High-School, der zum Weitergehen auf die Senior-High-School berechtigt. Den Eltern ist das Verbleiben an der Schule so wichtig, weil der Junge das Schuljahr sonst wahrscheinlich wiederholen müßte. Die Eltern nehmen auch, da sie schon zwei Kinder auf dem College finanzieren müssen, mit dem Privatschulbesuch dieses Jungen ein beachtliches weiteres finanzielles Opfer auf sich. (Anm. d. Übers.)

9 »Unsere Kinder sind unmöglich«, Editions Trobisch

10 So zum Beispiel den Kinderschutzbund, das Jugendamt, kirchliche oder andere psychologische Beratungsstellen eventuell auch den Haus- oder Kinderarzt. (Anm. d. Übers.)

11 Bruce A. Baldwin, »Growing Up Responsible (Part 2), Parental Problems with Discipline Procedures«, Piedmont Airline, Dec. 1985.

12 Meistens sind Frauen von dieser Eßstörung betroffen.

13 Der Ball ist etwa so groß wie ein Tennisball. Er ist mit einer Leine an einem Pfosten oder auch auf dem Boden befestigt und wird von zwei Spielern mit Schlägern einander zugespielt. (Anm. d. Übers.)

14 Das Büro des Präsidenten im Weißen Haus.

15 Los Angeles Times, 16. Juni 1985

16 Eine Stiftung, die sich dem Dienst an der Allgemeinheit verschrieben hat. (Anm. d. Übers.)

17 Slangausdruck für Marijuana (Blätter der Cannabispflanze)

18 Family Circle Magazine, 3. November 1981.

19 Das englische Wort 'proverbs' bedeutet sowohl Sprüche wie in Sprüche Salomos als auch Sprichwort in weltlichem Kontext.

20 In den USA ist die Ganztagsschule Regel wie in einigen europäischen Ländern. Da die Kinder erst spätnachmittags zurückkommen, ist die Frage nach Hausaufgaben noch wichtiger als bei uns.

21 »She's Leaving Home« by John Lennon and Paul McCartney, 1967, Northern Songs Limited.

22 Die Amish sind eine christliche Gemeinschaft, in der das Leben noch genauso stattfindet wie im 17. Jahrhundert (zur Zeit der Kolonisation). Es gibt verschieden strenge Abstufungen innerhalb der Amish, bei denen viel z.B. Elektrizität, Motorkraft und andere Errungenschaften der Industriegesellschaft völlig ablehnen, andere dagegen sie teilweise oder ganz akzeptieren und nutzen.

23 Aus Readers Digest, Januar 1981

Lieber Leser,
wenn durch die Lektüre dieses Buches in Ihnen persönliche oder seelsorgerliche Fragen aufgekommen sind, so wenden Sie sich mit diesen bitte an einen Seelsorger Ihres Vertrauens. Gerne dürfen Sie sich auch an die

Family Life Mission, Postfach 1965, 7640 Kehl

wenden, die von Walter und Ingrid Trobisch gegründet wurde. Erfahrene Seelsorger werden Ihnen antworten. Ihre Anfragen werden selbstverständlich vertraulich behandelt.

Ron Ball

Zusammen unter einem Dach

Heutzutage müssen wir mehr Streß bewältigen als noch vor einigen Jahren. Um so mehr müssen wir uns bemühen, die Beziehungen zu den Menschen, die wir lieben und die uns wichtig sind, zu pflegen und zu verbessern.

Ob Sie nun daran arbeiten, gute Beziehungen inner- oder außerhalb Ihrer Familie zu schaffen – dieses Buch kann Ihnen dabei helfen.

»Wenn man Ron Balls Buch liest, können einige Probleme (wie Egoismus, Streß, Kommunikationsmangel in der Familie oder auch sexuelle Zerrüttung und Zwang von den Eltern . . .) in greifbare Nähe rücken. Ron ist mir Freund und Partner. Ich wünschte, jemand hätte mir so ein Buch vor zwanzig oder dreißig Jahren gegeben.«

Dexter Yager

EDITIONS TROBISCH, 7640 Kehl/Rhein

James Dobson

Das eigenwillige Kind

»Manche Kinder scheinen von Anfang an recht leicht zu erziehen zu sein. Als Säuglinge schreien sie selten, schlafen nachts durch . . . Später halten sie ihr Zimmer freiwillig sauber und erledigen die Hausaufgaben mit großer Freude. Auch als Heranwachsende bereiten sie ihren Eltern keine großen Sorgen.

Diese superbraven Kinder, so befürchte ich, sind leider eine Seltenheit, obwohl es solche glücklichen Familien geben soll.

So sicher einige Kinder von Natur aus aufs Wort gehorchen, gibt es andere, die vom Augenblick der Geburt an aufmüpfig sind. Sie kommen auf die Welt, schreien herum, verlangen, daß man sich ausschließlich ihnen widmet . . . Im Laufe der Zeit nimmt die Fähigkeit, ihren Willen zum Ausdruck zu bringen, immer deutlichere Formen an.«

»Das eigenwillige Kind« ist ein praktisches Erziehungsbuch, das auf eine warmherzige und humorvolle Art die Eltern anspricht, die täglich mit Disziplinfragen konfrontiert sind. Es geht nicht nur auf die Probleme der Kleinkinder ein, sondern befaßt sich auch mit denen der Heranwachsenden.

EDITIONS TROBISCH, 7640 Kehl/Rhein